東方選書

北魏史

——洛陽遷都の前と後

窪添慶文著

東方書店

まえがき

近年、中国史に対する関心が薄れているといわれる。少し前まで大学の教壇に立っていた者として、それは痛切に感じる。漢字が多くてなじみにくいから、という声は聞いたが、そんな単純なものではない。おそらくは中国や中国文化に対する関心の薄れが大きな潮流としてあり、それが歴史にも及んでいるのであろう。

そのような中国史の中でも魏《ぎ》晋《しん》南北朝時代は一段と影が薄い。中華の地と認識されていた領域を初めて統一した秦《しん》（前二二一～前二〇六）と、短命に終わった秦に代わって統一帝国の統治体制を固めた漢――前二〇二～後二二〇、王莽《おうもう》の新（八～二三）による中断時期を挟んで前漢と後漢に分かれるが、ここでは両者をひとつとしておく――は、双方を併せて秦漢時代、秦漢帝国と称される。第一次の統一帝国である。その後には分裂の時代が続く。それが魏晋南北朝時代（二二〇～五八九）である。

魏とは皇帝を称する三つの国が併存した三国時代（二二〇〜二八〇）を指し、三国――魏（二二〇〜二六五）・呉《ご》（二二二〜二八〇）・蜀《しょく》（二二一〜二六三）――の中で最も強大であった魏で代表させている。

三国時代は晋によって終わりを告げ、晋（二六五〜三一六）が短期の統一を成し遂げるが、すぐに崩壊、再び中国の地は分裂する。まず大きくは南と北への大分裂があり、そして北半部分においてはさらに小さな国が多数興亡する。大分裂の南半部分について先に述べれば、滅んだ晋の帝室の一員が長江の南、建康《けんこう》（南京市）に都を置いて晋（西晋）王朝の継承者を名乗った東晋（三一七〜四二〇）ができ、東晋に代わって、宋《そう》（南朝宋、四二〇〜四七九）・斉《せい》（南斉、四七九〜五〇二）・梁《りょう》（五〇二〜五五七）・陳《ちん》（五五七〜五八九）の各王朝が次々と成立しては滅んでいく。宋以後の各王朝はまとめて南朝と称される。北半部分では、五胡《ごこ》と総称される胡族が一六の国を立てたという意味をもつ五胡十六国時代（三〇四〜四三九）を経て、北《ほく》魏《ぎ》（三八六〜五三四）が華北を統一する。北魏は華北統一後約一〇〇年で東魏（五三四〜五五〇）と西魏（五三五〜五五六）に分裂し、東西魏は間もなく北斉（五五〇〜五七七）と北周（五五六〜五八一）に代わる。北魏以下をまとめて北朝と称する。東晋と五胡時代がほぼ時期を同じくし、北魏と宋・南斉がほぼ同時期となる。そして北周が北斉を滅ぼして華北を統一するものの、直後に隋《ずい》（五八一〜六一八）に

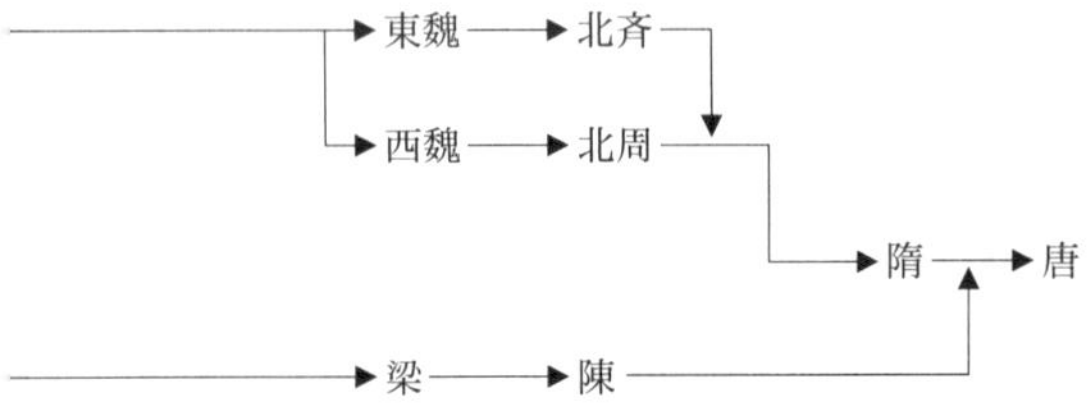

王朝交替図

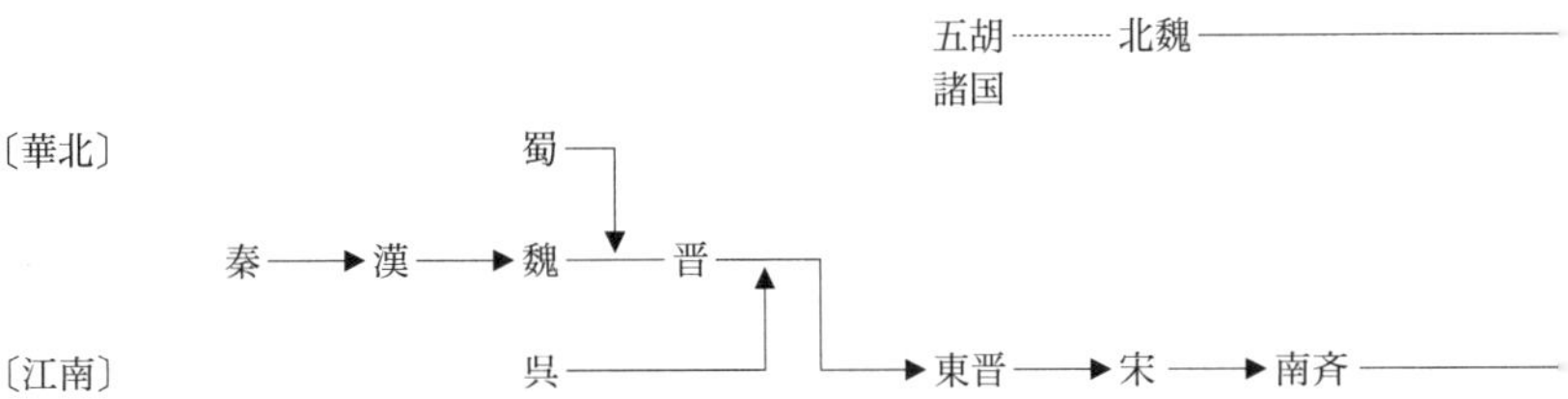

国を奪われ、隋は陳を滅ぼして中国再統一に成功するものの、短期間で滅び、唐(六一八～九〇八)に代わる。めまぐるしく、かつ複雑な王朝交替はわかりづらいので、以上を図示しておこう。

なお、中国では同一の国名を採る王朝が多い。それらを区別するために、後世の人は時期の前後(たとえば前漢・後漢)、位置関係を示す東西南北(たとえば、西晋・東晋は洛陽と建康という都の位置関係による)、君主の姓(たとえば魏は曹魏《そうぎ》、宋は劉宋《りゅうそう》、五胡の後趙は石趙《せきちょう》)などの語を加える。各王朝自身がそのような弁別の語を付した国名を名乗るわけではない。北魏はあくまでも「魏」が国名なのであり、そして北魏国内では美称の語を付した「大魏」「皇魏」が用いられるのである。ちなみに北魏に対しては「後魏」「元魏」という用語も用いられる。

隋と唐は共通する性格をもっているので、通常隋唐と併称され、秦漢に次ぐ第二次の統一帝国の時期とみなされる。chinaの語源が秦であることはよく知られているし、「漢字」という語が示すように、漢は中国の代名詞となっている。また「唐物」と書いて「からもの」と訓《よ》むが、これは日本の中世から近世にかけて中国で製造された品々を呼んだ言葉である。唐の時代に作られたものを指すわけではない。つまり中国を指して「唐」と称したのであり、このことから唐も中国の代名詞となっていることがわかる。秦漢時代と隋唐時代のもつ意義の大きさはこれだけでも明らかであろう。中国には「大一統」という言葉がある。「一統を大《たっと》ぶ」と訓む。中華の地が統一されることに大きな価値が付与されているのである。

翻って、魏晋南北朝時代はいかがであろうか。第一次と第二次の統一帝国のはざまにある分裂の時代である。「大一統」の立場からはどうしてもマイナスのイメージとなる。しかも分裂をもたらしたのは、(三国時代を除いては)専ら国内に「侵入してきた夷狄《いてき》」であると認識される。「夷狄」とは中華思想の産物であり、儒教では「礼」を身につけることにより夷狄の人も中華の民となることができると観念されるが、マイナスのイメージを背負う言葉である。このように二重の意味で魏晋南北朝、特に五胡北朝時代に対して抱かれているイメージはよくない。関連して述べておこう。秦の始皇帝が初代である皇帝とは唯一無二の存在である。同時に複数あってはよくない。複数あれば自分以外の皇帝は偽でしかない。このような考え方から、中華帝国の歴史を「正統」王朝の交替として把握する見方が生じる。たとえば『資治通鑑《しじつがん》』という戦国時代から北宋王朝成立前年の九五九年までの歴史を、各王朝の皇帝の年号を用いて年代順に記す史書があり、日本でもよく知られている。この書物は、三国時代の叙述にあたっては魏の皇帝の年号を用いる。つまり魏が正統王朝として扱われている。何といっても三国時代では魏が最強国であったから、これはわかる。では西晋の後の分裂期についてはとみれば、東晋・宋・斉・梁・陳の皇帝の年号で綴られ、北魏以下の北朝は正統とは扱われていない。正統とみなす隋・唐が北朝から生まれたにも拘わらず、である。

このことからすると、第二次統一帝国は第一次統一帝国の単線的発展によって生まれたものと考えられやすい。しかしそのように理解してよいだろうか。中華の地の内在的発展の結果としてのみ隋唐時代を把握してよいだろうか。いや、このような把握に対しては大きな疑問符を付けねばならない。「夷狄」はどうして中国内部に「侵入」し、国を建てえたのか、彼らの政権が苦闘して作りあげた統治の仕組みは、隋唐に全く影響を与えなかったのか、と問うていけば異なる答えを引き出せる。近年は魏晋南北朝時代を分裂と融合の時代と把握する見方が定着してきている。分裂の時代ではあるが、その中から新たに融合した社会が生まれ、それが隋唐につながったのである。

ではこの時代にあっては最も長い一五〇年近くの統治期間を保ちえた北魏はどのような位置を占めたとしてよいのであろうか。高等学校の教科書には孝文《こうぶん》帝、そして漢化政策という用語が記載されている。しかし、北方民族が中国で建てた王朝が一般にたどる途という含意をもつ「漢化」という言葉には、漢＝中国を上位に置く思想が透けてみえる。孝文帝の漢化政策は、中華の地を統治する立場の者として、置かれていた状況に対処するために懸命に探り出した方策である。形は中華の制度や文化に同じくするようにみえても、それを安易に漢化の語で一般化するのではなく、それを生み出した事情を探り、それが次代にどのような影響を与えたかを考える必要があろう。

本書は、大部分の紙幅を用いて北魏がいかなる王朝であったかを概観する。北魏史は通常前期と後期に分けられる。第七代孝文帝の改革以前が前期、以後が後期である。本書で前期、後期というのはこの理解に基づく区分である。大きくはそれでよいのであるが、本書では、前期を、建国から華北を統一した第三代太武帝《たいぶ》までの鮮卑《せんぴ》色が濃厚であった時期（B）として、第五代文成《ぶんせい》帝以後から孝文帝親政期までの時期（C）と分ける。（C）は（B）の時期とは異なる状況が現れる時期という認識に基づく。後期については、孝文帝親政期を洛陽遷都までの時期（D）と遷都後の諸改革の時期（E）に分けて叙述する。そして孝文帝改革後から北魏分裂、北周滅亡まで（F）を述べる。以上に北魏前史としての代国《だいこく》時代（A）が加わる。

ただし、本書では通常の概説のような時間軸に沿った叙述（A→F）の形式を採らない。大きく北魏が変化する孝文帝の改革を象徴的に示す洛陽遷都事件をトップに置き、それに、北魏史理解の前提としての五胡時代についての説明を加えて序章とする。その後に（D）（E）の二章、続いて時期的に先立つ（A）（B）（C）をこの順で続け、最後に（F）を置く。これは、北魏がそれぞれの時期に直面した問題にいかに取り組んだかを明らかにするとともに、その中で際立って大きかった孝文帝の改革のもつ意義を理解していただきたいという思いが強い故である。副題を「洛陽遷都の前と後」としたのもそのためである。

そして終章として、本書執筆の目的である、第一次統一帝国から第二次統一帝国の間にあって、北魏はいかなる位置を占めたかという問題を扱う。かなりのスペースを用いることになり、概説としては型破りかと思うが、了承して下さることを願う次第である。

叙述にあたっては、満遍ない記述ではなく、筆者の関心のあるところに基づく部分を手厚くした。通常の概説では扱わないであろう墓誌に節のひとつを割り当てるにはさすがにためらいを覚えたが。また、時に引用する史料であるが、短くわかりやすいものは訓読にとどめたが、長文もしくは難しい用語や語法を含む場合は思い切って意訳した。さらに、うるさく感じられる方も多かろうが、かなり細かくルビをふった。中国史は難しいという声を少しでも減らしたいという思いからである。

中国への関心を少しでも高めることができれば、との思いはあるが、そこまでは望まない。手に取って下さる方が少しでも多いことを期待する次第である。

目次

まえがき……i

序章　1

一――洛陽遷都……2
二――五胡十六国時代――北魏史理解の前提……6

第一章　孝文帝親政期の諸改革　17

一――孝文帝の即位と文明太后……18
二――土徳の王朝から水徳の王朝へ……25
三――儀礼の改革……31

第二章　遷都後の諸改革　37

一――「代人」から「河南の人」へ……39

二――墓誌……42
三――胡服・胡語の禁止……45
四――胡姓を漢姓に……49
五――官制改革(1)――消えた内朝官……51
六――官制改革(2)――九品官制の整備……58
七――姓族分定……62
八――官制改革(3)――門閥制の導入……66
九――考課の改革……71
一〇――国家意思決定のシステム……74
一一――南朝斉への攻撃……78

第三章　建国から華北統一まで――濃厚な鮮卑色の時期　81

一――代国時代……83
二――代国の復活……93
三――華北統一へ――道武帝～太武帝の時期……99
◆帝国への脱皮……99／◆皇帝位の継承……105／◆帝国の拡大――華北の統一……108／◆北魏包囲網とそれへの対処――北魏の対外関係……114

四——北魏政権下の諸族……122
◆征服された諸族と旧来の諸族……122／◆部族解散……124／◆部族解散された人々のあり方（1）……128／◆部族解散された人々のあり方（2）……136
五——北魏政権下の漢族……140
六——可汗とも称した北魏皇帝……145

第四章　変化のきざし　151

一——鎮にみられる変化……153
二——鎮軍と州軍への「代人」の分出……158
三——文成帝と献文帝……162
四——文明太后称制期……167
五——均田制と三長制……174
六——仏教に現れた変化……182
七——洛陽遷都のもつ意味……190

第五章　繁栄、そして暗転　195

一――改革の継承……197
二――洛陽の繁栄……202
三――北魏の文化……210
四――「代人」や鎮民の不満……216
五――六鎮の乱から東西分裂まで……220
六――東魏・北斉……227
七――西魏・北周……234

終章

一――制度……248
二――支配階層……259
三――女性の活躍・世界帝国……264
四――北魏史の位置づけ……268

≡あとがき……273
≡北魏関係年表……278
≡参考文献……288

序章

一――洛陽遷都

北魏《ほくぎ》の太和一七年九月二九日は西暦では四九三年一〇月二五日にあたる。この日、北魏第七代の皇帝である孝文《こうぶん》帝は、軍装で、馬に跨がって群臣の前に現れた。場所は洛陽《らくよう》(河南省洛陽市)。自ら軍を率いて、長江(揚子江)の南の建康《けんこう》(江蘇省南京市)に都を置く南朝の斉《せい》(南斉)を攻めようというのである。ところが群臣は馬前にぬかずいて南伐(南方の討伐)を止めようとする。これに対して孝文帝は、「都の平城《へいじょう》(山西省大同市)を軍を率いて出て何も成果がないと後世に示しがつかない。南伐をしないのであれば、ここ洛陽に遷都したい」と述べ、臣下に遷都に対する賛否表明を迫る。臣下には遷都を喜ばない者が多かったけれども、南伐よりはましと考え、敢えて反対せず、洛陽遷都に落ち着くことになる。

史書(『魏書《ぎしょ》』李沖《りちゅう》伝)が伝える北魏の洛陽遷都は、このように突然の、ほとんどの臣下にとっては騙し討ちに近い形で実現することになる。しかし、南伐を名目として平城を出発した孝文帝には、最初から南斉攻撃を実行する意図はなかったのであって、本当の目的は洛陽遷都にあった。

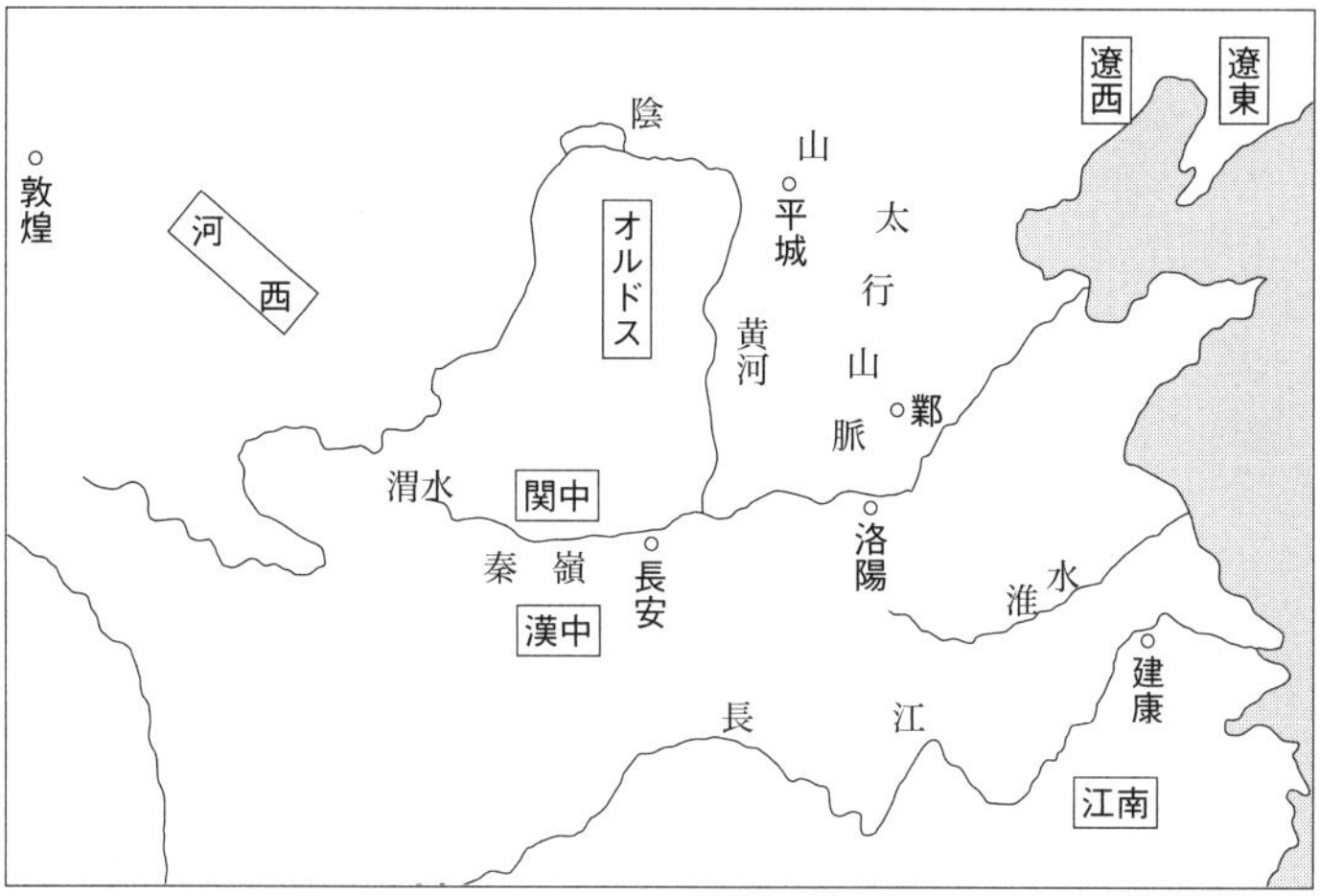

［図一］北魏史に関わる主要地名
○は都市名、四角で囲んだのは地域名である。

つまり目的変更は予定の行動であって、一部の臣下との間にはそれに関わる周到な打ち合わせがあったようである。その一人が漢族の李沖であった。李沖は、南伐を強行しようとする孝文帝の馬の前で、「今回の行動は、天下の人々は賛成せず、陛下一人がそうしたいと願っているだけです」と反対の意見表明を行い、それによって先述した孝文帝の南伐の代替策としての遷都発言を引き出す。また孝文帝の父のいとこ任城王元澄《じんじょうおうげんちょう》は、平城における群臣の議論の場では南斉攻撃に反対したことがある。しかし任城王は孝文帝による個別の説得により遷都を支持するようになっており、洛陽のこの場での積極的な発言こそ記録されていないが、上記の場面の直後に孝文帝の命を受けてとって返し、平城にいる群臣に遷都の説明を行う。そしてそのあと再度南に向かい、孝文帝に報告している。一部の臣下による周到に練られたチームプレーであることが想定できるのである。のちにいずれも漢族の張彝《ちょうい》・郭祚《かくそ》・崔光《さいこう》が遷都のはかりごとに加わった褒賞として爵位を上げられたり新たに授けられたりしているが、彼らもチームのメンバーであったのであろう。

ただし、洛陽遷都が決まっても、洛陽がただちに都として機能したわけではない。何よりも、西晋《せいしん》時代の三一一年(永嘉《えいか》の乱、一〇頁に後述)に陥落、破壊された都城の再建が必要である。そのため遷都を決めた翌日の一〇月一日、洛陽城建設の詔《みことのり》が下る。次には平城に残る人々に遷都を納得させる必要がある。孝文帝は洛陽の東方の地を巡り、後漢末曹操《そうそう》の魏王国の都であった鄴《ぎょう》(河北省臨漳県《りんしょうけん》)に赴いて太和一八年を迎え、その後いったん洛陽に戻ってから北に向かい、三月に平城に到着する。主殿である太極殿《たいきよくでん》において行われた遷都に関する大議（重大事を討議する朝廷の会議）では、燕州刺史穆羆《ぼくひ》、尚書于果《うか》、宗室の重鎮元丕《ひ》らから反対論が相次いだが、孝文帝はひとつひとつに反論を加え、『魏書』高祖紀《こうそ》に「帝は太極殿に臨んで、平城にいる群臣に遷都についての概略を諭《さと》した」とあるように、最終的には押し切っている。それでも実際に遷都の実行となれば準備には手間がかかる。七月に孝文帝は、北魏の君主たちの陵墓の地（金陵《きんりょう》といった）に赴き、祖先の墓に別れを告げる。続いて北方の騎馬遊牧民の脅威に備える軍事上の要地などを巡行し、最後に祖母文明太后《ぶんめいたいこう》の陵墓である永固陵《えいこりょう》に謁して平城に戻る。以上の一連の巡行に約四〇日を要した。そして一〇月一〇日、代々の祖先の位牌を伴って平城を出発し、河北の要地の信都《しんと》（河北省冀州市）や鄴を経て、一一月一九日に洛陽に到着、遷都が完成する。西暦では四九四年の大晦日の日になる。もちろん、これは孝文帝が洛陽に着いた日であって、多数の人々の移動の完了にはさらに時日を要した。

孝文帝は、大議にみられる強い反対論、さらに「時に旧人は内徙《ないし》（内地への移住）を願わずと雖も（下略）」と史書に記されるような、「旧人」すなわち鮮卑《せんぴ》系を中核とする人々の意志に反して、なぜ洛陽遷都を強行したのであろうか。

二――五胡十六国時代――北魏史理解の前提

北魏の前身は五胡《ごこ》十六国時代の代国《だいこく》であった。そして、いったん滅びた代国が再建されて北魏となるのだが、再建後でも五〇年あまりを五胡諸国とともに過ごしている。北魏時代を理解するためには、五胡十六国時代の理解が不可欠である。本書では詳述する余裕はないので、五胡時代についてはごく簡単にふれるにとどめる。詳細は東方選書シリーズの三﨑良章『五胡十六国　中国史上の民族大移動』を参照されたい。

近年では夏王朝の存在が確実視されるようになってきたが、実在が確認できる殷《いん》（前一六〇〇頃～前一〇五〇頃）や周（西周、前一〇五〇頃～前七七一）という王朝の時代には数百を数える国が存在し、殷王や周王はそれらに威令を及ぼすことはできても、各国の内部の民までもを直接支配できたわけではない。それらの国々が存在してきた範囲（中華の地）の民を帝王が直接支配できる体制は、秦の始皇帝によって初めて創られた。短い期間の支配に終わった秦王朝とそれに代わった漢王朝（後漢を含む）は、第一次の中国統一帝国であったとみなされる。後漢が滅びたあとの魏晋南北朝時代は、西晋による短期の統一期間を除けば、少なくとも二国、多いときには同時期に一〇カ国が分立する分裂の時代である。その分裂の時代を解消した隋とそれに代わった唐王朝は、第二次統一帝国とみなされる。

このように中国史の流れをとらえると、隋唐は中国統一帝国としての秦漢の発展した姿であるとの印象をもちやすい。しかしそれは正しい見方ではない。新しい要素が隋唐には加わっているからである。

新しい要素とは何か。秦が初めて統一した領域は、漢の武帝の時代に拡大する。清王朝（一六一六～一九一二）時代にさらに大きく拡大するまで、伸び縮みはあるけれども、武帝期の統治の及ぶ範囲は、のちの中華の各王朝が支配しえた領域をほぼカバーした。それに伴い、帝国の北方、西方、そして南方、さらには東北方面にあった諸族が、次第に秦漢帝国に包摂され、あるいは中国の地に入り込んで、活動するようになる。彼らは統一帝国の弱体化に応じて、中華の地の内部に自分たちの国をつくるのであり、その政治的、社会的、文化的な影響が隋唐時代にまで強く現れる。これが隋唐が秦漢の内在的発展した姿を示すとは言い切れないとする理由なのである。

諸族の中でも特に強力であったのが、いわゆる五胡であった。五胡が何を指すかについては議論があるが、本書では高等学校教科書にも採用されている匈奴《きょうど》・羯《けつ》・氐《てい》・羌《きょう》・鮮卑《せんぴ》の諸種族を指すとしておく。

モンゴル高原に本拠を置いて初期の漢王朝をむしろ圧倒していた匈奴であるが、前一世紀に内紛によって西側の一群（西匈奴）が西方に本営を移す（後に漢によって滅ぼされる）。残った匈奴族はさらに後一世紀に内紛を起こし、一方の勢力が一世紀の半ばに秦が築き漢が延長した長城内部に入り、後漢に臣と称してその統制を受けるようになって、南匈奴《みなみきょうど》と称される。残る北匈奴の主力は、後漢や東方の諸族の攻勢を受け、西方に移動して中国の記録からは姿を消す。彼らが中核となった集団が民族大移動の引き金を引いたフン族であったらしい。南匈奴の本拠はオルドス地方(内モンゴル自治区の黄河湾曲部に囲まれた地域)に置かれていたが、やがて山西省中部に移され、匈奴と漢族とは居住地域が重なるようになった。彼らは牧畜を主とするが次第に農耕をも採り入れるようになる。なお、羯族については様々な考えがあるが、匈奴系の一部族であろう。

漢代には現在の甘粛省東南部を中心とする一帯に居住していたチベット系の氐族は、後漢末三国の争いに巻きこまれ、東方の関中《かんちゅう》(渭水《いすい》盆地を中心とする地域)にも強制されて移住するようになり、氐族の西方から北方にいた同じくチベット系の羌族は、後漢に降ったり捕虜とされたりして、関中、さらにその東方や北方に移される。

匈奴と対立して中国の史書には「東胡」と称される一群があり、そのひとつであって現在の中国の東北部にいた鮮卑族は、後述する烏桓《うがん》族が南下した後を追って南に移動し、さらに匈奴族の移動した後のモンゴル高原に進出した。そして次第に南下の動きを強める。彼ら遊牧民の南下を促したのは当時進行しつつあった長期にわたる気候変動――寒冷化――であったらしい。鮮卑族は多数の集団(部)に分かれ、東方には慕容《ぼよう》部、段部、そして元来は匈奴族であるが鮮卑化した宇《う》文《ぶん》部がいて、やがて長城の内部にも入りこむようになる。拓跋《たくばつ》部は中部におり、その西方には甘粛省方面に進出した禿髪《とくはつ》部、乞伏《きつぶく》部、そして吐《と》谷渾《よくこん》部がいた。

以上の五胡以外にも、中国内部に入った、あるいは含まれるようになった諸族がある。元来はモンゴル高原の北方にあって匈奴に服属していた丁零《ていれい》族は、二世紀末以後、長城付近まで南下し、鮮卑に従属しつつ中国内部の動向にも関与し、一部は長城内部に移動する。現在の中国の東北部、鮮卑諸族の南にあって、やはり匈奴に服属していた烏桓族も、後漢に朝貢《ちょうこう》して南方への移住を許可され、一部は長城内部に入る。彼らが後漢末、袁紹《えんしょう》と結んだ結果、曹操《そうそう》の討伐を受け、降伏して曹操配下で烏桓突騎として活躍したことはよく知られている。また高句麗《こうくり》も三世紀半ばに魏の攻撃を受けて都が陥落し、一部の高句麗人は現在の河南省に移された。この時期に外部から入ったわけではないが、長江流域では、蛮《ばん》と総称される諸族や、呉《ご》が制圧に苦しんだ山越《さんえつ》と称される一群の人々の存在があり、彼らは必ずしも王朝権力に従属してはいなかった。

漢族の世界の拡大によって中華の地の領域内に包摂されるようになったこれら諸族の、中華の地にあっての生活は安楽なものではなかったようである。事例をひとつ挙げよう。匈奴は後漢時代には皇帝に臣と称し、後漢政府の使匈奴《しきょうど》中郎将《ちゅうろうしょう》の統制を受けてはいたが、首長である単于《ぜんう》が匈奴の民を統治できていたし、匈奴の民は後漢皇帝に租税を納めることもなかった。しかし、三国・西晋時代にかけて匈奴族の皇帝に対する従属度は強まり、南匈奴は五つの部に分割され、租税や出兵の義務をも負うことになる。匈奴族が劉淵《りゅうえん》のもとで西晋王朝の支配に対して起ち上がったとき、「晋は無道を行い、奴隷として我らを扱った」ことを理由としている。自立にあたって匈奴の部衆に呼びかけた言葉であるから、誇張があるかもしれないが、それが部衆に受け入れられる状況であったわけだ。通常、五胡諸族が中華の地に「侵入」して政権を立てたかのごとき表現が用いられるが、多くの諸族は中華の地に入ってから長い時間が経過している。むしろ、漢族中心の地において諸族の置かれた境遇が、彼らを起ち上がらせたのであり、五胡の蜂起というのがふさわしい。

三〇四年に劉淵が自立して漢王と称したが、同じ年に氐族賨《そう》部（巴《は》族とも）の李《り》雄《ゆう》も四川で成都王を称して、五胡諸族が華北に政権を樹立する時代（五胡十六国時代）が幕を開ける。劉淵は三〇八年に皇帝の地位に就いたがまもなく病死、代わった劉和をクーデターで葬った劉聡《りゅうそう》が皇帝となると、劉曜に命じて三一一年に西晋の都洛陽を攻略し、懐帝《かいてい》をとらえて自分が都を置く平陽（山西省臨汾市）に連行、三一三年には殺害する。西晋の官僚たちは長安で愍帝《びんてい》を推戴したが、西晋はこの段階で実質的には滅亡したのである。この事件を当時の西晋の年号をとって永嘉の乱という。次いで劉聡は三一六年に長安を陥れて愍帝をとらえ、翌年殺害する。それを承けて琅邪《ろうや》王司馬《しば》睿《えい》（元帝）が、長江の南の三国呉の都であった建業を建康と改名して新たな都とし、晋王朝を再興する（東晋《とうしん》王朝）。ここに建康を中心に中国の南部を漢族の東晋が統治し、北部を五胡の諸国が抑えるという状況がしばらく続くことになる。五胡時期に興亡した諸国を［表一］にまとめて示しておこう。網掛けしたのは十六国に数えられない諸国である。並べる順番は、点線以前つまり前秦までは滅びた年が早いものから、点線以後は建国の早いものからとしてある。点線の前後における変化を知るのに便利だからである。

国名	種族	期間	君主の称号	興亡略記
漢・前趙	匈奴	304-329	皇帝	劉淵による建国、後趙に滅ぼされる
成漢	氐	304-347	皇帝	李雄による建国、東晋に滅ぼされる
後趙	羯	319-351	皇帝	石勒による建国、冉魏に滅ぼされる
冉魏	漢	350-352	皇帝	冉閔による建国、前燕に滅ぼされる
前燕	鮮卑（慕容部）	337-370	皇帝	慕容皝による建国、前秦に滅ぼされる
前涼	漢	301-376	公中心	張軌が涼州刺史に、前秦に滅ぼされる
代	鮮卑（拓跋部）	315-376	王	拓跋猗盧の封王、前秦に滅ぼされる
前秦	氐	351-394	皇帝	苻健による建国、後秦に敗れ滅亡へ
後燕	鮮卑（慕容部）	384-407	皇帝	慕容垂による建国、北燕に滅ぼされる
後秦	羌	384-417	皇帝	姚萇による建国、東晋に滅ぼされる
西燕	鮮卑（慕容部）	384-394	皇帝	慕容泓による建国、後燕に滅ぼされる
西秦	鮮卑（乞伏部）	385-431	王	乞伏国仁による建国、夏に滅ぼされる
後涼	氐	386-403	天王	呂光による建国、後秦に滅ぼされる
翟魏	丁零	388-392	天王	翟遼による建国、後燕に滅ぼされる
南涼	鮮卑（禿髪部）	397-414	王	禿髪烏孤による建国、西秦に滅ぼされる
北涼	漢→盧水胡	397-439	王	段業が建国→沮渠氏が北魏に滅ぼされる
西涼	漢	400-421	公	李暠による建国、北涼に滅ぼされる
夏	匈奴	407-431	皇帝	赫連勃勃による建国、北魏に敗れて滅亡
南燕	鮮卑（慕容部）	398-410	皇帝	慕容徳による建国、東晋に滅ぼされる
北燕	高句麗→漢	407-436	天王	高雲が建国→馮氏が北魏に滅ぼされる

［表一］ 五胡時期諸国表

［表一］からわかるように、このときの華北（四川地方を含む）の状況を「五胡十六国」という用語で表現するのは、実のところ正確ではない。まず、華北で政権を建てたのは五胡の諸族に限らない。前涼《ぜんりょう》や西涼は漢族の国であり、後述する冉閔《ぜんびん》の魏国も君主は漢族である。北燕は初代の君主が高句麗族とされ、代わった馮《ふう》氏は異説もあるが漢族とされる。また丁零族の翟《てき》氏も小さいながら魏という国を建てている（翟魏）。次に、政権の数は一六に限られない。後趙《こうちょう》の末期に冉閔がその国を奪って建てた魏（冉魏）、短い期間しか存続しなかった鮮卑族の西燕《せいえん》、そして北魏の前身である代はいずれも十六国に含まれないし、丁零族の翟氏の魏国もそうである。また五胡諸国と東晋・南朝とのはざまにあった氐族の仇池《きゅうち》国（扱いが難しいので［表一］には入れなかった。現在の甘粛省東南部に位置する。一一二頁参照）も、数には入れられない。そうではあるが、非漢族による政権が多数存在していたという状況を示すことができるので、五胡十六国という用語はそれなりに意味をもつ。本書では、この意味で五胡ないし十六国という語を用いる。

　五胡諸国は前秦《ぜんしん》の皇帝苻堅《ふけん》によって一時統一されるが、苻堅が東晋に遠征して三八三年淝水《ひすい》の戦いで敗北すると、華北はそれまで以上の分裂状態に陥る。五胡諸国の君主はその力関係により様々な称号を自称し、あるいは与えられる。皇帝と、それに匹敵するが一歩を譲る天王《てんおう》の号は強国が名乗り、王はそれに次ぐ。王を自称すれば自立の意志の表明となるが、他方、王は皇帝や天王を名乗る君主に従属して与えられる称号でもある。公は王より下位の爵位である。前涼は既に滅びた西晋、次いでは東晋の皇帝の臣下の立場を取っていて公の爵位を称する期間が長いが、王号を称したこともあり、ごく短いが皇帝号を採用したこともある。総じていえば、君主の思惑もあるが、主として政治的な力関係が君主の称号を決めるのである。前秦の華北統一以前では、皇帝を称した国、前趙と後趙、前秦と前燕は前後して東西に並び立った強国であり、成漢は四川という独立しやすい地域という利点を背景にもつ。ところが淝水の戦いで前秦の覇権が崩壊すると、事情は一変する。後秦や後燕は東西の強国であったが、それほどの力をもたない国、ごく短期の政権でも皇帝や天王を称するようになる。三八六年には北魏が成立し、間もなく強大化して皇帝を称しているから、後秦や後燕そして夏はともかく、他の政権の皇帝号は、誇大との印象を受ける。皇帝号保持に対する認識が変わったのである。

五胡諸政権のあり方は一様ではない。しかし、共通するところも少なくない。前述したところと一部重なるが、非漢族諸政権についてそれらを箇条書きで示すと、

(イ)北方系、西方系の、元来は遊牧・牧畜を主とする人々による政権であった
(ロ)多くは前代を通じて中華の地の内部に移住していた諸族による政権である
(ハ)それら諸族は、中華の地に入っても、旧来の部族制を維持している
(ニ)支配の主たる対象は、華北の地に残留している漢族および自己以外の五胡諸族であった
(ホ)その結果、各政権は胡族と漢族に対する統治システムを分ける「胡漢二重体制」を採ることになる
(ヘ)五胡の諸政権はいずれも短命に終わった

ということになろう。

故に五胡諸政権にとっては、

(a)農耕にも親しむようになっていたにせよ、牧畜を主としていた諸族がいかに漢族農耕民の統治をなしえるか

(b)服属している自己以外の諸族との関係をどのように保つか

(c)自らの統治をどのように認識し、また正統化するか

が重要な課題となり、逆に統治下の漢族にとっては、

(d)五胡諸族の統治にいかに対応するか

が問題となる。また、

(e)(一般に短命に終わる結果となった)五胡諸族の統治の永続化はどうすれば達成できるか

も、五胡政権に突きつけられた課題であったということができよう。

このような課題の克服に一定の成功をおさめたのが北魏であった。北魏とその後継政権(北朝)は、約二〇〇年に及ぶ華北支配を成し遂げたのである。そして北朝から隋・唐王朝が生まれてくる。隋・唐王朝は、南朝の制度や考え方をも継承しているが、北朝を継承したところもまた大きい。

本書では、北魏王朝が上記の課題にどのように対処したかを考え、その課題への取り組みの中で、孝文帝の遷都の意味を考え、併せて隋唐への接続の問題を考えたい。

なお、本書では、五胡や丁零・高車などの諸族を「胡族《こぞく》」という用語で示す。胡という語は、漢族の中華思想に基づいており、差別の意識を含むが、当時用いられた語であるので、そのまま使用することにする。ただし北方の騎馬遊牧民系統の人々を中心的に指す場合には「北族」と表現することがある。また今後本書で史料名を挙げるとき、北魏王朝の正史である『魏書』については書名を記さず、紀(本紀《ほんぎ》)、列伝、志の名称のみを記すこととする。『魏書』は北斉の時代に魏収によって書かれたが、北魏分裂後の扱いにおいて、北斉の前身である東魏を正統として西魏を認めないなど、問題が多い正史とされるものの、北魏史に関しては最も重要な史料である。流伝の過程で一部が欠け、現行本は唐代に書かれた『北史』で補っているが、それをも併せて本書では『魏書』として扱う。また北魏の帝室は孝文帝のときに元と姓を改めるが、それ以前の時期には拓跋《たくばつ》の姓を表記に用いる。

併せて付記しておきたいことがある。本節では専ら中華帝国の拡大による周辺諸族の包摂について叙述したが、他方、漢族の周辺地域への移動について指摘しないとすれば片手落ちとなろう。漢の武帝による支配領域の拡大に伴い、郡・県がそれらの地に置かれる。そしてそれらの地域への漢族の移動が、数的な大小は別として、一時期に限られずみられるのである。永嘉の乱以後に華北の地が各勢力の争覇の場となると、その状況を逃れて人々が移動する。漢族の場合、特に南方への移動が多く、それが東晋南朝を支える重要な役割を果たしたことはよく知られていようが、それだけでなく東、北、西の周辺地域に難を避ける人々も少なくなかった。たとえば漢族張氏の前涼国では、本拠を置く武威郡（漢の武帝時にできた郡である）を分け、八県（いずれもそれ以前にはみえない）を属県とする武興郡を新設したが、『晋書』地理志によると、この国における郡県の新設はこれにとどまらないのである。また近年西安でその墓誌が発見され、「日本」の語があることで話題を呼んだ唐の祢軍《でいぐん》であるが、元来は百済の人であるものの、その祖先については、永嘉の乱で「乱を避けて東に適《ゆ》き、因りて遂にこれに家す」、つまり朝鮮半島に渡って住みついたと、墓誌に記されている。

第一章

孝文帝親政期の諸改革

一　孝文帝の即位と文明太后

孝文《こうぶん》帝元宏《こう》は四六七年に第六代皇帝献文《けんぶん》帝の長子として平城で生まれた。母は漢族の李《り》恵のむすめの李夫人。北魏には、後に詳述するが、皇帝位の継承者が定まるとその生母を殺すという慣わしがあり、孝文帝が皇太子に立てられた段階で李夫人は「死を賜った」、つまり殺されている。

孝文帝を養育したのは第五代文成帝の皇后だった文明太后《ぶんめいたいこう》である（その姓は馮《ふう》氏。文明は死後に贈られた諡号《しごう》〈おくりな〉）。もちろん献文帝の生母ではない。形の上での孝文帝の祖母である。

第四章で詳しくみるが、文明太后は若い献文帝に代わって、臨朝称制《りんちょうしょうせい》する。臨朝とは朝廷の政治の場に臨むこと、称制とは皇帝に代わって政令を出すことである。孝文帝が誕生すると、その養育のためと称して太后はいったんは政治を献文帝に返すが、実際には献文帝に圧力をかけ続けて孝文帝に譲位させ（献文帝は太上《たいじょう》皇帝となる）、最後には暗殺したとみられている。実質的最高権力者であった文明太后にとっては、まだ若い太上皇帝の存在が障害と感じられたからである。

[図二] 北魏・東西魏系図

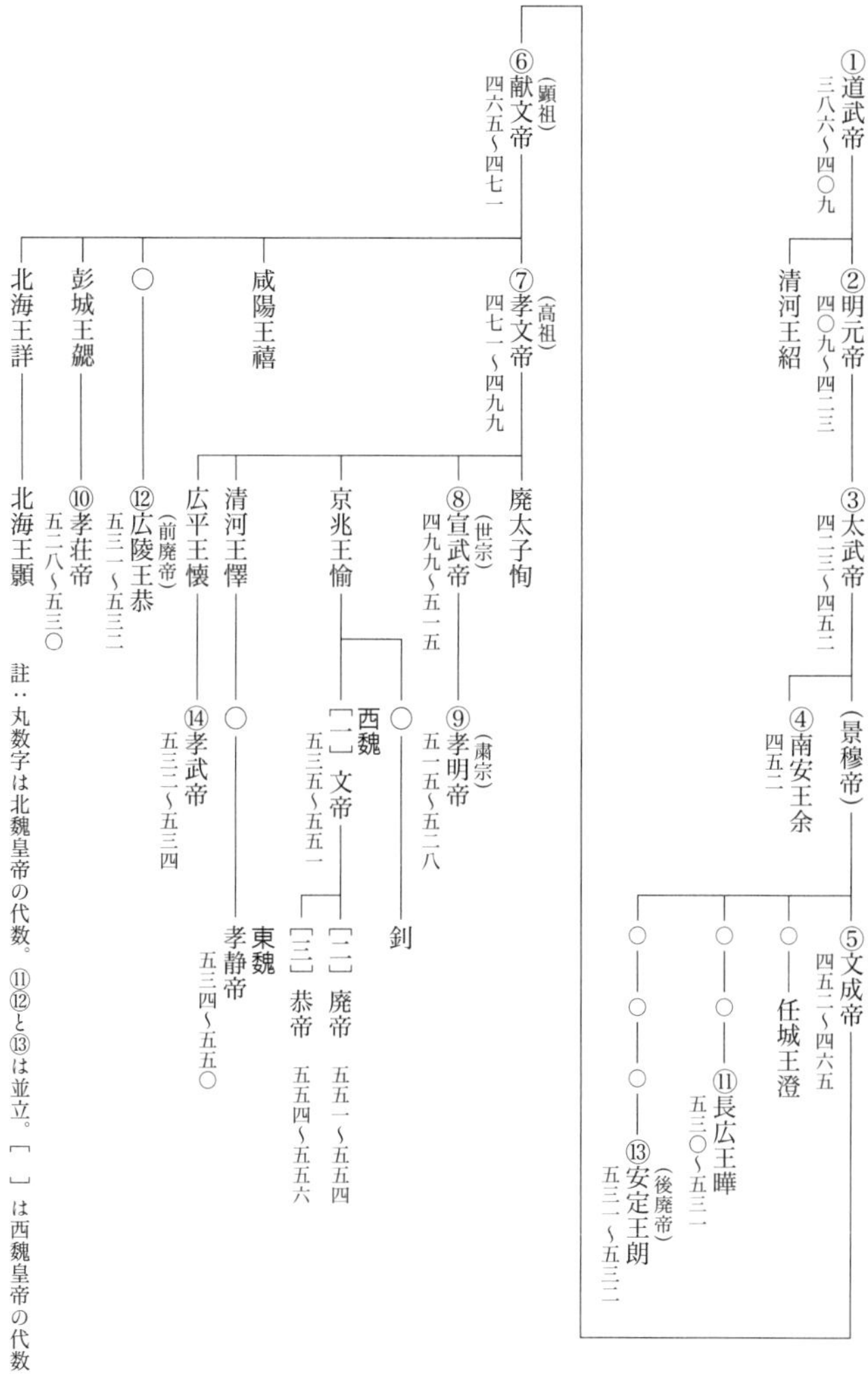

註：丸数字は北魏皇帝の代数。⑪⑫と⑬は並立。[ ]は西魏皇帝の代数

実は、文明太后は、孝文帝に対してさえも危害を加えそうになったことがある。年次は不明だが、将来自分の権力の障害となると考えて、冬にひとえの衣服だけで一室に閉じ込め、三日にわたって食事を与えず、孝文帝の弟の咸陽《かんよう》王元禧《き》を代わりに皇帝に立てようとしたという（高祖紀）。もっとも、孝文帝廃位の意図はおもだった官僚のいさめにより実現しなかった。

このような経緯をみれば、孝文帝にとって、父である太上皇帝（献文帝）の没したときから太皇太后として第二次の臨朝称制を開始している文明太后との関係をいかに保つかが重要であったことがわかる。太上皇帝急死の段階で孝文帝は数え年で一〇歳。そもそも政務を執ることは困難であるから問題は少ない。だが青年期にさしかかると、称制を続ける文明太后との関係は微妙にならざるをえないであろう。孝文帝はどのように対処したのだろうか。

これについては、従来大きく分けてふたつの見方がある。ひとつは、太和一四年（四九〇）九月の文明太后死去の翌年一月に、「皇帝ははじめて皇信堂の東室で聴政《ちょうせい》した」（高祖紀）という記事によって、孝文帝はそれ以前には政務を執ることはなかったとするものである。しかし、この記事は、前年九月以来政務をやめて喪に服していた孝文帝が服喪を終えて政務に復帰したという意味にとることも可能であり、はじめて政務を執った根拠とするのには弱い。

もうひとつは、「太和一〇年（四八六）以後の詔勅《しょうちょく》や冊書《さくしょ》（冊という形式で書かれた文書）はすべて孝文帝が作ったものである」という高祖紀の記事があり、それによって孝文帝は文明太后の死の前の太和一〇年から政治に参加していたと考えるものである。ただし、一般に皇帝自身が詔勅を作文することはほとんどないのであるから、詔勅を自分で書くようになる以前に孝文帝が政務を執るようになっていたということもありうる。つまり高祖紀の記事は政務を執るようになった時期を決める決定打にはならない。

高祖紀の記載の形式をみると、政治的な決定や指示にはすべて「詔《しょう》」（みことのり）という語が用いられている。後の第九代孝明《こうめい》帝期に母の霊太后《れいたいこう》が政治を取り仕切ったとき、詔という語を用いることができたが、それには皇太后にも詔という語を用いることを許すという孝明帝の詔が必要だったのであり（粛宗紀・神亀二年条）、それ以前には霊太后の指示は「令《れい》」の語で示された。皇帝の詔と皇太后の令とははっきりと使い分けられているのである。列伝などには文明太后の指示が記されることがあるが、それらは「令」の語で示される。このことから考えるに、孝文帝は上がってきた文書に決済を意味する語を書き入れていたのである。たとえ幼くても裁可の語は記入できる。そうしてはじめて詔勅としての形が整い、効力が発生する。

ただし、裁可の語を記入することと、実質的な政策決定権をもっていることとは別である。臨朝称制する文明太后が実質的な政策決定権を握っていたのであり、孝文帝は形式的に裁可を行っていたにすぎず、太和一〇年以後は、決定したことを詔にしたと考えられる。史書をみる限り、文明太后と孝文帝の間に政治的な対立関係があったとは思えない。それは孝文帝が政治的な決定権を握っておらず、また決定権を自分の手にしようと模索しなかったからであろう。そのような孝文帝と文明太后の関係があってこそ、臣下が「陛下・太皇太后」と併称し、ときには「二聖《にせい》」（ふたりの聖なる人〉という語を用いる状況を生んだのである。

ちなみに記せば、文明太后の陵墓である永固陵は、それ以前の皇帝や功臣が葬られた盛楽の金陵という墓域ではなく、平城の北二五キロメートルほどの、当時の名称でも方山と呼ばれた、上が平らな台地状の山の南端に築造されている。太后は夫とは分かれて、ひとり方山に陵墓を営んだわけである。現在も大同市街地のすぐ東を流れる御河からこの山を見ることができる。このような位置関係がこの場所に永固陵が造られた理由と推測できそうである。また、永固陵のすぐ北に孝文帝が自らの陵墓として造ったという万年堂があるが、祖母の陵の半分ほどの高さしかない。祖母に孝を尽くすための築造とされるが、実際の力関係を表現しているようにみえる。孝文帝は遷都後に築いた邙山《ぼうざん》の長陵に入るから、万年堂は使用されないままで終わったが。

もっとも、孝文帝の関与できる範囲が変化することはあったと思われる。当初は幼かった故に実質的な政務への関与はなかったであろうが、礼志をみると、孝文帝は既に太和二年（四七八）にひでりに対する雨乞いの儀礼を行っているし、太和六年には祖先の七廟《びょう》（祖先の位牌を収める廟〈おたまや〉の数は、天子の場合七つとされた）を祭り、それ以後春夏秋冬の祖先の廟の祭祀はみな親祭《しんさい》（皇帝自身が祭祀を執り行うこと）したという。また太和一三年には円丘《えんきゅう》（円形の壇）と方沢《ほうたく》（方形の壇）で天と地を親祭し、その後群臣を皇信堂に召して行った祭祀に関する議論では、経書を引用して議論を主導している。また、李洪之《りこうし》という地方長官が犯した不法行為に対して、孝文帝が官僚を宮殿に集めて親《みずか》ら責めたという記事がある（酷吏《こくり》伝）。官僚に俸禄を与える制度ができた直後のこととされているので、四八五、六年の頃であろうか。これは孝文帝自身の意志による行動であったと考えてよいだろう。背後に文明太后の影はうかがえないのである。重要な政治案件でない場合、孝文帝に裁断が委ねられることがあったと考えないと、これらの事例は理解できない。以上のことから推定すると、後述する太和一〇年頃からの相次ぐ儀礼や祭祀関係の改革も、孝文帝に委ねられた部分だとして誤りあるまい。儀礼の一つであるが、太和一〇年一月には、中国皇帝の正規の礼服である袞冕《こんべん》服を着用して、各国の使節を招く宴会に出席している。

[図三] 方山永固陵
二〇〇一年に大同市で開催された第七回中国魏晋南北朝史学会参加者による見学活動の対象となった。

政務を含め、孝文帝は文明太后に従順であった。ただし、その態度は、逆らうことの不利益を考えてとらざるをえなかっただけとは、必ずしも思えないフシがある。たとえば、孝文帝は、文明太后の死に際して五日間食事をとらず、儒教の経典に定める儀礼に従って粗末な廬《ろ》（喪葬儀礼用の粗末ないおり）に起居して喪服を脱ごうとせず、くどいほど繰り返される官僚とのやりとりを経てようやく四ヶ月後に政務を執るようになるが、そのあとも三年間酒を断ち、肉を食べず、女性を近づけなかったという。この行為が主に心情的な結びつきによるものであったといえるかどうかまではわからないが、意図的に儒教の尊ぶ儀礼の実践を演出しようとする孝文帝の姿勢はみてとれるであろう。また孝文帝が実質的な決定権を握っていなかったにせよ、文明太后臨朝称制期に成立した均田制《きんでんせい》や三長制《さんちょうせい》などの重要な政治案件にまったく関与しなかったわけではないし、しかもそれらの政治案件は、孝文帝のその後に目指した方向と矛盾するものではなかったと考えられる。

少しわかりにくくなったが、述べたいことは以下の通りである。親政以前の孝文帝は、一定の範囲で政務を分担しえたが、重要な案件は文明太后が決定権を握っていた。しかし、それは文明太后執政時に成立した案件に孝文帝がまったく関与しなかったということではないし、必ずしも孝文帝の目指した方向からはずれるものでもなかった。

孝文帝は太和一五年（四九一）一月から親政を開始するが、この年に早くもいくつかの新政策が行われる。引き続いて実施された諸政策を併せて以下に述べてみよう。

二――土徳の王朝から水徳の王朝へ

まず、国の行次《こうじ》が決定された。中国の各王朝は、木火土金水の五行《ごぎょう》（すべての物質を構成すると考えられた五つの元素）のいずれかの徳によって順番に成立するという考え（五徳終始説《ごとくしゅうしせつ》）に基づき、自分たちの王朝がどの徳によるのかを決定してきた。これを行次という。

漢代中期以来行われた五行相生説《ごぎょうそうしょうせつ》によれば、木→火→土→金→水→木（以後は繰り返し）と五徳は終始し、それぞれの徳に対応する王朝が興亡する。漢は火徳とされるから、次の王朝は土徳の王朝となる。よって三国魏は土徳の王朝とされる。漢（後漢）から政権を継承した魏の文帝の最初の年号が、土徳に対応する黄（色）を用いた黄初《こうしょ》であるのはその故である。僅かに遅れて年号を建てた呉の孫権の最初の年号も黄武であった。蜀は漢の後継者であることを標榜したから、「黄」字を用いるはずもなく、最初の年号は章武である。

北魏は建国の段階では代を国号（王国の号）としたが、すぐに魏と国号を改め、はじめて皇帝を称した天興元年（三九八）にはあらためて帝国の号を議論して魏を継続して用いることとし、土徳の王朝であることを標榜した。これは北魏（代国）は漢王朝を継承した王朝であるという認識の表明であったと思われる。ただし、その認識には変化が生じていく。代国は西晋王朝を援助し、それによって代王に封じられて代国が成立したという経緯があるからである。論理的には西晋王朝を継承した方がよい。しかも、西晋王朝を南方で再建した東晋王朝は四二〇年に滅んでいる。西晋から封じられた代（＝北魏）は、西晋を継承した東晋の臣属国であるという形式論理が適用される可能性がなくなったのである。

孝文帝が太和一四年（四九〇）の八月、つまり文明太后死去の前月に、おそらく自らの意志により、行次について議論するようにという指示を行った背景には、このような経緯があった。行次をめぐってはふたつの見解があった。ひとつは、漢が火徳、魏が土徳、西晋が金徳、五胡の趙《ちょう》（後趙）が水徳、燕《えん》（前燕）が木徳、秦（前秦）が火徳と続いて、その秦が滅亡した段階で代国が強大となったととらえる。代国が成立してただちに西晋を継承したというのではなく、五胡十六国の中の強力な帝国を挟んでいるのが特徴で、この場合、北魏は土徳ということになる。これは北魏が初めて皇帝を称した段階の、漢を承けての土徳という理解に、結果的に一致する。

もうひとつは、拓跋力微《たくばつりきび》や拓跋猗㐌《いい》・猗盧《いろ》のときは西晋と和好・援助の関係にあり、西晋が滅びたことによって代国が飛躍したとする見解であり、拓跋鬱律《うつりつ》（平文《へいぶん》帝）から道武《どうぶ》帝の間の時期に後趙・前秦と対抗し、後燕を滅ぼしたと認識する（［図一―二］代王系図、八七頁参照）。そして議論の末、一六年一月に決定した（礼志には一五年とあるが、本紀の記載に従う）結果においては、後者の見解が認められ、北魏は西晋王朝の継承者であり、従って水徳の王朝であるとされた。このことは、西晋王朝を継承した東晋・宋・南斉の王朝に対して、中華の支配者としての北魏の正統性を宣言するものでもあった。

ところで、水徳説は、西晋滅亡から北魏帝国成立までに間隔があるという難点をもっている。これを克服する論理は以下のようであった。そもそも漢が火徳であるという説は、秦を暴虐の国として五徳の交代から除外し、漢は周王朝を継承するとしていた。五胡の諸王朝は国として数えるに値しないのであって、これらの国が西晋を継承した国家であるとは認められない。周王朝の滅亡（前二五六年）から漢王朝の成立（前二〇二年。漢王国なら前二〇六年）までの期間は、西晋の滅亡（三一六年）から初代の道武帝が代王として即位したとき（三八六年）までの間隔とほぼ一致する。

いささか苦しい論理であると思われるが、それは問わない。ここで重視すべきは、北魏は五胡の諸国とは異なるという明確な認識が示されていることであり、その認識がこの後共有されることになる。五胡諸国は「世業促編《そくへん》、綱紀立たず」、つまり、その存続期間が短く、統治の大本がきちんとできていないとして否定される。逆にいえば、北魏は統治期間が長く、統治の基本がきちんと整っているということになる。孝文帝としてはこの認識に立脚して親政を押し進めるわけだ。その上で、統治をより長く、領域をより広く、統治の大本をより整備するよう努力することになる。その後の孝文帝の目指す方向をそのまま指し示すかのごとき、行次の結論であった。

水徳説はもうひとつの改革と連動する。亡くなった皇帝の位牌を収める廟には皇帝ごとに名が付けられる（廟号）。北魏が帝国となった段階でこの中華の制度も採用されたのだが（一〇〇頁参照）、このとき王朝の創始者に与えられる太祖《たいそ》の廟号を得たのは平文帝であった。これが問題となる。

水徳説の論者は、平文帝を太祖としてきたのは理由があるという言い方で平文帝を重視してはいるのだが、「西晋が滅んで代国は強大となった」という説明では、道武帝と並ぶような功業が平文帝にあったとは受け取りにくい。平文帝のときに「受命した」つまり天命を受けたとする土徳説におけるほどの重要な位置は、水徳説においては平文帝に与えられない。水徳説の論理でいけば、代わって最も重要視されるのは皇帝として即位した、つまり天命を受けて即位した道武帝である。よって道武帝を平文帝に代えて太祖とする改革が、行次の決定に先立って親政開始の年太和一五年の七月に行われる。元来道武帝は烈祖《れつそ》という廟号であった。孝文帝が道武帝を太祖とした論理は、「烈祖(道武帝)には国の創始者という功績がある。平文帝の功績は、(北魏の前身である代国の最後の君主)昭成帝《しょうせい》に及ばないのに、廟号が太祖である。道武帝の功業は平文帝より高いのに、廟号は烈祖。これは妥当ではない」というものであった(礼志)。

行次の改革は、さらに新たな施策を生む。行次を定めたのと同じ太和一六年一月であるが、「太祖すなわち道武帝の子孫以外の拓跋氏、および拓跋氏でない人(つまり異姓)で王となっている者は、公の爵位に降し、公爵の者は侯《こう》の爵位、侯爵の者は伯《はく》の爵位に降し、子爵と男爵はもとのままにとどめよ」という措置がとられた(高祖紀)。同じ拓跋氏でも、道武帝以後の諸帝の子たちは王に封じられ、その王の嗣子も王の爵位を継承できる。しかし、道武帝以前の代王の子孫は、たとえ北魏の時期に王に封じられていても、その地位を失うことになる。天命を受け水徳によって中華の地に皇帝たりえた者の子孫と、それ以前の段階の代王であった者の子孫とは同一に扱うことはできない、という論理が冷徹に実行に移されたのである。この措置はのちにみるように（四〇頁）、遷都後の墓地にも目にみえる形で反映されている。さらにいえば、王の地位をもつ者は就官上で特別の扱いを受ける。王の地位を失う、あるいは爵位を下げられる一部の拓跋氏一族の恨みを買いかねない——実際に不満があった——措置であったが、敢えて踏み切ったところに、孝文帝の覚悟のほどがうかがえる。

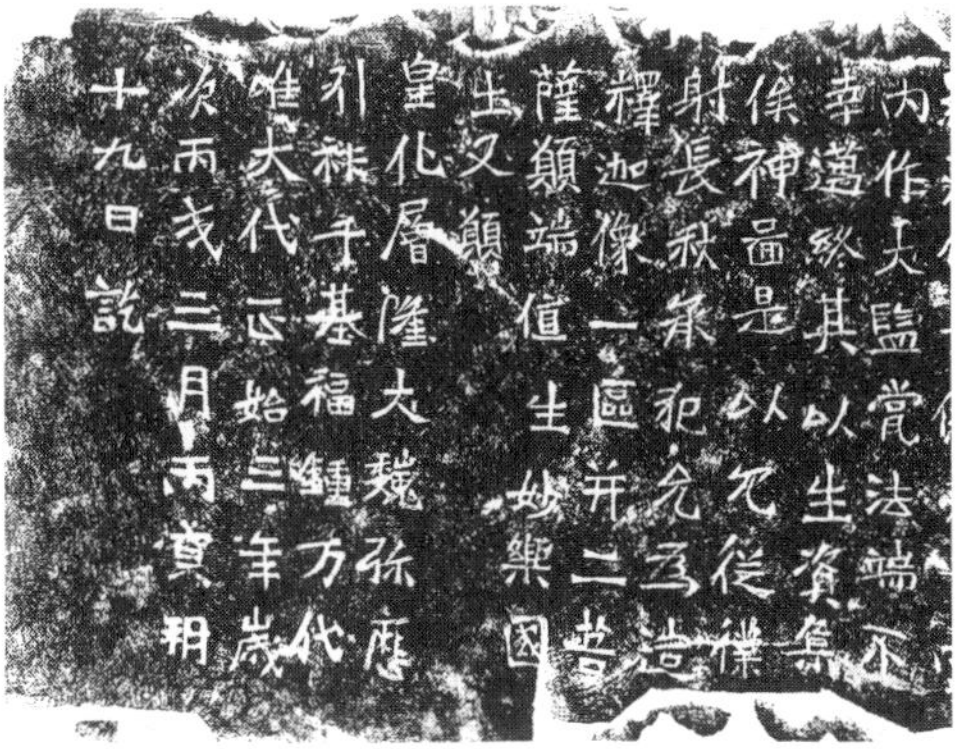

［図四］「代」と刻された石刻
（『中国書道全集　第二巻　魏・晋・南北朝』平凡社、一九八六年、図60）
右側の三行を除いているが、「祀允造像記」と称せられる石刻である。終わりから三行目に「大代の正始三年」と刻されている。西暦では五〇六年である。

なお、西晋を継承し、道武帝を太祖に改めたことは、代国時代と北魏帝国時代をはっきり分ける歴史観を北魏が採用したことを意味する。これ以前は国号が魏であるにも拘わらず「代」と表記することが石刻などには多くみられたが、これ以後はごく少なくなるという。

三——儀礼の改革

既に述べたように、儀礼関係については孝文帝は親政開始以前に既に関与している。本節ではそれを含めて儀礼関係を扱いたいが、その前にまず北魏初期からの儀礼についてみておこう。

天興元年(三九八)一一月、皇帝即位を翌月にひかえた道武帝は、後燕を滅ぼして獲得した官僚に儀礼関係の整備を命令する。そして翌年一月には平城の南郊《なんこう》(都城の南の郊外)で上帝《じょうてい》を祭った。これは告代祭天《こくだいさいてん》、つまり新たな国を建てたことを天に告げる儀礼であり、中華帝国伝統の方式に則っている。そして三年一月に北郊で地を祭っている。また同二年には太廟《たいびょう》(皇帝の祖先の霊を祭る建物)が完成して始祖とする拓跋力微ほかの代国君主の神主《しんしゅ》(位牌)をおさめ、三年には東郊で日を祭り、皇帝が行う耕作儀礼である籍田《せきでん》の礼を初めて行っている。また皇帝が親征から帰還すると太廟に報告している。こうしてみると、北魏は帝国を称した段階で、中華帝国伝統の国家儀礼をそっくり採り入れたかのようにみえる。しかし、そうではなかったようだ。南北郊の天地の祭祀は皇帝自身が祭る(親祭)のではなく、官僚が皇帝に替わって執り行った。金子修一氏によると、東晋南朝では南北郊における天地の祭祀は基本的に皇帝の親祭であり、皇帝にできない事情がある場合にのみ官僚が代行したと考えられているから、それと較べると軽い扱いとなっている。中国伝統の儀礼である孔子廟の祭祀でも、孝文帝即位直後の延興二年（四七二）に、男性に混じって婦女が参加して望んではいけない福を願うというような「非礼」の部分を禁止するという詔が出されている（高祖紀）から、他の儀礼でも異質な要素が加わっている可能性がある。また一二月には小歳賀《しょうさいが》という中華帝国の伝統にはない儀礼が行われている。

最も大きな相違は、天の祭祀が平城の西の郊外で、皇帝親祭により行われていることであろう。礼志に天賜二年（四〇五）四月の西郊祭天の記載があり、それによると、壇は円形ではなく四角形、その上に木製の主（位牌）七つを置く。女巫《じょふ》（みこ）が壇上に上り、鼓を打つと、皇帝以下が拝礼する。白い牛・黄色の馬・白い羊の犠牲が供され、続いて拓跋氏の血を引く一〇族から選ばれた七人が西に向かって木主に酒をそそぎかけて拝礼し、これを七回繰り返す。また南斉の使者が見た遷都直前の西郊祭天の様子が『南斉書《なんせいしょ》』（南朝梁で成書）魏虜《ぎりょ》伝に記されていて、それによると、孝文帝は軍装して公卿《こうけい》二十余騎を従えて天を祭る壇の周りを回る。皇帝は一回、公卿は七回。翌日にはやはり軍装で壇に登って天を祭り、その後また壇の周りを回る。皇帝は三回、公卿は七回。これらをみると、明らかに中華帝国伝統の祭天儀礼とは異なり、シャーマニズムの要素が強い。遊牧国家時代の鮮卑族の間で行われていた儀礼が、皇帝を称したあとも毎年一度行う最重要の儀礼として継続して存在していたのである。注意すべきは、このように西郊祭天儀礼は皇帝自らが重要な役割を果たしているのに対して、南郊祭天は官僚が代行して行われていることである。また秋には、平城の東北の白登山《はくとうさん》に築かれた祖先廟で祖先を祭る儀礼を行っている。

このような状況下にあった儀礼に対する孝文帝の改革は、太和六年(四八二)に行われた七廟の親祀が最初であろう。それまでの北魏皇帝は太廟の祭祀も自らは行わなかった。親祀に伴い、衣服や犠牲、祭具、音楽、作法などを「漢魏の故事」に倣って新たに定めている。孝文帝は、天地や太廟などの重要な祭祀は常に親祭し、寒暑を理由に避けるようなことはなかったという。天地の祭祀の親祭がいつから始まったかについては明言がないが、おそらくこの時期からであろう。

続いて太和一二(四八八)年に円丘を南郊に築き、翌年一月にその円丘で天の祭りを行い、また五月には北郊の方沢《ほうたく》で地を祭った。いずれも皇帝親祭である。この措置は後漢の儒学者鄭玄《じょうげん》の説に基づいたのである。鄭玄は、同じく都城の南の郊外に築かれるのに、南郊と円丘を別々の祭壇とし、祭祀の対象を後者は天、具体的には昊天上帝《こうてんじょうてい》とし、前者は感生帝《かんせいてい》(青、赤、黄、白、黒帝。水徳の王朝であれば黒帝)を祭るとする。祭る時期も後者が冬至、前者が正月(一月)である。同じく都城の北に築かれる北郊と方沢も、祭祀対象と時期が異なるとする。これに対し、三国魏の王粛《おうしゅく》は南郊と円丘、北郊と方沢を同一の祭祀壇と考え、祭祀の時期をそれぞれ冬至(南郊)と夏至(北郊)のみとした。晋や南朝では王粛説に近い形で天地の祭りが行われているから、孝文帝は晋・南朝とは異なる形での最重要の国家祭祀を選択したことになる。三国魏では鄭玄説に近い形での天地の祭祀であったから、それへの復古ということかもしれないが、敢えて南朝と異なる形が選択された可能性が考えられてよいのではないか。王粛の正しからざる説に基づき天地の祭祀を行う南朝の否定という論理がそこに生まれうるからである。太和一三年一月の祭祀は南郊でなく円丘と記録されているものの、北魏の郊祀は次第に鄭玄説に立って整備されていく。洛陽遷都直後の太和一九年(四九五)一一月、孝文帝は洛陽の南の委粟山《いぞくざん》を円丘に定め、祭祀を行い、第八代宣武帝《せんぶ》は円丘を洛陽城を出てすぐ南の、宮城の中心である太極殿に正対する地に移す。中華の地の支配者として、円丘祭祀には重要な意義を与えたのである。

少し時期を戻そう。太和一五年から遷都までに、さまざまな新しい儀礼が採用される。まず一五年一二月に行われた東郊で春の気を迎える「迎春《げいしゅん》」がある。また翌一六年三月には南郊で初めて「迎気」つまり夏の気を迎える儀礼が行われ、以後定制となったという。次に礼典によれば春分の日に東門の外で太陽を祭る「朝日《ちょうじつ》」の儀礼、西郊での「夕月《せきげつ》」儀礼があり、いずれも採用された。ともに、その後毎年行われたとある。また養老の礼が行われ、大射《たいしゃ》の礼も企画された。国初に儀礼が定められたものの、採用されていないものがかなりあったことがわかるのであり、それらがこの段階でいっせいに整えられたということであろう。逆に、中華の地の伝統にない小歳賀は太和一五年にやめられ、西郊祭天は遷都が行われた太和一八年に廃止された。白登山の祖先祭祀については皇帝親祭をやめて、官僚に代行させていることが確認できる。

新しい儀礼の採用と平行して、孝文帝は国家儀礼に関わる建造物工事を相次いで行う。儒教の文献が国家的典礼を行う場として尊ぶ明堂《めいどう》・辟雍《へきよう》は太和一〇年(四八六)に着工され、一五年に完成している。一三年には都に孔子廟を建て、一五年には太廟を改築した。一六年には中核的な宮殿であった太華殿《たいかでん》を壊して太極殿《たいきょく》を建てる。太極殿は三国魏のときに洛陽に築かれ、五胡の諸国でも造られた皇帝の正殿であるが、その建築に際しては蔣少游《しょうしょうゆう》なる人物が洛陽に派遣されて実地に調査を行っている。太極殿と南郊の円丘は南北に並んでいて、孝文帝は平城においても都城の中軸線を意識したらしい。建造物の配置にも中華帝国の伝統が採用されたのである。

なお、儀礼には音楽が伴う。道武帝のとき、音楽の整備も行われているが、北魏前期のそれは、後に詳述するように、胡族、そして五胡時代の西涼系の音楽の影響が強いものであったようである。孝文帝の改革の時期になると、結果的にはその影響を残すことになるにせよ、中華の宮廷音楽への転換が模索され始めている。

第二章

遷都後の諸改革

孝文帝は遷都直後からさらに新しい施策を次々と打ち出す。これまでに述べた親政以後の施策も、強い鮮卑色を脱して中華帝国伝統の制度に切り替えるものであったが、本章で述べるものは、より広範で、生活に直接関わる部分での変化をも強要する内容を示す。

一———「代人」から「河南の人」へ

前近代の中国の史書では、人を紹介する場合は、「李順、字《あざな》は徳正、趙《ちょう》郡平棘《へいきょく》の人なり」というように書くのが普通である。趙郡は郡名、平棘は県名であり、両者で本籍地、つまり戸籍があるところを示す（もちろん戸籍自体には郡県の下の単位をも記す）。ただし、この時期には、趙郡平棘が戸籍の所在地を示すかといえば必ずしもそうではない。激しい移動、また官僚となって都や赴任地に居住するようになって久しい者は、戸籍が旧の本籍地にあるとは限らない。しかしその場合でも、旧の本籍地を名乗ることがけっこう多いのである。名族や貴族とみなされる一族につながることは、処世上有利であり、たとえ本籍地を離れても、旧の本籍地名を名乗ることに意味があったからである。甚だしい場合は、既になくなってしまった郡県名を用い続けることがある。なお、この時代は郡の上に州があるが、州の名は用いない。

それはともかく、遷都以前に平城とその周辺に居住した鮮卑族を中心とする諸族の場合は、上記の郡県名にあたる箇所が「代《だい》」と表記される。「代」は元来郡名であるが、県名は付けないのである。つまり「代人」とは、代郡に本籍を置く人々というよりは、平城近辺に居住する鮮卑族を中心とする集団を示すという理解が妥当である。この集団についてはあらためてふれることとして、ここではその「代人」の大部分が遷都によって洛陽に移住させられたことに話をしぼる。それに伴い、彼らは「河南《かなん》の人」もしくは「河南洛陽の人」と称されることになる。河南とは、県名である洛陽の上部、すなわち洛陽城を中心とする一帯の郡名である。

洛陽に移った人々は、その死後、何代かの祖先の墓のある代の地域に戻って埋葬することを許されず、洛陽に墓を営むことになる。洛陽の北部には、黄河との間に邙山《ぼうざん》と称する小高い丘というべき山並みが東西に連なっている。唐詩に「北邙山上　墳塋《ふんえい》列なり、万古千秋　洛城に対す」と詠われるように、ここには古来多くの墓が営まれてきた。そして北魏の洛陽城からすると西北の方角の一帯には、北魏時代の墓が集中している。邙山台地をほぼ北から南に流れる瀍水《てんすい》（瀍河）という河川の西側に孝文帝の陵墓（長陵）や宣武帝の陵墓が築かれるが、瀍水の東側に、北魏の帝室が、各皇帝の子孫ごとにグループをなして墓を造り、帝室の墓域の周辺に、帝室以外の諸族、そして一部の漢族を含めた身分の高い人々の墓が造られた。とすると、夫妻の一方が平城に葬られ、残された方が遷都に従って洛陽に来て死去した場合、その墓をどうするかという切実な問題を引き起こす。これについて孝文帝は、夫が先に死んで平城に葬られている場合には、洛陽で死んだ妻は平城に葬ってよいが、妻の方が先に平城に葬られていて、夫が洛陽で死んだ場合は、平城に戻って葬ることは許さない、という判断を下している。尊卑の原則によるとみられるが、孝文帝は続く文で、前者では洛陽へ夫の墓を、後者では妻の墓を洛陽へ遷すことを認めていて、必ずしも尊卑の原則を貫徹させようとはしておらず、逆に洛陽への墓葬を重視している。北朝の時代は、墓は本籍地、もしくは祖先の墓のあるところに造ることが多く、これを「帰葬《きそう》」という。漢族の風習であるが、「代人」にとっても祖先の墳墓の地に帰葬できないことは苦痛であっただろうと考えられる。このような強引と思える措置を採ったことにも、遷都にかける孝文帝の思いの強さがうかがえよう。

「代人」から新たに「河南の人」となった者の大多数は、平城にあって中央軍を構成していた人々とその家族であったろう。太和一九年(四九五)に「天下武勇の士一五万人を選んで羽林《うりん》・虎賁《こほん》と為し、以て宿衛に充てよ」との詔が下されていて、彼らは近衛軍の一員となった。

一方、平城に残された旧「代人」は、恒州・燕州に属する郡県の戸籍に付けられた。

〔図五〕孝文帝陵(長陵)
洛陽市孟津県官庄村に在る。高さは三五メートル。左にみえるのは文昭皇后高氏の陵で、ここからは高氏の墓誌が出土している。

二――墓誌

邙山の北魏墓からは多数の墓誌が出土している。後漢時代に生まれた墓碑は墓塚の傍らに立てて人目にふれるのに対し、墓誌は地下の墓室内に置かれる。墓誌の出現は西晋時代とされ、その中には後世の墓誌と同じような構成要素をもつものも出現したが、その比率はまだ高くない。続く東晋や五胡時期には少ない字数のものになっていき、しかも東晋では石ではなく磚《せん》(レンガ)を材料とするものが多いが、南朝宋になると、石に刻されて形が大きくなり、結果として字数が多く記載内容が豊富となる。まず墓誌の標題(誌題)があり、次に本人の姓名、本籍地、祖先、資質、履歴、没年と没地、葬った年月日、葬った場所を記す「序」という部分(実はこれが墓誌の大部分を占める)、そして韻を踏んだ銘(銘辞)という、後世の墓誌と変わらないような内容となる。しかしまだ書式は一定しておらず、安定した書式となるのは梁《りょう》の時期である。

遷都以前の北魏の墓誌は、記載内容が限られ、字数も少なく、銘をもたないものがほとんどであった(五胡時代も同じ)。墓誌の形も小型の墓碑の形をとるものがあれば横置きの方形のものがあるなど一定せず、また発見される墓誌の数自体が多くない。ところが遷都直後の太和一九年(四九五)に葬られた馮熙《ふうき》(文明太后の兄)や翌年に葬られた南安王元楨《げんてい》の墓誌は、一転して多くの記載事項と堂々とした銘をもつものとなっている。そしてその後に続々と作られる墓誌は、次第に記載内容を豊富にし、一句四字の銘の句数も多く、従って字数も多くなり、標題もきちんともち、記載事項の順番もほぼ一定してくる。遷都後二〇年がたった頃には、北魏墓誌は定型化したといってよい状況になっていた。邙山から発見されたものだけでなく、各地の墓から出土した墓誌も同様の傾向を示している。

遷都を機に突然といってよいかたちで形式の整った墓誌が出現した。しかもそれ以前には、ま

［図六］遷都直後の北魏墓誌　元楨墓誌
（『中国書道全集　第二巻　魏・晋・南北朝』平凡社、一九八六年、図64）
元楨は、太武帝の皇太子で即位前に死去した景穆帝の子。南安王に封じられた。太和二〇年に没し、邙山に葬られた。遷都後に作成された墓誌の最初期に属する。

だ発見されていないだけという可能性は残るにせよ、墓誌を作ったことが確認できない拓跋氏一族がいっせいに墓誌を作っている。このことは、北魏政権が模範を示したこと(つまり一種の奨励)によると筆者は考えるが、いかがであろうか。最近その存在が報告された馮熙墓誌《ふうき》(一七三頁図二九参照)は全体で三二八字からなり、そのうち銘は二四句で偶数句にきれいに押韻している。馮熙墓誌の文章は孝文帝が作ったとされており(馮熙伝)、筆者はこれがその後の墓誌のモデルとされたのではないかと考えている。少なくとも皇子の墓誌は馮熙墓誌に似たスタイルを暫くとり続ける。

孝文帝にせよ、馮熙墓誌のようなものをいきなり作文できたとは思えない。孝文帝の南朝攻撃に従軍中に馮熙と同年に死去し、馮熙に先立って洛陽に葬られた息子馮誕の墓誌は、やはり孝文帝作の可能性が指摘されるが、馮熙墓誌とは異なり、遷都以前の墓誌のスタイルで書かれている。馮熙墓誌を書く段階では孝文帝はおそらく南朝の墓誌に学んだのであろう。南朝で第一の名族であった琅邪《ろうや》王氏の一員王粛《おうしゅく》が亡命してきていて、彼が帝に墓誌情報を伝えた可能性が高い。しかし孝文帝が彼から学んだのは南朝のそれが先進的であったからという理由では、おそらくない。南朝墓誌の内容と較べると、取捨選択が加えられているのであり、次に述べる中国式の服装や言語の受容と同じ認識に基づいて作成したのであろう。

三――胡服・胡語の禁止

洛陽に入った孝文帝は、直後に胡服(中心となったのは鮮卑族の服装)を禁止する命令を下した。太和一八年一二月のことで、西暦では四九五年初めとなる。遊牧の民は、日常的に馬に乗り、戦闘の場面では馬上で弓を射る。それには、体にぴったりと合う筒袖の丈の短い上着、そしてズボンがふさわしい。また鮮卑の人々は鮮卑帽という独特の帽子を着用した。一方、漢族の支配階層の人々の服装は、丈の長い上着、裳《しょう》という一種のはかまを身につけるが、いずれもゆったりした仕立てになっており、袖は広く長い。そして男性は冠を着用する。このように両者には一見して判別できる相違がある。孝文帝は強制せず、自然に服装を変えることを期待したが、宗室の長老である元丕《ひ》(代王翳槐《えいかい》の子孫)の場合、朝廷で朱色の服、すなわち中国式の官服を着用した官吏が居並ぶ中、丕ひとりが常服、つまり胡服のままで隅にいた(元丕伝)という記載をみると、公的な場での胡服の禁止は、早い段階で徹底されたようである。丕にしても、後には、容儀を整えるまでには至らないにせよ、中国式の冠と帯を着用するようになったという。

しかし、公的でない場では、胡服禁止は、当然であるが、なかなか浸透しなかったようである。太和二三年初めに南朝攻撃から洛陽に戻った孝文帝は、車に乗った女性が胡服をまとっているのを見かけ、なぜ官吏はそれを取り締まらないのかと問題にしている。それに対して任城王元澄は胡服を着ける者は着けない者より少ないと答えているが、この応答は、公的でない場までは胡服禁止令が浸透しきってはいないことを示していよう。

そもそも、生活の必要から生まれた服装の差を、一片の詔でもって埋めようとすることには無理がある。『資治通鑑』は「多くの国人《こくじん》(代人)はよろこばなかった」と評しているが、当然のことである。しかし孝文帝は、服装の改変は国家統治の根幹に関わる問題として認識していた。孝文帝は「国を経営する大本は、何よりも礼教である。自分が洛陽を離れてより以来、礼教は改善されたか」と問いかけ、「改善されました」という答えに対し、上記の車上の女性の服装を問題にしている(任城王元澄伝)。服装の改革はきわめて重要な位置づけを与えられているのである。女性の服装を問題視したのも、その故であり、単なる漢化志向の結果でもなければ、孝文帝が神経質に過ぎたわけでもない。

なお、鮮卑族は頭髪を編んで後ろに垂らした。このため南朝は北魏を「索頭虜《さくとうりょ》」(縄のように頭髪を編んだ夷狄の意)と嘲り、南朝梁でできた『宋書《そうじょ》』は索虜伝という巻で北魏を扱っている。胡服の禁止には頭髪も含まれていたと考えられる。

胡語の禁止も礼教の問題としてとらえられている。太和一九年六月に「北方の言語を朝廷で用いることを禁止する。もし違反すれば現任の職を解く」という詔が出された。もっとも、年齢により言語習得能力に差があることを考慮して、行政処分の対象は三〇歳以下にとどめることにしている。北方の言語とは、もちろん鮮卑語が中心であるが、その他の諸族の言語も含まれていると考えられる。

　このように複数の言語が用いられていた北魏の朝廷であり、漢族官僚の中には李沖《りちゅう》のように「四方の言語はどれが正しいというものではありません。帝たる者が用いれば、それが正なのです」という意見の持ち主もいたが、孝文帝は、北方の諸語を禁じて、すべて正音に従わせたい、と漢語のみを一義的に「正」と断ずる。そしてそれが礼の実践につながるのであるという。中国の言語に改めることが礼教実践の突破口として位置づけられているのであり、「このまま旧俗（文章の接続関係からは言語を指すが、他の要素をも含むと考えてもよい）を維持していけば、数代後には洛陽は夷狄の人だらけとなってしまう」、つまり子孫は夷狄化してしまうとまで極論している（咸陽王元禧伝）。

［図七］胡服の俑（鎮墓武士俑）（太原市文物考古研究所編『北斉婁叡墓』文物出版社、二〇〇四年、図27）纏っているのは甲冑であるが、筒袖の上着とズボンを着用している。

ところでこれまで詔勅や詔という語をしばしば用いてきた。その詔勅は漢文で記されている。しかし北魏の朝廷や官庁で、漢語のみが用いられていたわけではない。上の記述でわかるように、上層部でも漢語を話せない人々が北魏建国後百年以上たった遷都の段階でもいたのである。下層の胡族では漢語を話せない人はさらに多く、まして漢文を読める者はごく限られていたであろう。詔勅は文書として示されるが、屡々口頭でもっても伝達された。いや、その詔勅や命令が鮮卑語で発せられ、それが整然とした文章語の漢語に訳されて発布され記録されることが、孝文帝以前には多かったのではないか。

これに関わって重要な問題がある。北魏は鮮卑語を表す文字をもったか否かという問題である。『隋書』経籍志に北周武帝撰『鮮卑号令』などの「鮮卑」を冠したものや後魏（北魏）侯伏侯可《こうふくこうか》悉陵《しつりょう》撰『国語物名』など「国語」を冠した書籍名が一三種みえる。「国語」とは（拓跋部人の用いていた）鮮卑語である。また太武帝の始光二年（四二五）に「初めて新字千余を造る」と本紀にある。これをめぐって、北魏では鮮卑語を表現する文字（鮮卑文字）が作られたとする見解と、鮮卑音を漢字で表したのだという見解がある。文献史料はともかく、非常に多く残る北魏時代の石刻などの史料はすべて漢字が用いられていて、鮮卑文字らしいものは見いだせないことからすれば、鮮卑文字は作られなかったと考えるのが妥当であろう。始光二年の新字は鮮卑文字ではなく、鮮卑音を写すのに都合のよい、新しいまたは一部を改めた漢字だったのではなかったかと思われるのである。

四――胡姓を漢姓に

太和二〇年(四九六)、拓跋を「元」と改姓する旨の詔が出された。おそらく同時にであろうが、他の胡族も改姓を命ぜられている。

胡族の族名や個人名を一字一音という特性をもつ漢字に写そうとする場合、どうしても複数の漢字を用いることになる。おそらくto-paであろう発音が拓跋と音訳される類いである。諸族の成員は所属する部族名が姓として扱われる。他方、漢族の姓は、司馬や諸葛などの二字姓はあるが、基本は一字姓。名(諱《いみな》)は一字か二字である。

『魏書』には他の正史にはみられない官氏志という巻がある。百官志と氏族志を併せた内容をもつが、そこに、諸族の名称と改姓された後の姓が掲載されている。拓跋氏以外にいくつか例を挙げると、丘穆陵《きゅうぼくりょう》氏が穆《ぼく》氏、歩六孤《ほりくこ》氏が陸氏、独孤《どっこ》氏が劉《りゅう》氏などとなっていて、二字姓も乙旃《いっせん》氏が叔孫《しゅくそん》氏になったように、少数ではあるがみられる。慕容《ぼよう》氏のように改姓していない事例もあるが、北方系で北魏に服属していた諸族は、多くが改姓の対象となった。名の方は、遷都以前にも一字の事例はみられるが、二、三字の事例が圧倒的に多い。姓と名を併せれば多くが四~五字となる。例えば『宋書』索虜伝に登場する独孤侯《こうじ》尼須《しゅ》は独孤が姓、侯尼須が名で、『魏書』には劉尼《りゅうじ》として記載される。故に漢字で表記された姓名をみれば、ほとんど一目で胡族と判別できる（音で聞いても容易に判別できるだろう）。『魏書』は、この劉尼のように、改姓以前の人物であっても改姓後の姓、そしておそらく改姓と同時あるいはその後に改めたと考えられる名で記している。

注意しなければならないのは、漢族以外のすべての胡族が改姓の対象となったわけではないことである。改姓した者と同族でありながら、改姓していないと考えられる事例は数多い。たとえば、後に述べる六鎮《りくちん》などに配置されていた人々は改姓していない。北魏政権下で牧畜を担当していた人々も改姓していないようである。また、西方の氐族や羌族は、もともと苻・姚・楊氏のように一字で表記される姓も少なくなかったが、北魏治下で地方の官僚となった場合でも、旧来の姓を維持したままになっている。また、現在の山西省にいた匈奴系の諸族には、早くに劉などの漢姓に変えていて、もともと改姓の対象外であったものもいる。

なお、記録に残るこの時代の人々が漢族であるか胡族であるかの弁別はなかなかに難しい。採用した一字姓が漢族の姓に一致したり、改姓した非漢族が漢族の祖先を自らの祖先とすることが多くみられるからである。姚薇元氏の『北朝胡姓考』が大きな助けとなるが、それでも判断に苦しむ事例は少なくない。

五――官制改革（1）――消えた内朝官

遷都以前の施策を含むが、官制改革についてまとめてここで述べよう。親政開始の年、孝文帝は律令制度の改定を議論し、翌年新しい律令が定まり、高祖紀には「新律令を頒布し、天下に大赦《たいしゃ》した」とある。しかしながら、孫紹《そんしょう》伝に載せる延昌年間（五一二～五一五）の紹の上表文には、「先帝（孝文帝）のとき、律令を併せ議論し、律はその後施行されたが、一〇年あまり令は頒布されないままであった」とある。太和令としてまとまった形での令の頒布はなかったと考えられる。その故であろう、太和一七年（四九三）に職員令二一巻を施行した。官氏志に「太和年間に、孝文帝が官僚たちに詔して、議してもろもろの官職を定めて令とさせた」として掲げる官品表がその内容を示すと考えられていて、宮崎市定氏はこれを太和《たいわ》前令《ぜんれい》と呼ぶ。前令というのはのちにも令が定められたからであり、太和一九年に品令（太和中令）を出している。この内容は残っていない。孝文帝はさらに職員令の改訂を試みる。官氏志に、太和二三年に定めたが、その施行前に孝文帝は死去し、次の宣武帝のときに施行されたとして掲げられる官品表がその内容を示す。宮崎氏はこれを太和後令と称している。

短い期間に三度も職員令が出されたことは、この時期に北魏の官僚制度の改変が急ピッチで進んだことを反映している。太和一七年の職員令は、孝文帝が施行の詔で「軍事日程の関係で十分な検討を経ていない。不朽の典とするには足りないけれども、目前の問題の解決には役立つだろう。軍事行動から戻ったら、あらためて不足のところを検討する。今は仮に施行させる」（高祖紀）と釈明しているように、練り上げられないままに策定されたものであり、それ故に孝文帝の官制改革の意図を十分に取り入れることはできなかった。従って、相次ぐ改訂が試みられたのであって、孝文帝の意図は、後令に盛り込まれていることになる。

　では前令と後令の差はどこにあるのか。まず、前令には魏晋南朝にはみられない官職が多数記載されていることが注目される。たとえば、侍《じ》御中散《ぎょちゅうさん》、中散などがそれである。

　ここで孝文帝の改革以前の北魏の官制について、述べておこう。代国時代には代王として置くことのできる郎中令《ろうちゅうれい》や左《さ》長史《ちょうし》といった官職がみられたが、皇始元年（三九六）に天子を称し、後燕の并州《へいしゅう》を占領すると、中華帝国の制度に倣った中央と地方の官制が作られた。ただし、これは急速に拡大した領域を統治するために、当時攻撃の対象であった後燕の官僚を吸収しようとして緊急に採った方策と考えられ、十分に整備されたものではなかった。そのため二年後には滅ぼした後燕系の官僚を用いて、手直しが行われている。このとき定められた官制についてのまとまった記録はない。しかし個別の就任事例を集めると、西晋の官制とほぼ一致していると考えてよいようである。某々将軍という将軍号の場合は、五胡諸政権で新たに出現したものや独自のものを含んでいたが、第三代の太武帝の頃には一部を除き西晋以来の将軍号のみになる。そして各種の将軍号の序列も、西晋のそれとほぼ同一であった。地方の州には刺史が、郡には太守が、県には県令が置かれるのも同じである。

このように述べると、あたかも北魏の官制は中華帝国式一色になっていたかのように受け取られそうであるが、実際はそうではなかった。中華帝国伝統の官職であっても、その役割が必ずしも同じではないのである。三国魏以来行政を担当する尚書省《しょうしょしょう》は、短期の廃止時期があったことを除いても、制度の改変が繰り返され、太武帝期には、通常は五つか六つに分かれる部（部局）は、確認できるだけで二〇を超える多数にのぼり、その中には、南部尚書・北部尚書といった、他の王朝にはみられない部局名もある。同様に他の王朝にみられない殿中尚書に至っては、皇帝身近の兵士を指揮している。尚書という名称を与えられていても、他王朝の尚書とは異なる職務をもつものがあり、これを尚書省に含めてよいかどうかも問題なのであるが、それは措くとして、このような尚書省のあり方は孝文帝改革後には確認できない。また、皇帝の側近くにあって下問に応えて皇帝を補佐するとともに、次第に尚書省が皇帝に上げてくる案件を審査するという機能をももつようになっていた門下《もんか》省《しょう》であるが、北魏では審査の機能は弱められ、逆に尚書省の高官が門下省の最上位の侍中の資格を同時に与えられるという事例が多数にのぼる。さらに皇帝の出す詔勅の起草を中心的に担うようになってきていた中書省《ちゅうしょしょう》であるが、この時期には、定められた内容を詔勅の書式に表すという役割に近かったと考えられる。そのほかに国子学を改名した中書学を管掌したし、太武帝のときには、疑わしい刑法上の案件は中書に付して、儒教の経典の理に基づいて判断させよ、という詔が出されてもいる。

さらに重要な相違がある。鄭欽仁氏が前述の中散という名称を共有する一連の官職の分析を行い、時期を同じくして川本芳昭氏が、内将軍や内行阿干《ないこうあかん》のように「内」字や「内行」字を冠した官職や禁中に宿衛する三郎《さんろう》などを内朝官《ないちょうかん》としてとらえたことにより、それは明らかとなった。中華帝国で内朝とは、皇帝が政務を執り、日常生活を営む範囲を指し、そこで勤務する官僚が内朝官、内朝の外部で勤務する官僚は外朝官である。前漢の後半期、尚書を統轄する官職を帯びた者が政治を取り仕切って内朝と外朝の対立を生んだが、漢代ではそのほかに、皇帝の身辺に仕える郎中などの郎官も内朝官にあたる(尚書はのちに外朝官化する)。北魏独特の内朝官は皇帝の側近くに侍り、皇帝の命令の伝達にあたり、皇帝の下問に応えるから、漢代以来の内朝官に類似している。故に研究者は「内朝官」と呼んでいる。しかし、北魏では、皇帝身辺の警護の役割を果たす部門が多くあることと、外朝の官僚(地方長官を含む)を督察する任務をも与えられたところに大きな特色がある。皇帝は外朝を、内朝官を通じてコントロールしたのである。たとえば、尚書省には、魏晋以来の尚書や郎中以外に、大夫《たいふ》や給事といった名称をもつ官職が置かれていることが文献史料で知られるが、これは内朝官を示すと考えられるのである。

北魏独特の内朝官就任者は非常に多くを知りうる。一九九七年に山西省霊丘県から「文成帝南《ぶんせいていなん》巡之頌《じゅんのしょう》」と題する石碑(文成帝南巡碑)の発見が報告された。この碑は、第五代皇帝文成帝が和平二年(四六一)に南方に巡行したとき、この地で弓を射る行事を行ったことを記念して立てたもので、背面に巡行に従った二八〇余の人々の官職と姓名が刻まれている。七段にわたって刻された中で判読できる官職二〇二例をみると、第二段に将軍号だけをもつ宗室諸王や、尚書省など外朝関係の者が記されているほかは、ほとんどが北魏独特の内朝官であると判断される。しかも、そこには文献や墓誌では知られなかったものも多数含まれている。興味深いのは、第一段の最終行に「右五一人は内侍の官」と記されていることである。その他の内朝官とは区別されているのであ

［図八］南巡碑建立場所
四周を山で囲まれた小盆地の北から唐河が大きく湾曲しつつ東に流れる。湾曲する川に挟まれた台地に御射台があった。碑は現在、近くの覚山寺に保存されている。

るが、それに含まれる中に、当時の権力者であった太原王乙渾《いっこん》や司徒の任にあった平原王陸麗らがいるのは当然として、爵位も将軍号ももたず肩書きが「内行内小」でしかない人物が二〇名もいる。官僚としての地位とは関係ない、皇帝に最も近く仕えるという任務が優先されて、他の内朝官とは区別されている。このような内侍の官と護衛を主任務として担う官とを一緒に括ってよいかという議論もあるが、本書では内朝官として一括しておく。

何よりも注意しなくてはならないのは、官僚として正史に名を残している胡族が、その官歴の初期に内朝官に就いていることである。胡族の有力者の子弟は、まず内朝官として皇帝の身辺に仕える。こういう仕組みがあったと想定される（漢族も内朝官に就任することはあるが、必ずというわけではなく、また官歴の最初ではなく中途での就任である）。

量的にも、任務の上でも、そして官職の遷転の上でも大きな意味合いをもっていた内朝官は、太和前令には全部であるとはいえないまでもその姿を残していたのであるが、後令に至るとすべて消え去る。官制は中華帝国式のそれに転じたのである（ただ近衛の軍団の組織には一部独自性が残る）。そして尚書省、門下省、中書省のあり方も、晋、南朝にみられるあり方と異ならなくなっている。太和前令の段階で、孝文帝が自らの意図を十分に盛り込むことができなかったと述べている、その最大の理由は、北魏独特の内朝官を整理できなかったことであろうが、それに伴う三省のあり方の変化も理由のひとつであったと推測できるのである。

なお、『魏書』では「中散」「〜中散」と記される内朝官が多い。これは鮮卑語に由来する官職を中華の王朝の「中散大夫」に近い表現に置き換えたものとみることができるが、同様に「南巡碑」にみえる官職が、『魏書』では他の王朝にもみられる「羽林」や「虎賁」の名を冠した官職に置き換えられていることが指摘されている。また先述した、文献にみえる「給事」であるが、尚書省に属する部局の名や、その他の部局の名を伴って「南巡碑」にも姿をみせる。

六——官制改革(2)——九品官制の整備

太和前令と後令の差はほかにもある。官職を九段階の「品」によって分けるのは三国魏から始まっていて、これを官品というが、一品が最上位で、数字が大きくなるほど地位が下がる。最下位の九品までに含まれる官職を流内官《りゅうないかん》というが、九品の下にも官職があって、これを流外官《りゅうがいかん》という。九品官制は西晋、東晋、宋、斉と継承され、孝文帝も九品官制を基本としているが、前令の場合は、九品を、正一品、従一品というように正と従に分け、さらにそれぞれを上中下に区分した。区分を階で数えると全部で五四階となる。後令では三品までは正と従のみ、四品以下は正従をさらに上下に区分した。合計で三〇階となる。前令では、同一の階に多くの官職がならぶ一方で、少数の官職しか配置されない階もある。これは当時存在していたあらゆる官職を盛り込んだだけで整理がなされなかったからだと宮崎市定氏は述べるが、おそらくそうであろう。もともと官職の数の少ない三品以上は正従に分けるにとどめるなど、後令の区分とその配置は合理性をもっていて、その後においては九品三〇階が官品の基本となり、北斉・隋・唐の令にも継承されている。

もっとも、これについては注釈を加える必要がある。孝文帝の改革とほぼ同じ頃の五〇八年に梁の武帝も官制改革を行っている。天監《てんかん》の官制改革と呼ばれるもので、流内官を品ではなく九の二倍の一八の班に分けるのであるが、数字の大小と地位の上下が品とは逆になる。一八班が最上位、一班が最下位である。ところがそれで品がなくなったかといえば、そうではなかった。品が残されていたこと自体は従来も知られていたが、近年、その品に正従上下の区別があったとする指摘が行われている。とすれば孝文帝の改革との類似性が問題になり、どちらが模倣したかとい

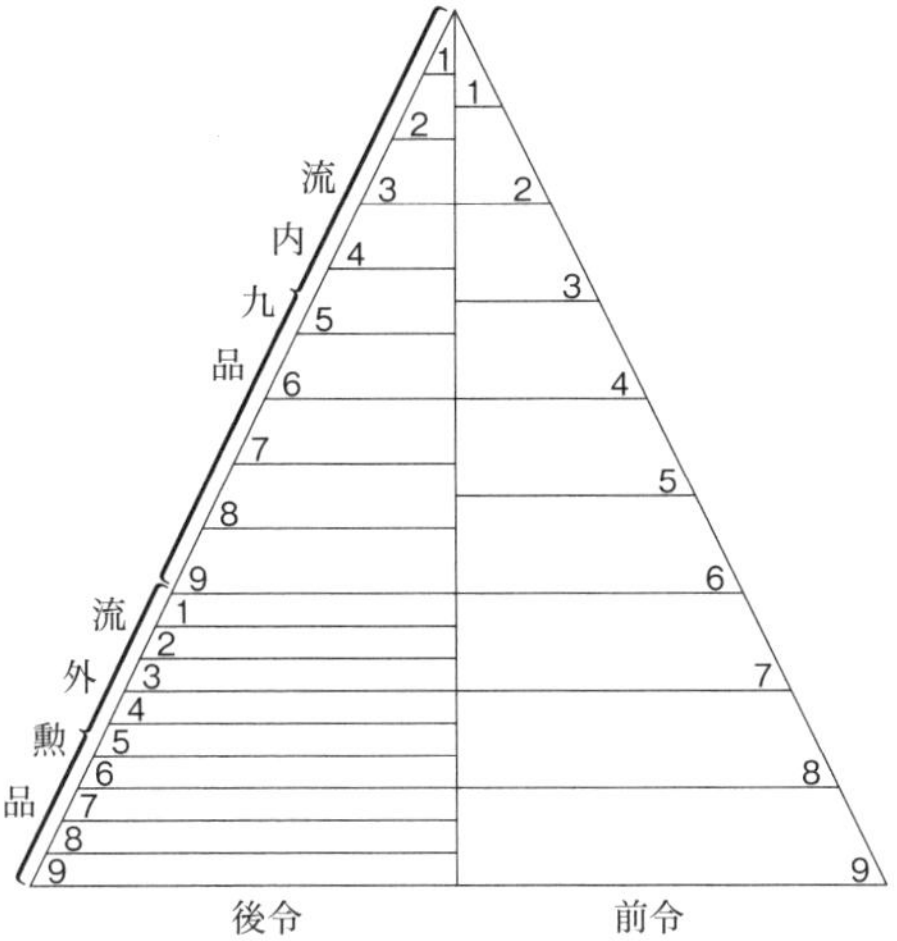

［図九］孝文帝改革による官僚ピラミッド構造の変化
「官僚制は上層へ行くほど数が少なく、下層へ行くほど数が多いから、これを一つのピラミッドとみなすことができる」という宮崎市定氏が作成した太和前・中・後令によるピラミッド構造図（『九品官人法の研究』三九九頁）から中令を省いて筆者が作成しなおしたもの。

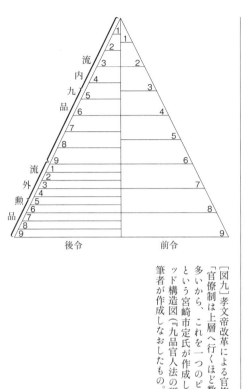

う議論も生じる。ただ、太和前令で官品に正従と上中下の区分があって後令はそれを整備したのであること、梁の改革が三〇階であったことを示す明確な根拠はないことからすれば、九品三〇階は孝文帝の創制であると筆者は考える。

なお、官品を合理的な区分に改めた上で、後令は、前令で七品以下に配置されていた官職を切り捨てて、前令記載の六品以上の官職をあらためて九品に割り直している。切り捨てられた七品以下の官職は、おそらくは九等に分けたと考えられる、当時の用語でいえば「流外勲品《くんぴん》」に配置された(前頁図九)。孝文帝は太和一九年に「現在の世では、我が祖先の質素朴訥を受け継いで清と濁が混ざっていて、君子と小人の(官職の)名称と等級に区別がなかった。これは大変によろしくなかった」と群臣の前で発言している(劉昶伝)。官職に清濁が区別されていないことを問題としているのであり、後令は官職の清濁の区分を意識したものでもあったことがうかがわれる。ただし、官職のうちのごく一部が「第一清」～「第三清」に分けられていることは確認できるが、他の官職の清濁についてはよくわからない。

官職の清濁とは、晋・南朝における貴族制の成立、盛行に伴い現れた現象で、貴族が就任する官職群と、貴族階層でない人々が就任する官職群に厳然とした区別があり、前者を清、後者を濁と評した。貴族は、濁とみなされる官職には就こうとせず、上位に清官《せいかん》の空席がなければ、敢えて官品が現在より下がる官品でも清である官職の方を選択したという。北魏には、清濁の観念がこれまでなかったのであって、孝文帝はそれを改めようとしたのである。

これは南朝の貴族制の影響という一面をもつ。しかし、孝文帝は全面的に南朝の貴族制を導入しようとしたわけではなかったと筆者は考える。それを述べる前に、姓族分定について論じておこう。

七――姓族分定

官制改革に連動するが、太和一九年（四九五）に孝文帝は姓族分定《せいぞくぶんてい》（姓族詳定）を命ずる詔を下し、以下のような措置が採られることとなった。

（イ）穆・陸・賀・劉・楼・于《う》・嵇《けい》・尉《うつ》の「八姓」（勲臣八姓）は「四姓」と同じ扱いとする

（ロ）部落大人《たいじん》の子孫で、皇始年間（三九六～三九八）以降で三世代の間、（a）給事以上及び州刺史・鎮《ちん》大将の官職、（b）王・公の爵位、をもっている場合は、「姓」とする

（ハ）部落大人の子孫ではないが、皇始年間以降で三世代の間、（a）尚書以上の官職、（b）王・公の爵位、をもっている場合は、「姓」とする

（ニ）部落大人の子孫で、皇始年間以降で三世代の間、（a）中央では中散監以上、地方では太守・子都将《しとしょう》の官職、（b）子・男の爵位、をもっている場合は、「族」とする

（ホ）部落大人の子孫ではないが、皇始年間以降で三世代の間、（a）中央では令以上、地方では副将・子都将・太守の官職、（b）侯以上の爵位、をもっている場合は、「族」とする

そして、これでもって、人事の昇降に区別ができたと官氏志は述べる。

一見して明らかなように、これは鮮卑族を中心とする諸胡族に対する措置である。（イ）は特別

扱いを受ける「代人」の中の「八姓」。彼らは任官において漢族の「四姓」と同じ扱いを受けるべきことが指示されている。漢族の四姓については、大きく分けてふたつの理解があり、ひとつは漢族最高の家柄である清河《せいが》の崔《さい》・范陽《はんよう》の盧《ろ》・滎陽《けいよう》の鄭《てい》・太原《たいげん》の王氏を指すというもの（趙郡の李氏を王氏に代える説や、李氏を加えた五姓を考える説もある）。もうひとつは、後述する漢族を四段階に分けた甲乙丙丁姓を指すというものである。（ロ）以下の措置をみれば、（イ）は明らかに別格の扱いを受けている。そのような人々が、甲乙丙丁姓の人々と任官上で同じ扱いを受けるというのは考えにくいから、この場合の四姓は漢族最高の家格と認定された存在を指すとしてよいだろう。なお、このほかに帝室一〇姓があり、上掲の詔にはふれられていないが、帝室から分かれた族であるという理解からすると、おそらく勲臣八姓と同じ扱いを受けたであろう。帝室と勲臣八姓以外の諸姓の人々は、まず部落大人の子孫であるかどうか、次に道武帝の北魏建国以来三世代にわたる官職の高下と爵位の上下によって姓と族に大別された。

　このような措置がとられる理由を、詔では、「代人にはもともと姓族の区分がなく、功臣賢臣の子孫でも、その他の者と区別されず、公卿のような地位に昇る者の親族が低い官職に置かれる現象が生じている」ことに求めている。このような状況を改め、家格を決定して、それを任官の基準としようとしたのである。

　この措置は、同じ時期の漢族王朝にみられた貴族制の北魏への導入につながる。その北魏の貴族制が単純な南朝貴族制のコピーではなかったことについては次節で述べよう。ここでは、家格の認定に部落大人の子孫であるかどうかが判断基準のひとつになっていることだけを取り上げておく。確かに大人の子孫であるということが重要な意味をもっている。しかし、大人の子孫であることだけが家格に決定的な意味をもったわけではない。大人の子孫であれ、そうでない出身であれ、三世代にわたり、一定以上の官職もしくは爵位を保持していたものが、はじめて姓もしくは族の扱いを受けられるのであり、祖先の獲得した政治的地位が家格の決定に大きな意味をもつのである。

もうひとつ指摘しておかねばならないことがある。漢族も王朝側から家格が認定されたということである。(イ)の項目からすると、「代人」など諸族の分定に先立って、あるいはそれと同時に、漢族の家格分定が行われていなければならない。つまり、四姓が個別の四つの姓を意味するのか、四つのランクを意味するのかを問わず、北魏王朝が家格を認定した、ということが重要なのである。筆者の理解では、「勳臣八姓」という胡族の家格に対応するのは漢族の「四姓」であって、同様に「姓」には「甲・乙姓」、「族」には「丙・丁姓」が対応した。そして漢族の家格を定める基準も、父祖三代の官爵の高下であった。

要するに、漢族と「代人」など諸族を一丸とする新たな貴族制の導入、それが孝文帝の狙いであったが、同時にそれは父祖三代の政治的地位・身分に大きく左右されるものであった、といえよう。

これと関連するものに、孝文帝の婚姻政策がある。孝文帝は上述の家格認定を行ったあと、家格の同じ漢族と諸族の婚姻を奨励した。そして自分の六名の弟（王）のために、（それ以前に弟たちが娶っていた妃は家格の低さにより正妻から妾《しょう》の身分に落とした上で）妃を選んでいる。その六名の王妃は、滎陽鄭氏が二名、范陽盧氏が一名と、「四姓」の家が三名を占め、このほか隴西《ろうせい》李氏から二名が選ばれた。この系統は五胡時代の西涼の建国者李暠《こう》の子孫であり、特にその曽孫の李沖が孝文帝期に活躍し、一族も繁栄した。なお、「代人」からは「勲臣八姓」の穆氏の一名のみが選ばれた。これだけではやや偏った胡漢通婚にみえるが、墓誌で多くを補いうる婚姻関係を調べると、上層部での胡漢の通婚はかなりの程度頻繁にみられるようになっていくことを確認できる。

付言すれば、家格認定は大変な作業である。中正官は九品官人法（九品中正法）の根幹を担う重要な機能をもった存在である。州や郡に置かれた北魏の中正は、前期において確認できる就任数はごく少ないが、後期に入ると、かなりの事例を知りうる。彼らが家格認定に大きく関わったようである。

八――官制改革(3)――門閥制の導入

孝文帝の官制改革に戻ろう。そこでは将軍号が大きな意味をもっている。平西将軍や安東将軍などの将軍号は元来は軍の指揮権を与えられたことを示す官号であったが、将軍号が多数設置されるようになると、西晋で各将軍号が官品に割り振られているように、将軍号間に上下のランクができてくる。

北魏前期でも西晋のそれに準じた将軍号の序列があった。前期の将軍号は功績(もっぱら軍功である)に対して与えられ、世襲することもできた。功績の大きさに対して将軍号が与えられ、功績が重なると将軍号は上昇する。将軍号が五品に到達すると、爵位(男爵)を与えられたようである。その後の功績は爵位の上昇で報いることが中心となるが、功績の大きさには差があるのが通常であるから、その差を調節するものとして将軍号が用いられた。たとえば、同じ爵位に上昇するにしても、同時に与えられるのが平東将軍か、安東かといった違いがあったのである。なお、五品以上の場合の功績には、政治的功績も含まれていた。

このような将軍号の果たしてきた機能を、さらに推し進めて、官僚としての地位の表示として用いた(唐の散官――実務はなく官僚としての品階表示の機能を果たし、文散官と武散官の区別がある――と同

じような機能を果たしたわけである）のが孝文帝改革である。武官だけでなく、文官も将軍号（ただし中

［図一〇］冠軍将軍印　河北省景県封魔奴墓出土（羅福頤主編『秦漢南北朝官印徴存』文物出版社、一九八七年、四一八頁）

官品	将軍号
正二	驃・車
	（半階）
	衛　将軍
	（半階）
	四征　将軍
	（半階）
従二	四鎮　将軍
	（半階）
	中・鎮・撫
	（半階）
正三	四安　将軍
	（半階）
	四平　将軍
	（半階）
	前左右後
	（半階）
従三	征虜　将軍
	（半階）
	竜・輔・冠
正四上	

［表二］将軍号と階の関係
註：竜は竜驤、輔は輔国、冠は冠軍、中は中軍、鎮は鎮軍、撫は撫軍、驃は驃騎、車は車騎の各将軍。四平・四安・四鎮・四征は平・安・鎮・征の下に東西南北がつく将軍。前左右後は前〜後の四将軍。

央軍の将領を意味する内号将軍以外）を帯びることになる。将軍号も他の官職と同様に官品をもつのであるが、将軍号を他の官職の間に適宜割り振って、官僚としての昇進が官職の官品、もしくは将軍号の上昇という形で表されるようにしたのである。正四品以下の場合は従五品と正五品というような品と品の間を「一階」とし（前々節で述べた九品官制三〇階の「階」に当たる）、従三品以上の場合は将軍号と将軍号の間を「半階」と数え（たとえば平西将軍と安東将軍の間は半階。前頁の表二参照）、通常の場合は一階の幅で官僚の地位は上昇していくことになる。しかも、通常は定期的な考課（勤務評定）によって官僚の地位は上昇していく。つまり、仮にAが正七品の官職を得て官僚としての歩みを始め（起家《きか》という）、同年にBが従七品の官職で起家し、ふたりとも特別の昇進もなく処罰もなかったと仮定しよう。そうするとX年後のふたりは一階の差を保った官品の官職に就いている可能性が高いことになる。これは論理的な帰結であるが、墓誌と正史の記述を併せて各人の官歴を検証すると、実際にもそうであった可能性が高いことを指摘できる。このような極めてシステマティックな仕組みを孝文帝は構築したのである。もちろんそうでない事例も少なくない。しかしそれには背後に何らかの事情が存在しているのであり、「通常は」という言葉を付さねばならないが、システマティックな形で官僚の遷転が行われていたのである。

『通典』巻一六に載せられる清河王元懌《えき》の上表では、孝文帝のときの制度では「出身の人、もと門品の高下を以て恒《つね》あり」、すなわち家格により起家官が定められた、と明言している。つまり前節で述べた姓族分定（および漢族の家格認定）により決められた家格によって起家のレベルが定められていたのである。家格によって起家のレベルが決まり、システマティックな形でその後の官品の上昇が決まり、結果的に家格の高い者は家格の低い者よりは高い官品に到達し、そしてその子はまた高いレベルで起家する。これはまさしく門閥制である。

日本における中国史研究では、通常魏晋南北朝から隋唐時代に貴族制の存在を認めるのであるが、東晋南朝で典型的に発達したその貴族制は、官僚制と分かちがたく結びついていたとされる。孝文帝が南朝から導入しようとした貴族制は、やはり色濃く門閥制の色彩を帯びていたのである。

しかし、孝文帝の改革には別の側面が付随していた。起家する官職のレベルの差が小さいのである。筆者の検討によれば、孝文帝改革後の起家官のレベルは、宗室の一部および胡漢のごく一部を除けば、胡族の「勳臣八姓」「姓」族と漢族の「四姓」「甲乙」姓は正七品クラスで、胡族の「族」姓と漢族の「丙丁」姓は従七品クラスで起家している。家格による起家官のレベルの差は一階にすぎない。先述したように官僚は通常は一階という形で昇進するが、何らかの事由があって特別昇級ということになれば、一階の差は容易に追いつく。それが重なれば逆転が起こる。単純な門閥制ではなかったのである。実際の就任事例を検討した結果を述べておこう。「四姓」に属する人数は限定的であることを考慮に入れると、「四姓」が優位であることは確かであるが、他姓の者も高級官僚に到達しえている。

付言しておくと、孝文帝の改革に近い時期の南朝では、「班」という仕組みによって、「班」の低い方から高い方へ一階ずつ昇進していく方式が形成されていたという。これは孝文帝の定めた「階」の仕組みに似ているが、南朝では、同じ班であっても起家する官職が異なっていると、その後の昇進ルートが異なってくるという。南朝では将軍号が中央官には与えられないなどの相違、そして何よりも南朝においては北魏の姓族分定のような国家による家格の認定は行われなかったことを含めると、南朝と北魏後期の貴族制（門閥制）にはかなりの相違があるとしてよいと考えられるのである。

九――考課の改革

官僚制度の改革と連動するのが、考課《こうか》、つまり人事評価である。儒教の経典である『尚書《しょうしょ》(書経)』に三年に一度官吏の成績を評価するという文言がある。考課は、優れた勤務成績をあげた者を昇進させ、成績不良の官吏は下位に落とすものであるから、官吏を管理するには重要な手段である。しかしながら、各王朝でそれがきちんと実行されてきたかといえば、必ずしもそうではない。南朝においては、貴族が往々にして実務を嫌い、実務は家柄がよくない者に担当させていたから、考課は十分には行われなかったとされる。北魏においても、歴代、中央から官吏を派遣して地方長官の治績を考察させ、また不法行為を取り締まり、あるいは優秀な治績の地方長官を表彰するなどのことは行われていたが、定期的なものではなかった。中央官に対する措置については、太武帝期に「親しく内外を考(=考課)した」(段覇伝)という記録があるが、旧刺史時期の不正を問われた太武近臣が処罰されたのであって、通常の中央官に対する考課といえるかどうか問題である。

孝文帝は親政を始めた年の冬に地方長官の考課を行ったと高祖紀にみえるが、この年には中央官も考課の対象となったらしい。さらに太和一八年(四九四)九月、この段階では帝はまだ平城にいたのであるが、「自分はこれから三年ごとに考課を行い、その成績により官吏を進退させる。それによって愚かな者が賢者を妨げることなく、才能ある者が下の地位にくすぶったままにさせないようにしたい。それぞれの部局ごとに官吏の優劣を考えて三等に分けよ」と命令し、その上で上上の成績の者は昇進させ、下下の者は退け、中等の者はその任務にとどめさせるように指示し、一〇日後には朝堂に臨んで主要な官吏についての評定を行い、進退や俸禄の一部召し上げなどの措置を行っている。

三年一度の考課の原則は、次の三年目が南斉との戦いに孝文帝が出ていた故に実施されず、以後実質的には六年一度の考課実施ということになっていったようだが、定期的に考課を行うことが宣言され、かつ考課の結果の措置が明示され、六品以下の官吏については尚書省が、五品以上の官吏は公卿と皇帝が考課するという施行方法も定められた。このことのもつ意味は大きい。宣武《せんぶ》帝の景明・正始・延昌の年に相次いで「考格」が発出されたことは、考課重視の姿勢が維持されていることを示す。前節で官僚の昇進は通常は一階であると述べたが、考課の成績が中等つまり普通であればその一階の上昇を得るのである。そして大多数の官僚が普通の成績だったという。起家官の差がそのまま維持される形で運用されるという改革後の官僚昇進システムは、実は考課と分かちがたく結びついている。

孝文帝が南朝において十分に行いえなかった考課を実行したことは、貴族制的な色彩を帯びた官制改革を行いつつも、南朝的な貴族制をそのまま北魏に導入しようとしたわけではないことを意味する。父祖の到達した官職に基づく家格を認めるものの、それによって官吏となった者には、地位にふさわしい能力をもち成績を挙げるよう求める、そのような孝文帝の姿勢がうかがわれるのである。また必ずしも順調に実施されてはいないけれども、定期的な考課の実行が指示され、五品以上と六品以下で考課を行う主体が異なることは、前項で述べた散官的官職(将軍号)の設定、階による昇進などとともに、唐の官制・考課制度にまで影響した可能性があり、そのことを軽視してはならないであろう。

一〇――国家意思決定のシステム

皇帝制度のもとでは、国家意思は皇帝が決するのであるが、皇帝が全く単独で決定するケースは少なく、通常は官僚がそれに関わる。ここでは「議」(会議)のシステムを取り上げておこう。渡辺信一郎氏によると、晋六朝期には、(イ)法律関係や儀礼関係の専門官吏が行う議、(ロ)尚書省の官吏が行う日常的な行政府の最高政務会議、(ハ)公卿が毎月一日と一五日に朝堂で開く議、(ニ)重要案件を審議する大議の四種の議があったという。孝文帝親政期以後の北魏においても、この四種の議が行われていることを確認もしくは推定できる。北魏前期においても、国初から重要な問題が議によって決められていた。部族連合国家段階では国策決定には部族長たちの同意が必要であったし、部族解散(一二四頁)を行った後も、部族出身の有力者を交えた大議で重大事が決定されたのである。初期には存在が確認しにくい(ハ)公卿の議も太武帝期には存在を確認でき、この段階では四種の議すべてが揃っていたようである。

もっとも、中華帝国の方式とみえる議にも、胡族的要素が含まれている。前期の大議が外朝官と内朝官に分かれて行われているケースが記録されているのは、そのひとつである。さらに注目すべきは、皇帝による議への参加がみられることである。漢代では大議を始め各種の会議に皇帝が臨席していたようだが、後漢では次第にみられなくなり、西晋になると、その令には公卿の議に皇帝が加わるという一文はない、と孝文帝が明言している。これに対して北魏では、前期はもちろん後期にも大議に皇帝が参加している事例を確認できる。さらに興味深いのは、(ハ)の公卿の議である。孝文帝は上述の発言のあと、「これからは午前中には公卿たちで政事を議論し、午後は自分が加わって可否を議論する」と言明し(穆亮伝)、それを実行したのである。

一見外朝官の議と思える公卿の議であるが、第五節でみた「文成帝南巡碑」背面第一列の「内侍の官」に公卿と目される人々が含まれており、このことからすると、内朝官、それも皇帝に最も近侍する「内侍の官」(五五頁)を中心とする議という内実をもつ。内朝官を用いて外朝をコントロールしえた孝文帝は、そのような公卿の会議に特に出席する必要はなかった。ところが孝文帝は内朝官を廃止した。その結果、孝文帝は公卿の会議に出て、自らの意志の浸透を図る必要があると考えたのであろう。

それにとどまらず、この改革はより大きな意義をもっていたようである。渡辺氏の指摘によれば、魏晋期の朝政においては、貴族や官僚たちの議政の場である朝堂と、皇帝による聴政の場である太極殿とは相互に独自性をもっていた。朝堂における貴族や官僚たちの意志が文章化されて皇帝に伝えられるのであって、皇帝は議に加わることなく、提出された議文に対して可否の判断(議の結果を承認、修正、もしくは否定)を行った。東晋南朝では、皇帝サイドの権力の分散化、貴族高級官僚の議政の沈滞がみられたものの、その朝政構造に大きな変化はなかった。孝文帝はそれに対して公卿会議の独自性を弱め、皇帝による朝堂の直接的支配を目指したと、渡辺氏は理解する。宣武帝・孝明帝期には公卿会議への皇帝臨席はなくなったようであるが、孝文帝の目指した朝堂に対する皇帝支配の狙いは、その後も継承され、唐に至って、かつては聴政の場である正殿に隣接していた朝堂は、外朝の位置に移されている。

ところで、議は、まず臣下による問題提起の上表があって、それに対して皇帝が詔を用いて議を命じ、議が行われると結果が上奏文として皇帝に提出され、皇帝が裁断を下すという形をとることが多く、要所々々には文書が伴う。これに関連して付加しておきたい興味深い事実がある。緊急の場合でも、この議の手順が機能しているのである。第五章第一節でもふれるが、孝明帝のとき、元乂《がい》という人物がクーデターを起こして実権を握る。その過程をみると、まず彼の意図を受けた宦官《かんがん》によって、当時輔政者グループのリーダーであった清河王元懌を誣告《ぶこく》する上奏が行われ、元乂が自らが領軍将軍として率いる近衛軍を動員して清河王を捕縛、宦官に詔と称して公卿を集めて清河王の罪を議論させる。大逆の罪により処刑という議の結果が出ると、それをもって元乂は宮中に入り、孝明帝の裁可を得、清河王は殺されるのである。その元乂に対するクーデターも起こされる。領軍将軍に属する右衛将軍の奚康生《けいこうせい》が夜間に宮中で起こしたものであり、一時は成功しかかるが、油断して元乂にとらわれる。すると元乂は翌朝、公卿十数人を集めて奚康生の処分案を議論させ、結果を上奏文にまとめさせる。上奏文はしかし、孝明帝ではなく、元乂が受け取って裁断し、奚康生は上奏の通り（つまり斬刑）、奚康生の子で父の行動に協力した奚難は上奏案（絞首刑）から減じられて流刑となった。元乂は詔を偽造したわけであるが、一連の流れは公卿の議の通常の形に沿っているのである。

なお大逆の語に関連して述べておきたいことがある。大逆は律に規定のある用語である。刑罰志をみると、宣武帝の時期に人身売買に関わる事件の処理について、関係者がそれぞれ律の条文を引用しつつ議論している。また、律文によれば姦通罪には連坐の規定はない、という論拠を提出する孝明帝期の議論もある。律文に基づく処断が行われていることが注目されるのである。

一一——南朝斉への攻撃

太和一八年(四九四)一一月に洛陽に到着した孝文帝は、翌一二月には南征に向かう。南斉の明帝が前の皇帝を廃して即位したことに対して、南斉の雍州《ようしゅう》刺史曹虎《そうこ》が反旗をひるがえし、北魏に降ることを申し入れてきたのに乗じた行動であった。南方に対し、将軍たちに命じて鍾離《しょうり》(安徽省鳳陽県)、義陽(河南省信陽市)、襄陽《じょうよう》(湖北省襄樊市)を目指させるとともに、孝文帝自らも三〇万という大軍を率いて淮水を越えて鍾離にまで至り、西方では漢中(陝西省南西部)に軍を派遣した(以下、本節の記述に関しては一九九頁図三一を参照)。しかし曹虎は実際には降ることはなかったし、諸将も期待したようには戦果を挙げることができなかった。逆に敗北を喫する戦闘もあり、皇后の兄弟で司徒という最高位の官職にあった馮誕が死去したのを理由に撤退することになり、孝文帝は翌年五月に洛陽に戻っている。孝文帝は長江に臨むことを希望していたが、馮誕の死によってそれは諦めたものの、代わりに使者を派遣して、長江沿岸で明帝が主君を殺して自立したことを責めさせた。つまり孝文帝は遠征の理由を、明帝の「罪を問う」ことに求めたのである。儒教の古典には王者は罪あるものを征するという観念が記載されており、それに基づく征伐という位置づけを行ったわけだ。

洛陽に戻って二年余の太和二一年八月、孝文帝は軍を率いて再度の南征に出る。今回の主戦場は洛陽の南方、南斉の雍州(治所は襄陽)にあたる地域であった。北魏軍はまず新野(河南省南陽市)を落とし、次いで南陽(河南省南陽市)を抜き、孝文帝はさらにその南の漢水を挟んで襄陽に対する位置にある樊城《はんじょう》にまで至っている。一連の戦闘は二二年九月に終わる。当時懸瓠《けんこ》(河南省汝南県)にいた孝文帝は、南斉明帝の死去を聞くと、「(君主の)死に際しては戦争をしないのが礼の定めだ」と述べて、軍を返したのである(高祖紀)。これは春秋時代に晋の士匄《しかい》が斉を攻めたときに、斉公(斉国の君主)の死を聞いて引き返したという故事をふまえており、『春秋左氏伝』では士匄の行為を「礼なり」と評価している。孝文帝のこのときの行動にも、儒教の古典に則った形での戦争のありかたがみられるのである。今次の親征では漢水北の地域を南斉から奪取し、北魏は荊《けい》州の治所を南に移して南陽、新野などの郡を置いた。献文帝時の淮北獲得に次ぐ、大きな成果を挙げたわけである。

懸瓠を去った孝文帝は、反乱を起こした高車族の討伐に向かおうとしたため、洛陽に戻ったときは太和二三年一月になっていた。ところがほとんど休む間もなく、孝文帝は三月に三度目の南征に出る。南斉の将軍陳顕達《ちんけんたつ》が、前回の戦争で北魏領に組み込まれた地域に侵入してきたからである。このとき孝文帝は体調を崩していたが、自分が行かなければ撃退できないと述べて、病をおして出陣し、陳顕達を敗走させた。しかし、北に帰る途中の穀塘原《こくとうげん》(河南省浙川県)で息を引き取っている。このたびの親征については、結果をみれば将軍を派遣するだけでもよかったのではないかと思われるが、対南朝の戦いにかける孝文帝の執念の深さがうかがえよう。

そもそも最初の親征にしても、遷都後間もなく、移住した人々の生活が落ち着く暇もない時期であるから、臣下たちには曹虎への対処には将軍たちを派遣するだけでも十分だという反対意見があった。それを抑えての親征だったのである。遷都の際の南伐は口実だったにせよ、南斉に対する攻撃は中華の地の統一をもたらすはずの行為であり、孝文帝としては達成すべき目標であった。

なお、南朝との戦いは孝文帝以後も継続する。

第三章

建国から華北統一まで
——濃厚な鮮卑色の時期

第二章で述べたように、孝文帝親政期の政策には一貫した方向性——長い伝統をもつ中華の地の皇帝であることを求める志向——があり、そのことは、それ以前の北魏が、孝文帝が求めた国家像とはかなり異なる国家であったことを示している。本章では北魏の建国の過程、華北統一の過程と、そこにみられる北魏王朝の特色を検出してみよう。

一――代国時代

北魏の前身は代国である。鮮卑《せんび》拓跋《たくばつ》部はもとは中国東北地方は大興安嶺《だいこうあんれい》の北部、分水嶺の東側に居住していたようである。その後匈奴《きょうど》族の西方、南方への移動が引き起こした他の諸族の移動に連動して、まず南方、続いて西方にと、大きな移動を重ね、モンゴル高原南部に入った。二世紀半ばに檀石槐《だんせきかい》という人物が現れて短期間の鮮卑族統一を果たすが、その傘下に拓跋部の名がみえる。

『魏書』は拓跋部の祖先として一四名の君長を載せるが、ほとんどが名のみの記述である。ようやく拓跋力微《りきび》のときになって、拓跋部を中核とし、他の部族がその傘下に結合する部族連合国家が成立したことがわかる。もちろん、拓跋国家のほかにも同様の鮮卑系の部族連合国家は、段部や慕容《ぼよう》部など、同時期に少なからずみられる。

ところで部族連合国家とはどういう存在なのか。中核となる拓跋部は、父系によって血がつながる人々（帝室一〇姓）を主たる構成員とするが、他部族出身者も多く拓跋部族長の号令下に取り込んでいて、農耕民である漢族をも含んでいる。決して血縁に基づく単一の集団ではなかった。それらの部族連合に加わった他の部族にしても大なり小なり同様の構成体であった。それらの部族が連合するのは、中核となる拓跋部の君長のもとに政治的・軍事的にまとまることが自らに有利に働くからであって、有利でなくなれば離脱、容易に部族連合は縮小もしくは解体する。また拓跋部族連合に加わるのは鮮卑系部族に限られたわけでもなかった。

　力微が部族連合国家をつくったのは、二二〇年のことだとされているが、これは三国魏の成立した年と同じである。既述のように孝文帝以前の北魏は、自らを土徳の王朝であると主張していた。それは後漢に代わった三国魏を意識して設定した――北魏の前身である代国は、魏と並んで漢の火徳に代わる土徳の国として成立した――のであり、実際にその年に代国が始まったわけではない。二五八年に定襄の盛楽（説は分かれるが内モンゴル自治区ホリンゴル県か）に本拠を構え、祭天儀礼を行い、それに参加しなかった白部大人《たいじん》を殺したと『魏書』は記すが、このことから、この頃には拓跋部の部族連合が実質的な内実を備えるようになっていたと考えられる。『晋書』武帝紀に、二七五年に鮮卑の力微が子に来献させたとの記事、その二年後には西晋の征北大将軍衛瓘《えいかん》が力微を討伐したとの記事がある。力微は衛瓘の工作によって間もなく憂死したようだが、この段階では西晋の戦略の対象となる位置を占めていたわけである。

　力微の死後拓跋部の力は一時衰えたようだが、三代を経て、力微の子の拓跋禄官《ろくかん》のときには盛り返し、その領域は三分されることになる。自らのほか、力微の孫の拓跋猗㐌《いい》と拓跋猗盧《いろ》がそれぞれにひとつの部を率いたのであり、その体制下、拓跋部は長城線の南にも勢力を浸透させる。そして五胡の国家が成立して、西晋の統治が揺らぐようになると、西晋を助けて軍事活動を行うようになり、猗㐌は仮大単于《だいぜんう》の称号と金印を受ける。その弟猗盧は、父と兄の死によって三部を統合すると、三一〇年に西晋から正規の大単于の称号を与えられ、同時に代公とされた。この頃、漢代とは異なり、五胡など中国周辺の諸族は、自らの部族・服属諸族を統括する大単于な

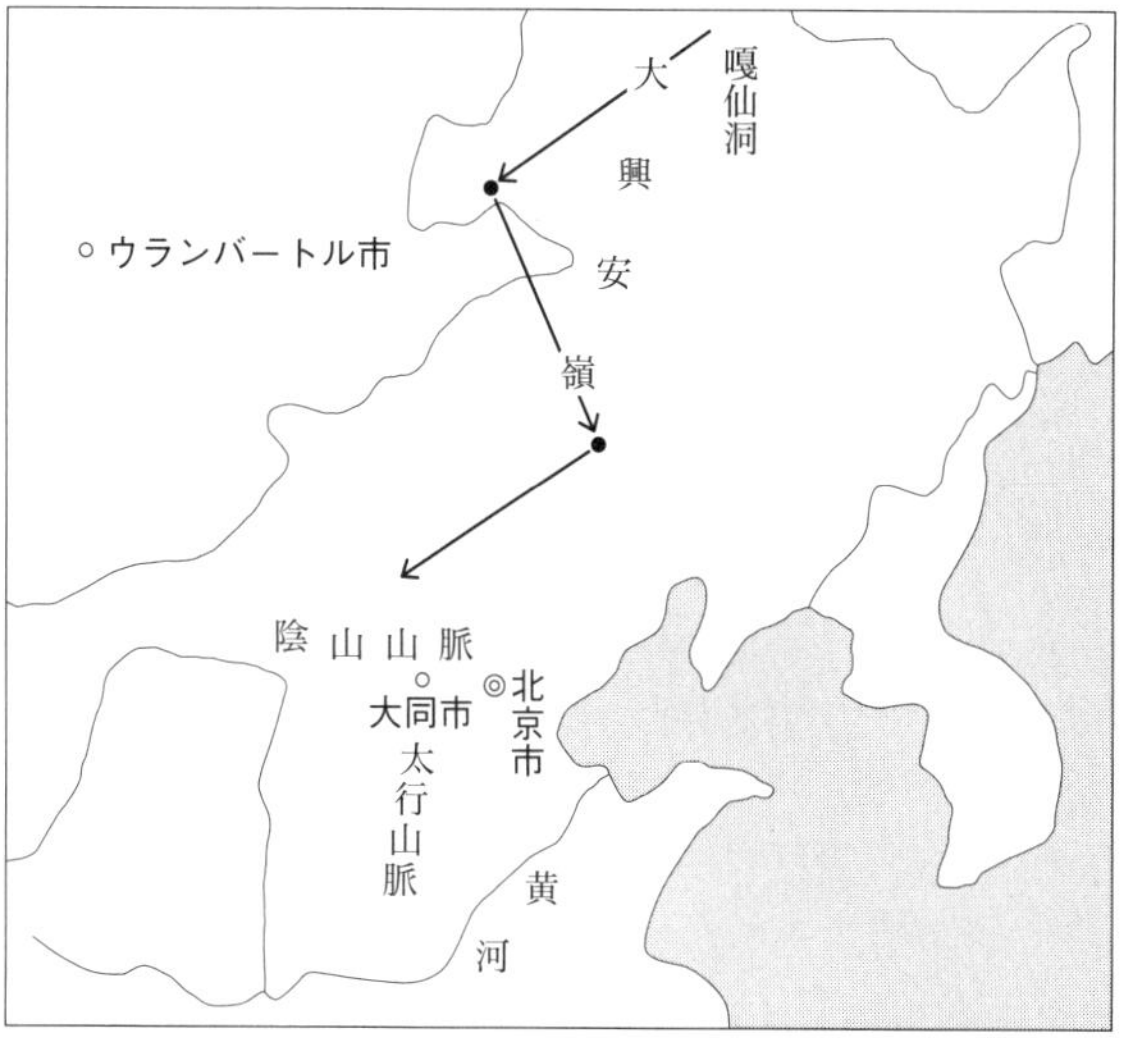

[図一二]拓跋部の移動
拓跋部は大興安嶺東部からまず西南に移動して呼倫《フルン》湖周辺に出、次いで東南方の現在の内モンゴル自治区巴林左旗の地に遷り、さらに西南に移動してモンゴル高原南部に出たと想定されている。

どの号と中華帝国の爵の双方を与えられるようになっていた。代とは山西省北部の県名・郡名としても存在するが、この場合は（漢代の代王国のような）国名である。西晋は五つの県の住民を移して空き地として代公に与えたのであり、猗盧はこの地に自らの領する十万余戸を移したとされる。五県は現在の大同市を東北部、朔州市を西南部とする大同盆地の南部に位置する。北の大同市一帯は既にそれ以前に拓跋部の支配領域に入っていたから、この段階で大同盆地全体を手に入れたことになる。猗盧はさらに西晋と対立する前趙を攻撃し、そのことを評価されて、代王に爵位を進められる。三一五年のことであり、ここに中華の地内部における実質的な独立政権として他国にも認識される代国が成立したのである。五胡諸国の一つに数えられる代国はこの時点で始まるが、通常代国という場合、力微以後を含める。

代国の領域は、盛期には五県が位置する山西省北部から、元来の領域である陰山《いんざん》山脈の南、現在の内モンゴル自治区西部にわたる。いわゆる農耕・遊牧境界地帯に属するわけである。五胡十六国時代には東西に皇帝を名乗る強大な国が対立する形が繰り返されるのであるが、代国は相互の抗争に忙しかった両勢力の北方に位置していたこともあって、五胡諸国の中では長い期間存続しえた。

ただし、その王権は必ずしも安定しない。ひとつの理由は、南の強力な政権の圧力を受けたことである。たとえば後趙の攻撃を受けて代の根拠地を放棄し、大寧（河北省張家口市）に移ったことがあり、しかも後趙には人質を送らねばならなかった。

ふたつには、領域内に対立する要素が生じたことである。既に力微のときにも、魏晋交代の頃から何度か洛陽に送っていた長子拓跋沙漠汗《さばくかん》を、中華の風になじんだとして嫌った人々の策謀で殺さねばならなかったとされるが、より深刻な状況は猗盧のときにみられた。猗盧は都として

[図一―二] 代王系図

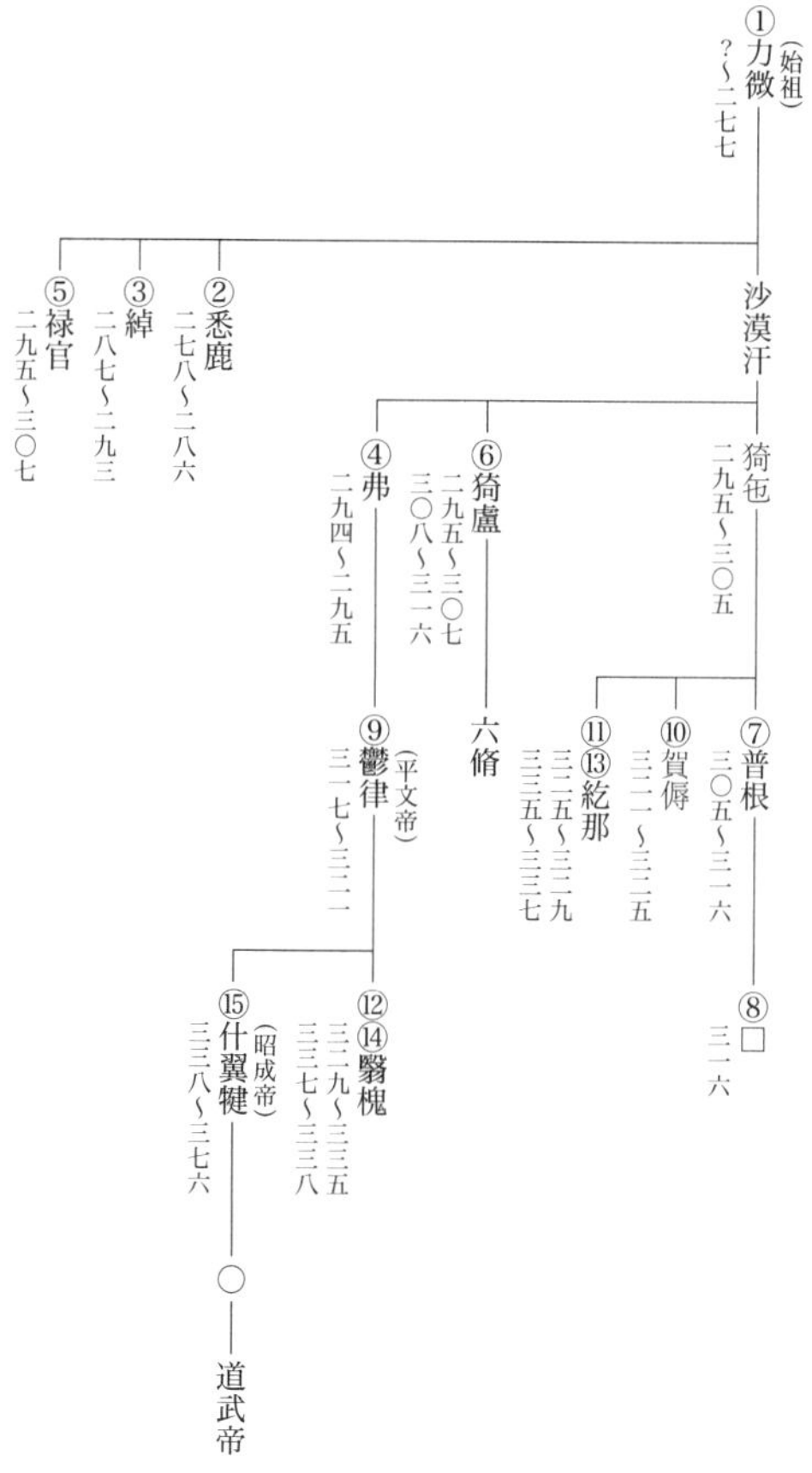

註：丸数字は即位順序。三分したときの猗㐌、猗盧の統治期間も記す。

の盛楽のほかに、平城の西南に新平城を築いて長子の拓跋六脩《りくしゅう》を置いて南部を治めさせた。その六脩と猗盧の間に確執が発生したのである。これは拓跋部族連合の主力となってきた鮮卑系の人々(旧人)と、新しくその傘下に組み込まれた人々(新人)との間の対立と解されている。新人とは晋人つまり漢族と、烏桓《うがん》が中心であったらしい。烏桓は鮮卑と並ぶような大きな種族であるから、部族や氏族によって連合したり属したりする相手が異なることがありうるわけで、旧人に属する烏桓もいた。この結果は戦いに敗れた猗盧が死に、六脩も猗㐌の子の拓跋普根《ふこん》に殺され、晋人や烏桓多数が西晋の武将のもとに入ったという。この危機は普根、およびその子が相次いで死去し、猗㐌や猗盧の甥の拓跋鬱律《うつりつ》(平文帝)が王位を継承して解消した。自分たちの対立に備えてであろうにせよ、前趙と後趙が相次いで遣使してきて鬱律に「和を求めた」のは、拓跋国家の勢威が回復したことによる。ただ『魏書』が、このときには、西は烏孫《うそん》の故地から東は勿吉《ぶつきつ》まで領域が拡がっていたと述べるのは明らかに誇大である。北魏を建国した段階で道武帝が先祖に廟号を贈るとき、自分の君主としての地位は、猗㐌の子孫ではなく鬱律の子孫として継承したものであったことによって、鬱律を太祖と定めたのであるが、太祖とするにはその功績の大なることを示す必要があり、このような誇大な表現を用いたと考えられる。

三つには、代王の妻(母)が王位継承に関与したことである。猗㐌の后《きさき》で普根の母である祁《き》氏は、鬱律を殺し、自分の子の拓跋賀傉《がじょく》・紇那《こつな》を相次いで立てる。それに対して鬱律の子の拓跋翳《えい》槐《かい》は母方の賀蘭《がらん》部の庇護を受け、その援助で代国の支配権を握る。ふたつの系統がかたや賀蘭部、かたや宇文部・慕容部という強力な勢力を引き込んで争い、優位に立った方が交互に王となるという時期が続いた。祁氏の場合、代国の政治をも左右したようで、当時の人々は代国を「女国」といったという。また鬱律の后王氏（烏桓の人）は息子拓跋什翼犍《じゅうよくけん》の即位を画策し、翳槐の死後危うかった国の命運であるが、「大業を興復するは后の力なり」とその伝は讃える。

しかし後趙への人質から戻り、三三八年に王位に就いた什翼犍の頃には勢力を盛り返し、王

［図一三］金の飾佩（内モンゴル自治区博物館蔵）
（羅宗真著、劉煒編、住谷孝之訳、稲畑耕一郎監修『図説　中国文明史5　魏晋南北朝　融合する文明』創元社、二〇〇五年、二六頁）
飾佩《しょくはい》の裏側に「猗㐌金」の三文字が刻されている。盛楽遺跡から出土した。

権もかなり伸張したとみられ、彼は三九年の間その地位を保っている。南の前燕との間には婚姻関係も結ばれた。

代王を支えた機構についてはあまり明確ではない。注目すべきは什翼犍が王の位に就くと、新たに左右近侍の職を設置したことである。代王の近くに仕えてその命令を伝達するのが任務であり、百余名にのぼったこともあるというその職には部族長や豪族の子弟が選ばれた。また王の近辺にあって諮問に応える内侍長《ないじちょう》四名も置かれることになった。これらは、第二章でみた内朝官の初期の姿である。また南北二部大人制をも設けている。南北二部の大人が統括したのは烏丸《うがん》である。烏丸は烏桓族を指すこともあるが、『魏書』では「諸方の雑人で帰属してきた者を烏丸と総称する」と述べていて、雑多な小集団の集合体を指すとされているが、やはり烏桓が中心であろう。「旧人」に属していた烏桓もあるが、そのほかに後に加わった烏桓族があってこれにあたる。彼らはそれぞれの小集団の酋長や庶長に率いられていたから、南北二部大人は酋長や庶長を通じて烏丸を率いる形になる。念のため述べれば、「旧人」に数えられる各部族の成員も、それぞれの部族長である大人に率いられている。

なお、このほかに代国には、前述の「新人」にも含まれていたように、漢族も少なからずいた。五胡十六国時代、華北の漢族は、戦乱の地を嫌って東西南北に避難する者が少なくなかった。南の東晋の領域に移動する者が圧倒的に多かったが、代国に入る者もいたのである。南に移住した人々が豪族を中心に集団を形成していたように、代国に入った人々も中国北部の豪族を中心にしていたようだ。そのうちの有力者が王国の官僚(国官)となり、ブレーンとして活躍している。什翼犍の新制度の策定に協力したのも、燕鳳《えんほう》や許謙《きょけん》など漢族の国官であった。

代王として設ける国官についてあらためて説明を加えておこう。この時期、中華の地で王に封じられた者は、国官を置くことができた。代王も従って国官を置いたようで、猗盧は代王となると「官属を備置」して、莫含《ばくがん》が「国官に参じた」という。それがいかなる官職であるかは不明であり、他にも「輔相《ほしょう》」という事例があるが、これは官職名ではなく普通名詞であろう。什翼犍の段階になると右長史《うちょうし》や郎中令《ろうちゅうれい》就任者が記録に残されていて、燕鳳は左長史、許謙は郎中令であった。なお、代国に仕えた漢族には、代王を通じて西晋から将軍号と爵位を与えられた事例が少なからずみられる。

什翼犍は、また、大逆の罪を犯した者は本人を処罰するだけでなく親族も男女年齢を問わずすべて死刑、などの条項を定めた法令を施行している。このような新たな施策によって、代国の王権は新たな段階を迎えた。その基盤の上に立って、即位二六年になる三六三年と翌年、什翼犍は北方の高車《こうしゃ》族と、おそらくはその服属部族である没歌《ぼっか》部を攻撃して、部族の成員多数を捕虜とし、数百万頭にのぼる馬牛羊を獲得するという戦果を挙げている。その勢威については、南朝宋の正史『宋書』も「北は沙漠を有し、南は陰山に拠り、衆は数十万」と記している。

しかしその頃、長安を都とする前秦《ぜんしん》が、五胡諸君主の中で最も評価の高い苻堅《ふけん》のもとで、華北統一に向けての動きを強めていた。三七〇年に東方の強国前燕《ぜんえん》を滅ぼした前秦は、三七六年七月には現在の甘粛省から青海省東部にわたる地にあった前涼《ぜんりょう》を滅ぼす。この段階で華北に残るのは代国だけであり、前秦は大軍を派遣する。その状況下で代国には内紛が発生し、混乱のうちに什翼犍は死去したと伝えられる（長安に連行されたという記録もある）。三七六年一二月のことである。前秦は滅ぼした代国の領域と服属民を二分し、東方を独孤《どっこ》部の劉庫仁《りゅうこじん》、西方を鉄弗《てつふつ》部の劉衛辰《りゅうえいしん》に治めさせた。姓からわかるように、いずれも匈奴系の君長である。

二――代国の復活

什翼犍が死去したとき、その嫡孫拓跋珪《けい》は六歳であった。父は彼が生まれた年に世を去っている。苻堅には彼を長安に移そうという意図があったという(什翼犍とともに長安に連行されたという説もある)が、それを免れ、拓跋部と姻戚関係にあった独孤部に身を寄せて、そこで成長した。なお、『宋書』は諱は開、字は渉珪《しょうけい》だと伝える。鮮卑名の音訳が渉珪だったのではないか。

三八三年、苻堅が中国統一を目指して敢行した東晋遠征が失敗し、淝水《ひすい》の戦いで大敗すると、前秦統治下の諸族は一斉に自立の動きを開始し、華北は以前に増した分裂の様相を呈するようになる。そのような中、独孤部では三八五年に劉庫仁の子の劉顕《りゅうけん》が君長を殺す事件が発生し、拓跋珪も殺されるところであった。珪は二一人の旧代国の臣下とともに独孤部から脱出し、母親が出身した賀蘭部に向かう。

賀蘭部は拓跋部と肩を並べるような強力な部族であった。その賀蘭部らによる推戴を受けて、三八六年一月に拓跋珪は代王の位に即き、天を祭り、登国《とうこく》という年号を建てる。都は盛楽である。そして四月には国号を魏と改める。拓跋珪は魏王となったわけである。その意図についてはすでに述べたので、ここでは繰り返さない。本書では帝国となるまでは代国・代王の表記を用いることとする。なお、魏と改称したにもかかわらず、代という国号はその後も国内の人々の間で広く使われた。

代国は復活したとはいえ、不安定であった。拓跋珪の叔父に拓跋窟咄《くっとつ》という人物がいて、苻堅によって人質として長安に移され、前秦瓦解後は西燕《せいえん》に身を寄せていたのであるが、独孤部の劉顕が彼を迎え入れて兵力を授け、代国に侵入させたのである。代国内は大混乱に陥り、代王拓跋珪は北の賀蘭部に避難する始末であったが、東南方の強国後燕《こうえん》の援助を得て窟咄を撃破できた。翌年にはやはり後燕の援軍を得て、劉顕を敗走させ、ようやく独孤部の脅威は除かれる。劉顕の弟で後燕に降って広寧太守となっていた劉亢泥《りゅうこうでい》をも皇始《こうし》元年(三九六)には撃破した。

成立初期の代国は、ひたすら軍事活動に明け暮れる。強大な力をもっていた南方の独孤部を壊滅させると、次に対処すべきは北に位置する賀蘭部であった。賀蘭部は服属する部族を多数擁して、代国に匹敵するような力をもっており、代王を援助してきたのであるが、力をつけた代国にとっては倒すべき時期になっていたのである。登国五年に代王は、賀蘭部とそれに服属していたふたつの部族を撃破し、この二部族は代国に服属することになる。次いでは鉄弗部の攻撃に耐えられず降伏を求めてきた賀蘭部を救援し、賀蘭部の民を代国の東に移した。これで北方の脅威も去る。

次には西方から西南方にかけて大きな勢力をもっていた鉄弗部が主敵となる。登国六年七月から一二月にかけての攻防戦で、代国は鉄弗部を大破し、この結果、代国の領域は、大きく湾曲す

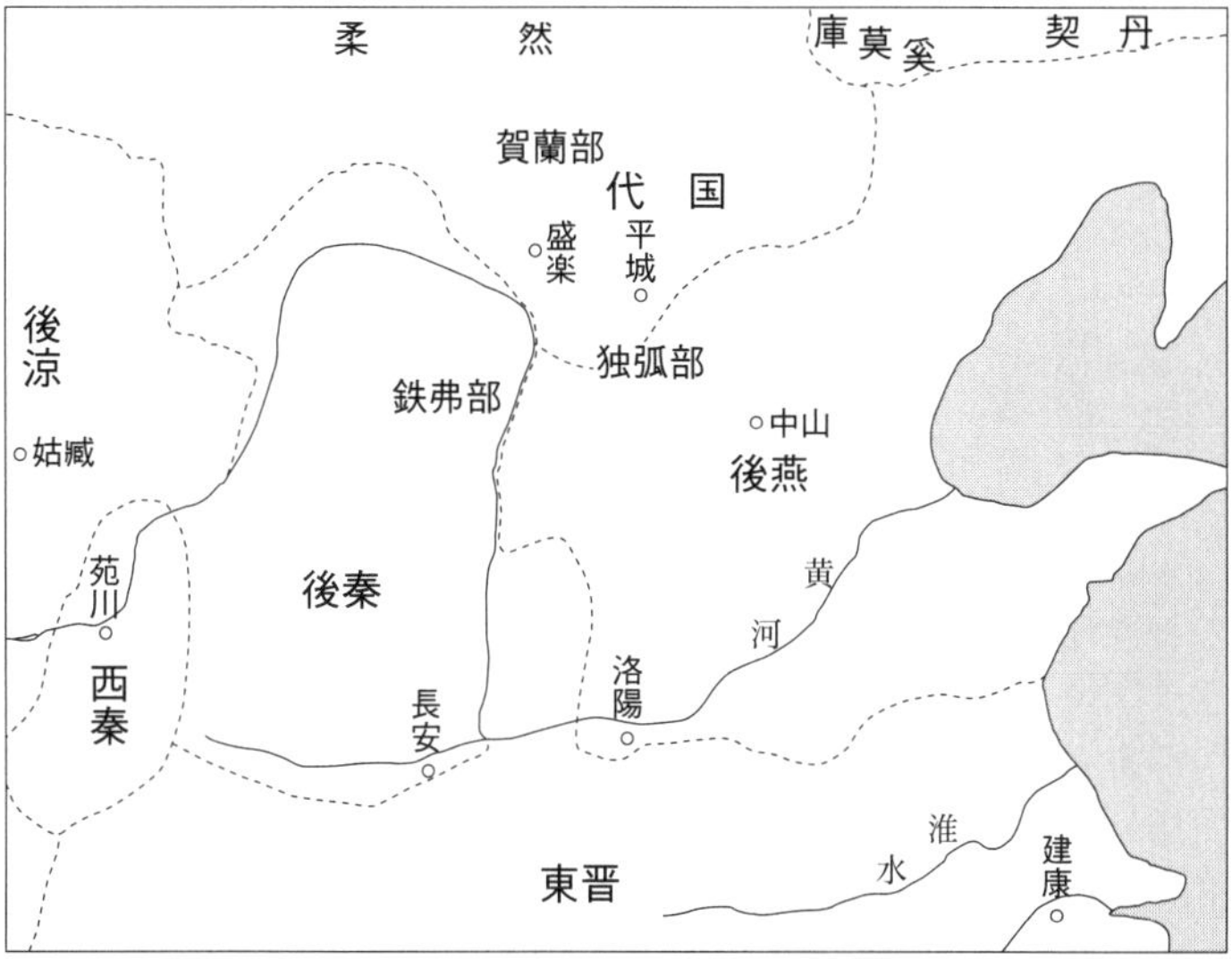

［図一四］代国再建時の華北（三九五年）（譚其驤主編『中国歴史地図集　東晋十六国・南北朝時期』後秦・後燕・西秦・後涼・魏図に基づき作図。○は各国の都及び主要都市を示す）

る黄河に囲まれたオルドス地方（内モンゴル自治区西南部）にまで及ぶことになった。鉄弗部の劉衛辰の子劉勃勃《ぼつぼつ》が逃げ込んだ薛干《せつかん》部に対しても代王は登国八年に親征し、薛干部の部族長を後秦に逃亡させている。

賀蘭・独孤・鉄弗部の脅威をなくして代国の勢力圏が拡大すると、後燕との対立が必至となる。前秦瓦解後に成立したばかりの後燕と代国はそれぞれの勢力圏を拡大もしくは確立していく段階においては、提携が利益であって、先にみたように後燕が軍事援助することもあった。しかし、皇帝と称して西の後秦と並びともに華北の二大勢力となった後燕は、代王に西単于の称号を与え、上谷王に封じようとしたことがあったように、代国に対して支配力を及ぼそうとする。やがて両者は対立の関係に転じるのである。口火を切ったのは後燕であり、登国一〇年（三九五）秋、皇太子慕容宝《ぼようほう》の率いる後燕軍が代国に侵入して来る。しかし一一月の参合陂《さんごうは》（内モンゴル涼城県か。山西省陽高県説もある）の戦いで、代国軍はこれに大勝した。敗北に怒った後燕皇帝慕容垂は翌年三月に自ら遠征に乗り出すが、四月に病死し、後燕軍は撤退する。この状況を承けて七月に天子の称号を用いるようになった代王は、八月には後燕領への進撃を開始、年末には後燕の都中山（河北省定州市）を包囲する。栢肆《はくし》（河北省藁《こう》城市）で奇襲を受け、宿泊していた代王は衣冠も着けずはだしのままで自ら鼓を打って兵を呼び集め、逆に燕軍を大破することができたというが、このとき平城に逃げ帰った者たちが、自軍の敗北と代王の所在不明を告げ、服属していた部族の中には叛くものもあったという一幕を挟むものの、三九七年一〇月に中山を陥落させた。翌年初めには代軍は要地鄴《ぎょう》をも手に入れ、後燕は現在の遼寧省方面でわずかに命脈を保つのみとなる。そして南辺では東北に退いた後燕から分かれて南燕が小さな勢力を保ったが、四一〇年に東晋の部将劉裕《りゅうゆう》によって滅ぼされる。

北のモンゴル高原では、騎馬遊牧民の柔然《じゅうぜん》(『魏書』では蔑称としての「蠕蠕《ぜんぜん》」で記される。柔然という音訳にしても弱々しいという意味を含むから、中華思想からする夷狄観に基づく命名である。茹茹《じょじょ》とも音訳される)への対策が必要となった。四世紀初めには拓跋部に服属するような弱小勢力だったようであるが、代国が再建された頃から勢力を強めてきていたからである。登国六年に代王は親征し、多くの柔然の民を捕虜とした。もっともその捕虜は登国九年に逃亡する。代王の追撃を受けたものの、指導者の子の社崙《しゃろん》は脱出に成功、やがて柔然の勢力を強大にさせる。

さらに、テュルク(トルコ)系の高車族《こうしゃ》がいて、モンゴル系とみられる柔然より先に代国と勢力圏が接していた。代王は登国四年初めには早くも親征を行い、翌五年にも二度にわたる攻撃を行っている。皇帝になってからの天興二年(三九九)にも、記念して石に刻むほどの勝利を収めた。後述する平城の北の鹿苑《ろくえん》は、このときの高車の捕虜を用いて作られ、獲得した畜類を入れたという。

このほかにも征討を受けた部族があり、代王即位後、拓跋珪はほとんど休む間もなく、東に行くとその足で北に、さらに西や南にというように、戦いの指揮をとりに出かけている。できたばかりの小さな勢力範囲しかもたない部族連合国家の君主としては、周囲の脅威を取り除くことが何よりも必要であったからであるが、その脅威を取り除いた次の段階では、積極的に征服戦争に乗り出したのであって、その結果、みてきたように領土の拡大が実現し、人的資源、物的資源の獲得が行われた。その実績の上に、代王は皇帝の位に即くことになる。

三——華北統一へ——道武帝〜太武帝の時期

❖帝国への脱皮

撤退した後燕軍に対して代国は反転して攻撃に出たのであったが、それに先立つ登国一一年(三九六)七月、代王(魏王)拓跋珪は天子の儀礼を採用し、皇始と改元している。そして自身は皇帝ではないのに一族の有力者などをこの段階から王に封じている。天子としての地位がそれを可能にしたのである。漢代以来、中華の地の支配者は皇帝という号と天子という号を併せて用いていた。元来は王が天子であったのだが、皇帝が出現して以後、王は皇帝(天子)が臣下に与える封《ほう》号《ごう》・爵号となっていた。皇帝を称さなくても天子であれば王号を与えることができると考えられたのである。しかし、天子と称したものの代王であったときと領域はほとんど変わっていない。政治的思惑が先に立った、いうならば「先走った」措置であって、まだ中華の地を皇帝として支配する体制を構築するには至っていない。中華帝国式の官制を作ったけれども間に合わせであって、皇帝として即位した段階で、あらためて作り直しをせねばならなかったことについては前述した。

後燕を中原の地からほぼ駆逐した皇始三年(三九八)六月、代王は臣下にあらためて国号を議論させ、代がよいとする意見が強かったが、魏を採用することに決定した。次いで七月に盛楽から平城(山西省大同市)に遷都し、一二月に魏王は皇帝の位に即き、天興《てんこう》と改元した。そして、官制や法制のほかにも多くの制度の制定が命ぜられ、施行される。儀礼関係では、既述のように南北郊における天地の祭祀が行われるようになったほか、宗廟や土地と穀物の神を祭る社稷《しゃしょく》が造られ、各種の儀礼・音楽も定められ、五経博士《ごきょうはかせ》が設置され、皇帝の出行の際の三種の鹵簿《ろぼ》(車馬や官僚、兵士の行列)の制度が定められた。中国では各王朝が度量衡の基準(たとえば一尺の長さなど)を布告するが、北魏における度量衡の基本も定められた。天文観測態勢も整えられている。要するに、中華の地を支配する王朝としての体裁が整えられたということである。また歴代の拓跋君長に皇帝の号を贈り、諡《おくりな》(生前の業績を評価して贈る追号)を定め、また廟号《びょうごう》をも採用した。いずれも中華帝国の制度である。これによって拓跋力微は神元《しんげん》(帝)という諡号《しごう》を得、始祖と称された。拓跋鬱律は平文《へいぶん》帝、太祖であり、拓跋什翼犍は昭成《しょうせい》帝で、この段階では高祖の廟号を得ている。

なお、平城は秦漢時代には県であった。代王猗盧のときには盛楽に対して南都とされたから、北魏にとってはもともと重要地であったが、あらためて漢代の県城を拡張して都城としたのである。もっとも一時に都としての姿が整備されたわけではなく、代々の皇帝の時期にも手が加えられた。宮殿遺址も発見されているが、宮城部分は北部にあったらしい。第二代明元《めいげん》帝のときに築かれたと『水経注』(二二〇頁に後述)も記す郭城《かくじょう》は約一六キロメートルあったらしく、郭城内部は坊に区画されていた。また北に広大な鹿苑が置かれていたことも、北魏平城の特色であった。

併せて平城の地理的な側面を説明しておこう。平城は華北の大平野よりかなり標高の高い大同盆地に位置する（大同市部の標高は約一〇〇〇メートル）。現在、北京からモンゴル共和国のウランバートルまで（そしてさらに遠くモスクワに続く）国際鉄道が敷設されているが、北京を出て長城を越え、河北省張家口市から山並みの南麓に沿って西へ向かうと大同市に至る。大同から北に転じると間もなく陰山山脈に入り、その中を突っ切って草原地帯（現在では内モンゴル自治区内ではかなり北まで農耕地化している）に出、さらに延々と北北西に向かうと、ゴビ砂漠を経てウランバートルに着

［図一五］平城宮殿遺址
北魏平城城は現在の大同市街と重なっている。そのため知られる遺跡は少ないが、明堂遺址などが発見されている。宮殿遺址も確認されていて、上はそのひとつ。

く。つまり平城は、華北からモンゴル高原に出る重要なルート上に位置する。平城は遊牧民の政権という性格を強く残す北魏にふさわしい都市であった。

もっとも、平城からモンゴル高原に出る途はほかにもある。その中で重要だったのは、平城から西に善無（山西省右玉県）に出て、白道と呼ばれる内モンゴル自治区フフホト市の西から武川県に抜ける道をたどるものであったらしい。

併せて平城から華北の中核都市へ向かう主要なルートを探っておこう。洛陽に向かうには、大同盆地を西南にたどり、雁門関《がんもんかん》を抜けて晋陽（山西省太原市）に至る。それから南下し長子（山西省長子県）を経て太行山脈の南端を越えればよい。ほぼ北↓南の線をたどるわけである。晋陽から汾《ふん》水《すい》（汾河）に沿って西南に向かい、現在の臨汾市を経て黄河大屈曲部を渡り、渭水に入ると、すぐに長安。晋陽から東に向かい、井陘関《せいけいかん》を抜けると中山（河北省定州市）である。平城から中山に至るには、東南に向かい霊丘（山西省霊丘市）を経て、そこからさらに東南に行き太行山脈を越えるルートもある。中山から華北大平野の諸都市へは楽である。たとえば南に行けば鄴である。

ただし、中華の地を支配する体制を整えたとはいっても、その内実までもが中華帝国式となったのかと問われれば、必ずしもそうではない。孝文帝による改革に関連付けて述べた官制や儀礼は明白にそのことを示す。音楽を取り上げてみよう。音楽は個人的な娯楽にとどまらず、権力者を荘厳化し、権力の正統性の由来を歌詞によって示す。国家祭祀や宮廷儀礼に欠かせない要素である。故に太祖紀・天興元年一一月条に、「尚書吏部郎中鄧淵《とうえん》に詔して律呂《りつりょ》（音階）を定め、音楽を協《ととの》えしむ」とあるように、他の諸制度と並んで、楽制が整備されるのである。しかし、音楽は楽器や演奏者を必要とする。永嘉の乱によって西晋宮廷で用いられていた楽器は各地に分散あるいは失われ、楽人は流亡した。従って西晋で確立していた宮廷音楽のそのままの復活ということはありえない。逆に、渡辺信一郎氏によると、北魏初期の音楽は、雅楽でも、一五〇章の鮮卑語の歌詞をもつ「真人代歌」や大型ホルンを用いる「簸邏《はら》迴《かい》歌」など、鮮卑系・北族系の音楽が主流で

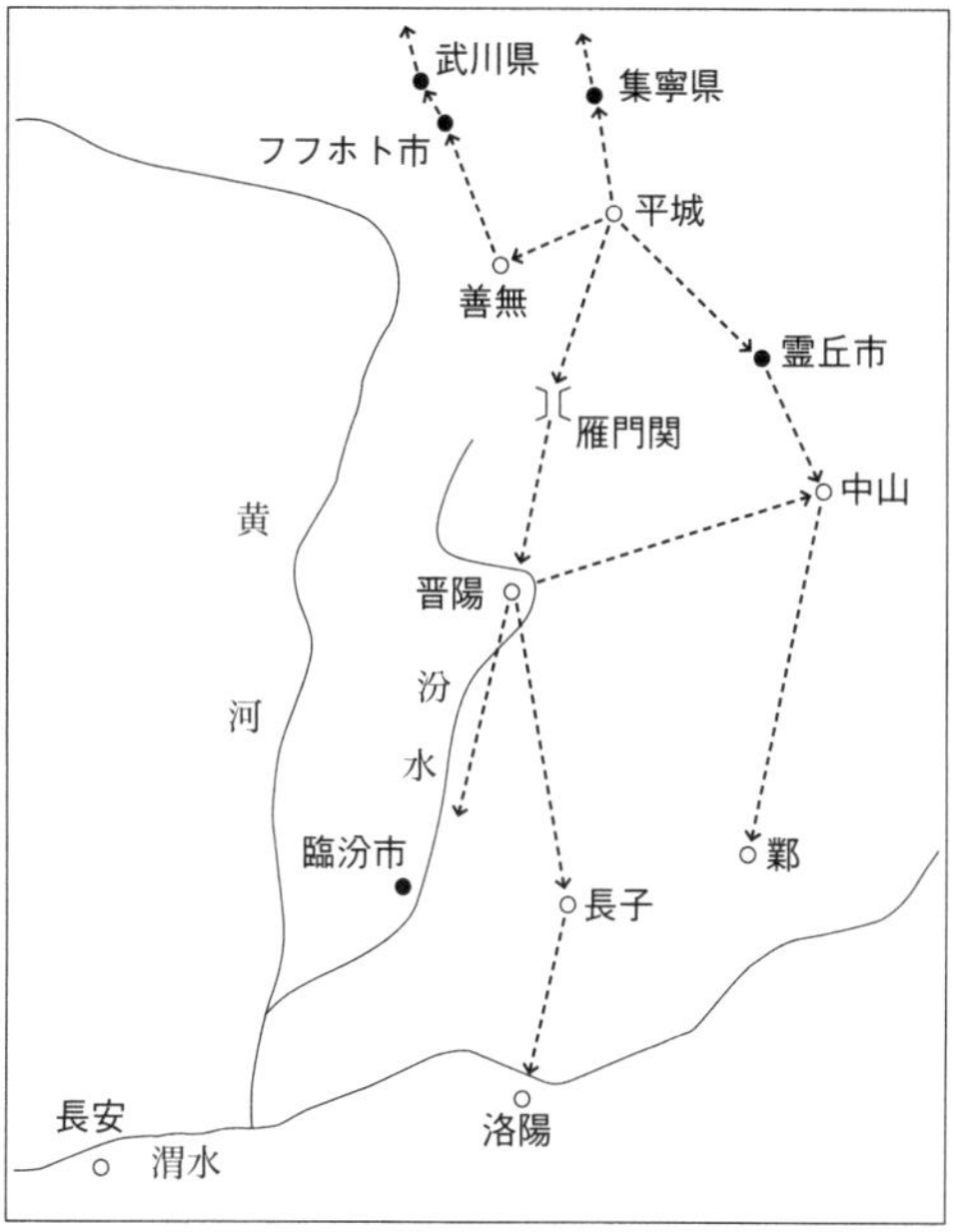

［図一六］平城からの交通路（概念図）
註：●は現在の名称

あった。太武帝《たいぶ》のとき、夏国を滅ぼしてそこに保存されていた古雅楽を得、北涼を滅ぼして西域系の音楽に中国西北地方の音楽を交えた西涼楽《せいりょう》を得るが、鮮卑系・北族系音楽は続けて行われていた。

また法令の問題もある。同じ太祖紀・天興元年条に「(尚書)三公郎中王徳をして律令を定め科禁を申《の》べしむ」とある。しかし刑罰志には「既に中原を定むるに、前代の刑網の峻密なるを患《うれ》え、乃ち三公郎王徳に命じてその法の民に酷切なる者を除き、科令を約定せしめ、大いに簡易を崇《たっと》ぶ」とあって、「律令」とはしていない。内容もそれまでの厳酷さを改めるとなっている。第三代太武帝期になると、神䴥《しんか》四年(四三一)の本紀に「司徒崔浩に詔して律令を改定せしむ」とあり、刑罰志も太武帝期以降については明確に「律令」の語を用いている。その内容には、罪を犯した官僚が官職と罪を相殺することによって刑罰を減免される「官当《かんとう》」の制度や、妊婦や老人・幼児に対する刑罰の減免、さらには司法手続きなどが含まれているように、西晋に行われていた律(泰始《たいし》律)が継承された部分も多かったであろうが、すべてがそうだったわけではない。死刑には斬刑・絞刑のほかに「轘《かん》」(くるまざき)という魏晋にはみられない重刑が存在しているほか、一般に刑が重いとされる。また「巫蠱《ふこ》」(呪いで人を害すること)を行う者は羖羊《こよう》(黒い羊)を背負い犬を抱かせて淵《ふち》に沈めよ」という、おそらくは慣習に基づく措置が法制化されていて、これらは天興の「律令」にも通底する性格であると想定できる。また令にしても、皇帝の行う廟や郊における重要な祭祀でさえも中華伝統のそれとは異なる形で行われていたことは先述した。

帝国となった北魏は、大きく括れば、孝文帝の改革までの前期と、孝文帝の改革以後の後期に分けることができる。その前期の中でも、五代目皇帝以降は北魏の政治社会に変化の兆しがみられる。以降の本節では、初代から三代までの時期について、概観しておこう。

◈皇帝位の継承

皇帝となって以後の拓跋珪については、諡号に従って道武《どうぶ》帝と呼ぼう。第二代の皇帝は道武帝の長子明元帝拓跋嗣《し》。三代目は明元帝の長子太武帝拓跋燾《とう》。こう並べると、中国の嫡長子相続制を北魏が採り入れたかのようにみえる。しかし、実情はそうではない。道武帝は天賜《てんし》六年(四〇九)に不慮の死を遂げる。息子に殺されたのである。道武帝の次男は清河王に封じられていて、拓跋紹《しょう》といった。道武帝は、漢の武帝が皇太子を立てるとき外戚が力をもつことを憚って、その母を殺したことを先例とし、長子の嗣の母劉氏を殺した。つまり嗣を後継者とする意図があったとみられる。しかし道武帝は彼を皇太子に立てることはなかった。逆に紹を後継者にしようとした形跡があり、紹の母賀氏に死を賜ろうとした。史書は賀氏に罪があり死を賜ろうとしたと記すが、これは粉飾であろう。その結果、賀氏が手引きして宮中に入れた紹が父親の道武帝を殺した、と伝えられる。しかも紹が道武帝を殺害したとき、北魏の支配階層の人々は驚愕し、動乱に備えようとする動きはあったものの、表立って紹に反対する者はごく少なかったようである。父との軋轢によって平城を離れていた嗣は、この事件を知ると平城に戻り、紹と賀氏を殺して即位する。父帝の死後四日目という素早い行動であった。このことと紹が後継者に一時擬されたことを併せ考えるとき、結果として昭成帝→拓跋寔《しょく》（献明帝を追贈される）→道武帝という嫡長子相続の形が残されているとはいえ、北魏には後継者を選ぶ制度はまだ確立していなかったことがわかる。什翼犍以前の代王位は兄弟間で争われ、兄弟相続の形になっていた。有資格者の中から最も適切な者が君長に選ばれるという、遊牧社会の相続方式の影響が、帝国となったこの段階でもみられるとしてよいのではないか。自らの即位に際して危険があったことに鑑み、明元帝は、順調な継承を考慮したであろう。自分の子たちを王に封じるとともに、長子の拓跋燾を皇太子とし、僅か一五歳の彼に監国《かんこく》という国の副主として政務をとる地位を与え、後継者であることを示した。父帝の死後順調に即位した燾（太武帝）も、その長子を皇太子に立て、監国を行わせている。また太武帝に先立って死去した皇太子の長子であった拓跋濬《しゅん》（のちの文成《ぶんせい》帝）は早くから世嫡《せいちゃく》皇孫と呼ばれていたというから、この段階になると北魏の長子相続のかたちができあがってきたと考えられる。もっとも、父である皇太子の死によって、太武帝の後継者を濬にするか太武帝の子にするかで、朝臣の意見が分かれるという状況が生まれはしたが。

なお、道武帝は治世の末期、多くの臣下に死を賜うなどの措置をとり、人心の動揺を招いていた。この措置は旧部族長の力をそぎ、皇帝権力の強化を狙ったものと考えられるが、それと結びつくのが出身部族の強大化を阻止する後継者の生母を殺す措置である。

先述したように、道武帝は皇帝位を譲ろうと考えたふたりの皇子の生母を殺そうとし、実際にひとりは殺している。実は、劉氏は独孤氏の部族長の娘、賀氏は賀蘭部の人である。いずれも実家は少し前までは強大な勢力を誇った部族であり、その一族は道武帝から打撃を受けて屈服したもののなお力を保持していた。田余慶氏は、代国時代には強力な出身部族を背景にして代王の后や妻が力を振るい、また代王位の後継争いを引き起こした、道武帝はそのことを考慮して死を賜ろうとしたのである、と論じている。つまり、この措置は君主の権力をより優越したものにしようとするもので、後述する部族解散と狙いを同じくするというのである。このような「子が貴くなれば母は死を命ぜられる」措置は、道武帝の段階では政治的に必要であった。しかしその後は切実さは薄れたであろうのに、皇太子の母親に死を賜る慣わしは、守られ続ける。このことはふしぎな現象を北魏政界にもたらした。生母を殺された皇帝が、自分を育ててくれた乳母などの女性を尊崇する現象である。たとえば、第五代文成帝の乳母であった常氏は、文成帝が即位すると保太后《ほたいこう》、次いで皇太后とされて、外戚伝に載せられるその一族とともに、一時期大きな権勢を誇った。先述した孝文帝の祖母文明太后に対する従順な態度は、太后が殺された生母に代わる「母」として孝文帝を養育したことによってもたらされたのであろう。後述する孝明帝《こうめい》期の霊太后は、北魏史で唯一の皇帝生母の皇太后であるが、「母」として実権を振るいえたのである。

なお、太武帝は明元帝の死去を承けてその三日後に即位している。

◈帝国の拡大——華北の統一

皇帝となっても道武帝は引き続き征服戦争を継続する。ただし、即位以前のような、ほとんどの戦いを自ら指揮するということはなくなり、将軍の派遣でおさめるケースもみられる。広大な領域を支配する皇帝ともなれば、当然のことである。皇帝が親征するのは、明元帝や太武帝の場合も同じであり、第六代献文帝《けんぶんてい》も、特に譲位後であるが、対外戦争を自ら担った。最も親征の数の少ない第五代文成帝も柔然遠征に出ている。戦いの指揮をとり、勝利に導くことは、遊牧国家の君主に求められる第一の資質であり、北魏の皇帝は、その伝統を継承している。この点、東晋・南朝の漢族皇帝とはまったく異なっているわけである。

征服戦争の対象は、道武帝の時期には、西南の後秦の領域と北方の柔然の支配下の諸部族、そして高車族であって、明元帝時もその状況は継続するが、新たな対象もできている。いったん道武帝に敗れて後秦に逃亡した鉄弗部の劉勃勃（劉屈孑《くつげつ》）が赫連《かくれん》と姓を改め、独立して夏《か》国を建て、北魏に侵入してきたのがひとつ。勃勃は南匈奴の左賢王《さけんおう》の子孫であるので、劉姓であったが、おそらく匈奴語で「天に連なる」という意味の赫連に改姓したのである。字とされる「屈孑」はチビの意味だったらしい。さらにいえば、鉄弗も蔑称だったと記録にある。長安に都を置いて一時華北の太半の地域をおさえていた後秦が、夏国の勃興によって勢力を失い、四一七年に東晋の武将劉裕《りゅうゆう》に滅ぼされたから、北魏にとって西南方面の主敵は夏国となる。夏国は皇帝を称して、北魏に対抗する強大な勢力を構築した。もうひとつは劉裕が東晋に替わって建てた南朝宋《そう》（劉宋）である。北魏と東晋との間には南燕があったが、四一〇年に劉裕が南燕を滅ぼしたことにより、北魏と東晋は国境を接することとなった。ただし、東晋とそれを継承した宋は、まず洛陽・長安を奪回することを主眼とし、北魏に戦いを挑む姿勢はみせなかった。まだ東晋の武将であった劉裕が四一六年から翌年にかけて後秦を攻撃してこれを滅ぼすとき、後秦領であった洛陽を陥落させてから長安に向かっているが、その際主力部隊に黄河を遡らせようとして、北魏に了解を求めたことがある。北魏は自分たちを攻撃するのではないかと警戒し、劉裕軍を攻撃したものの逆に敗北するという一幕もあったが、北魏も北(柔然)や西(夏)、西南(後秦)に強力な敵対勢力がいたから、南は黄河の北岸までを自らの領域として、その南に対しては、黄河南岸の要衝滑台《かつだい》(河南省滑県)をおさえるほかは、暫く積極性を示さなかったのである。しかし後秦が消滅すると状況は変わる。劉裕はこのときの大功を背景に東晋から禅譲《ぜんじょう》を受け、四二〇年に宋を建国するが、その宋に対し、明元帝は泰常《たいじょう》七年(四二二)になると、攻撃をしかけるのである。北魏軍は二方面で黄河を南に渡る。東方では現在の山東省に侵入し、略奪は行ったものの戦果を残すに至らず撤退。しかしもう一軍は河南省深く攻め入り、途中で撤退したものの、洛陽およびその東方の要衝虎牢《ころう》や滑台などを確保した。太武帝の神䴥《しんか》三年(四三〇)には宋の反撃でいったん黄河の北へ撤退するが、北魏は直後に再占領し、この地域が北魏の黄河以南の地における橋頭堡的な位置を暫く占め続ける。太平真君《たいへいしんくん》一一年(四五〇)に宋が大規模な北伐を敢行してこの橋頭堡の地に迫り、これに対して同年太武帝は自ら大軍を率いて南征を開始、宋軍を撃破して年末には長江の北岸にまで至る。

和議が成立し、翌年はじめに撤退したこのときの戦いでは、国境線は大きくは動いていない。なお、太武帝が死去したとの情報を得た宋は、四五二年にも攻撃を試みたが、成果なく退いている。宋との国境線が大きく変化するには、献文帝の時代を待たねばならない。

南朝との交戦の前、即位した太武帝がまず取り組んだのは夏国攻撃であった。赫連勃勃は、劉裕軍が占領した長安を、劉裕が建康に帰還するとただちに奪取して南都とし、自らは皇帝と称し、夏は帝国となっていた。東の帝国北魏と並び立ったわけである。このときの東西対立はそれ以前の五胡強国の東西対立とは異なるところがあった。両帝国ともに都は長安や洛陽ではなく、中華の地の中心を遠く離れた統万《とうまん》であり平城だったのである。始光《しこう》四年(四二七)に太武帝親征のもと、北魏軍は壮大な規模と堅城で知られる夏の本拠統万城(陝西省靖辺県)を陥落させ、四三〇年には再度の親征により夏が新たに拠った平涼《へいりょう》(甘粛省平涼市)を手中にしている。逃れた夏主は、なお西秦《せいしん》国を滅ぼすほどの力を示したが、吐谷渾《とよくこん》に敗北し、北魏に送られて殺される(四三一)。夏はかくして滅亡した。

西方の心配がなくなった太武帝が次に攻撃の対象としたのは、東方の北燕《ほくえん》である。北魏によって河北の地を奪われた後燕は遼西《りょうせい》・遼東地域を支配するだけの小国に転落し、皇帝の称号はやめて天王と称していた。その天王の地位も高句麗の後裔とされる高雲(慕容宝の養子となって慕容雲と称していた)に奪われる。北燕政権の誕生である。しかし実権は漢族(非漢族説もある)の馮跋《ふうばつ》に握られていて、間もなく馮跋が取って代わる。しかし既に遼東を高句麗に奪われていて、領域は遼西一帯（遼寧省西部）にすぎない。北魏は四三二年の太武帝親征を手始めに連年のように攻撃を続行し、耐えきれなくなった北燕は、君主馮弘《ふうこう》が高句麗に亡命したことにより、滅びた。四三六年のことであり、馮弘は北魏の圧力を受けた高句麗に殺された。なお、文明太后は馮弘の孫娘にあたる。北燕滅亡に先立ち、文明太后の父は北魏に降っていたのである。

北燕が滅ぶと、五胡の諸国で残るのは北涼《ほくりょう》のみとなっていた。北涼は河西《かせい》地方（甘粛省西部と新

［図一七］統万城遺址
（陝西師範大学西北環発中心編『統万城遺址総合研究』三秦出版社、二〇〇四年）
赫連勃勃が無定河上流の地に築いたこの城は、堅牢を以て名高く、現在も一部の遺構が地上に残されている。石灰を混ぜて堅くした故に遺構は白っぽい。

疆ウイグル自治区東部）を領域とする国であり、小国である。故に夏が滅んで北魏の圧力を受けるようになると、北魏に服属する途を選び涼王に封じられる。涼王が太武帝の妹を妻に迎え、太武帝の後宮に涼王の妹が入るという、二重の婚姻関係も生まれている。しかし、太延《たいえん》五年（四三九）、太武帝は大軍を伴って北涼に親征し、涼王は降伏する。この段階で華北の統一が完成したのであり、五胡十六国時代は終わりを告げ、北魏と宋が南北に対峙する新たな時代が誕生した。これ以後を南北朝時代と呼び、隋の天下統一まで続く。なお、華北といえば通常は淮河《わいが》（淮水）と陝西省の秦嶺《しんれい》山脈を結ぶ線以北を指す。四三九年の段階では、宋の領域が淮水以北の広大な地に及んでおり、従って通常の意味での華北統一とは言い難い。南の東晋—宋と対立してきた中国北半部が統一されたという意味で華北統一と称するのである。淮水以北を北魏が領有するのは、まだ先のことである。また、北涼が北魏に服属した段階から、西域諸国が北魏に接触してくるようになるが、これについては次項で述べよう。

　実は、華北統一というとき、微妙な政権がその間に介在する。北魏と宋との中間に位置する甘粛省東南部に楊《よう》氏という氐《てい》族の一集団があり、独自の政権（後仇池《きゅうち》国）を構築していたのである。楊氏政権は、あるいは五胡の国に附し、また東晋・宋に従うなど、自存のための苦心を重ねていたが、関中を得た北魏と境界を接するようになっても、北魏から王に封じられ、宋に附し、次には自立するなど、変幻きわまりない態度をとる。結局四四二年に王が本拠の仇池を捨てて北魏に亡命して滅ぶが、楊氏集団はなお六世紀末頃まで活動を続ける。

一方、北方では対柔然政策が北魏にとって重要な課題となっていた。一時の弱体を脱しモンゴル高原を制圧した柔然は四〇二年に社崙が可汗《かがん》号を名乗るようになっていて、その脅威は陰山の南にも及び、道武帝後半から明元帝の時期には北魏はむしろ防御的とみえる対応を採っていたといえる。四二二年に明元帝親征のもと南朝宋に対する攻撃を行ったときには、皇太子に命じて塞上(防衛線)に出て柔然に備えさせているし、山東や河南に進んだ軍を早めに撤退させているのも、柔然の脅威を考慮したからと想定されるのである。それでも太武帝の即位直後の四二四年には盛楽宮が陥される事件が起きている。これに対して太武帝は同年、翌年そして四二九年と、相次ぐ親征を行う。その後いったんは対立関係は和らぎ、柔然可汗の妹を太武帝は後宮に迎えているが、衝突はおさまらず、北涼親征で太武帝が都を離れた留守を襲われ、平城の近くまで侵入を許す事態も生じた。ようやく太平真君一〇年(四四九)に行った親征で大きな打撃を与え、柔然はしばらくは北魏の領域に侵入することはなくなったという。北魏の勢力は陰山の北に及び、皇帝は毎年のように陰山の北、漠南《ばくなん》(ゴビ砂漠の南)と称せられる地への行幸を行うようになる。

西方の現在の青海省の地に成立していた鮮卑系の国吐谷渾とも北魏は戦う。四四四年とその翌年の攻撃を受けると、吐谷渾王は遠く西域の地まで逃亡した。もっとも間もなく故地に戻るのではあるが。

◈北魏包囲網とそれへの対処——北魏の対外関係

上に述べたような状況は、北魏と宋をそれぞれの中心とするふたつの大戦略のぶつかり合いから生まれたものでもあった。宋にとっては、敵の敵は味方にできるから、柔然は利用すべき存在であり、柔然にとっても、北魏を挟撃できるというメリットがあるから、宋との提携を拒む理由はない。両者の間には使者が交換され、その使者はこの戦略に組み込まれた吐谷渾の地を経由した。宋は柔然、吐谷渾のほかに、西北の楊氏政権、さらにその西北の北涼、東北の高句麗・百済を、そして西北の宕昌《とうしょう》や鄧至《とうし》という小国も、北魏包囲網に組み込んだ。つまりそれらの国の君主を冊封《さくほう》した。五人の王が次々と冊封された倭(倭の五王)も、その包囲網の一環として宋はとらえていたと考えられる。なお、高句麗や百済・倭と宋は海路で結ばれる。宋のみならず南朝の国際戦略には海路が欠かせない要素であった。

北魏の方はその包囲網を破るべく努力する。征討を行う一方で太武帝が吐谷渾王を冊封しているように、また北涼は滅ぼされる前には北魏から涼王に封じられ、北涼が滅んだ後トルファン盆地に生まれていた高昌国も、吐谷渾を通って南朝に遣使していたが、孝文帝期の四九七年に至ると北魏に遣使し、宣武帝期には冊封を受けたように、北魏包囲網に数えられる諸国は、また北魏にも臣属する。高句麗に至っては、四三五年にはじめて北魏に朝貢して高句麗王として冊封されると、逃げ込んできた北燕君主を殺して北魏の要求に応え、さらにその後は一年一度ならず、二度三度と朝貢を繰り返す。もとより北魏の圧力をかわすためである。しかしその一方で南朝へ

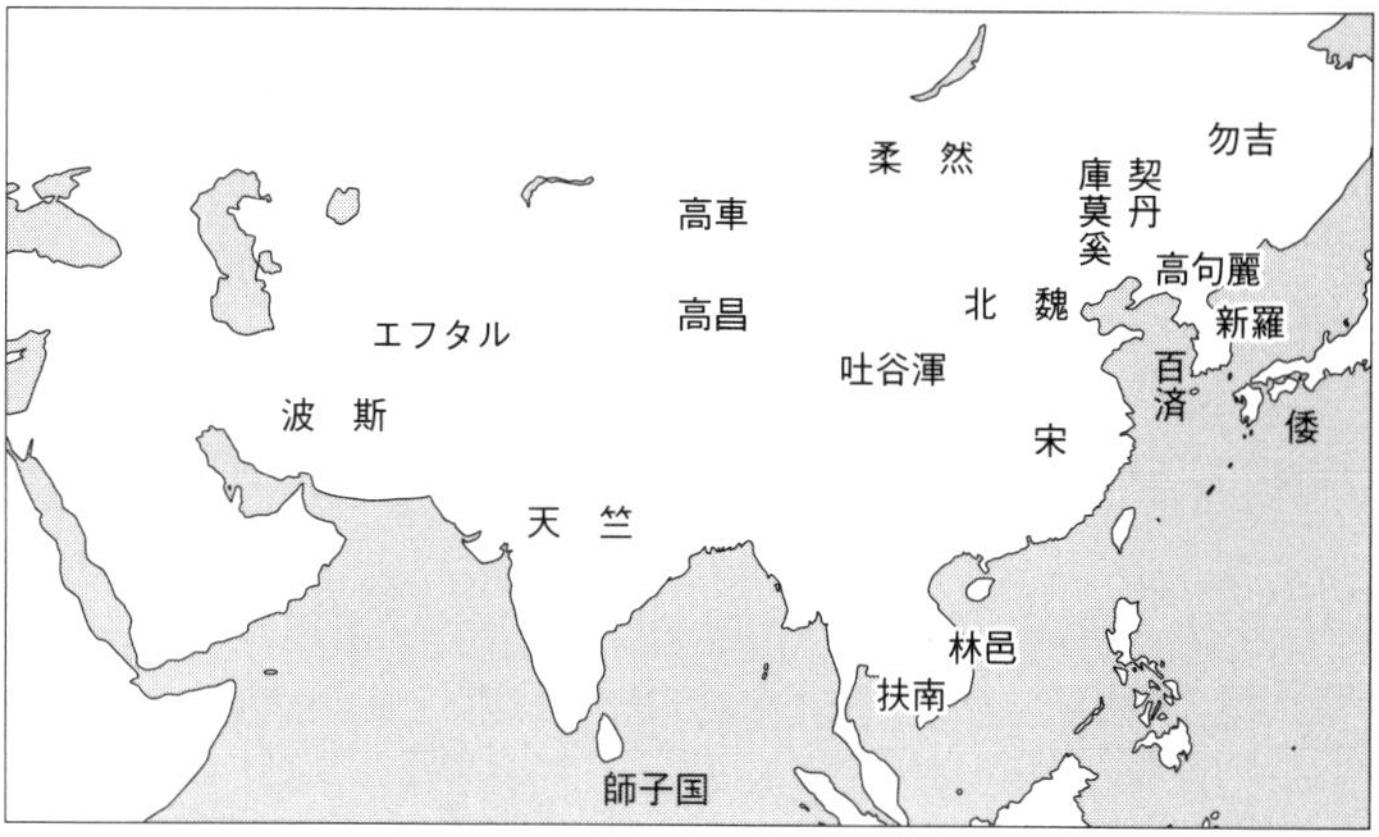

［図一八］北魏前期のアジア

の朝貢も続けている。少し態度が異なった百済の場合は、専ら南朝との関係を保ち続けるが、四七二年に高句麗討伐を求めて初めて北魏に遣使する。ただし、北魏は高句麗が藩屏《はんぺい》としてのつとめを果たしているとして拒否。その結果、百済が北朝に遣使するのは北斉になってからである。これに対して、北魏一代を通じて両属とならなかったのは柔然と倭だけである。新羅についてもふれておこう。高句麗に掣肘《せいちゅう》されていた故であろうが、六世紀初めになってようやく北魏に遣使し、他方百済使に同行して梁にも遣使している。

宋の試みた北魏包囲網自体は、共同作戦などの直接の成果を生むことはなかったが、一定の効果はあったわけで、南朝はその後も柔然との提携を模索しており、高句麗や百済への冊封も続けている。北魏も周辺諸国を冊封する政策で対抗する姿勢を継続する。南朝と北魏との直接の抗争のみならず、周辺の諸国を組み込んでの対立の構造を考慮に入れなければ、この時期の南北関係は理解できないのである。

なお、南朝と北魏に両属した国とは異なり、北魏にのみ冊封されて服属し、もしくは遣使した国も数多い。時期を北魏末までとると、東北方面では庫莫奚《こばくけい》・契丹《きったん》・勿吉《ぶつきつ》・地豆于《ちとうう》、西北ではタリム盆地の車師《しゃし》・焉耆《えんき》・鄯善《ぜんぜん》・亀茲《きゅうじ》・于闐《うてん》などのほか、パミールを越えてはるかに西の嚈噠《えんたつ》（エフタル）・波斯《はし》（ペルシア）などの国がある。意外なところでは、南朝にも遣使している師子《しし》国（スリランカ）の名もある。それらの国々の多くは交易の利を求めて北魏との結びつきを求めたのであるが、それに至るには北魏側の働きかけも効果があったようである。四三五年、四三六年、四四四年と相次いで使者を西域に派遣して朝貢を促しているのである。他方で軍事力を用いることもあった。焉耆は四四八年に使者を脅かしたということで北魏に攻められ、亀茲も攻撃を受けている。西域諸国と柔然との結びつきを恐れる北魏は軍事力の行使をも厭わなかったのである。鄯善の場合は一時期郡県化に等しい措置を受けている。一方、北魏がそれら諸国から軍事行動を求められることもあった。その結果鄯善や車師のように家族を北魏皇帝の下に「入侍」させる、つまり人質として送ったり、于闐のように国王の息女を北魏皇帝の後宮に納れることにもなる。もっとも波斯王居和多(カワード)のように、史書には「上書」すなわち国書をたてまつったとあるものの、その内容はというと臣下としての表現はみられない事例もある。送った方からすると対等の遣使の意図であっても、受け取る北魏側では「朝貢」ととらえる。これは北魏だけの扱いではない。中華帝国側に共通する認識なのである。ちなみに居和多の上書の「大国の天子は天の生む

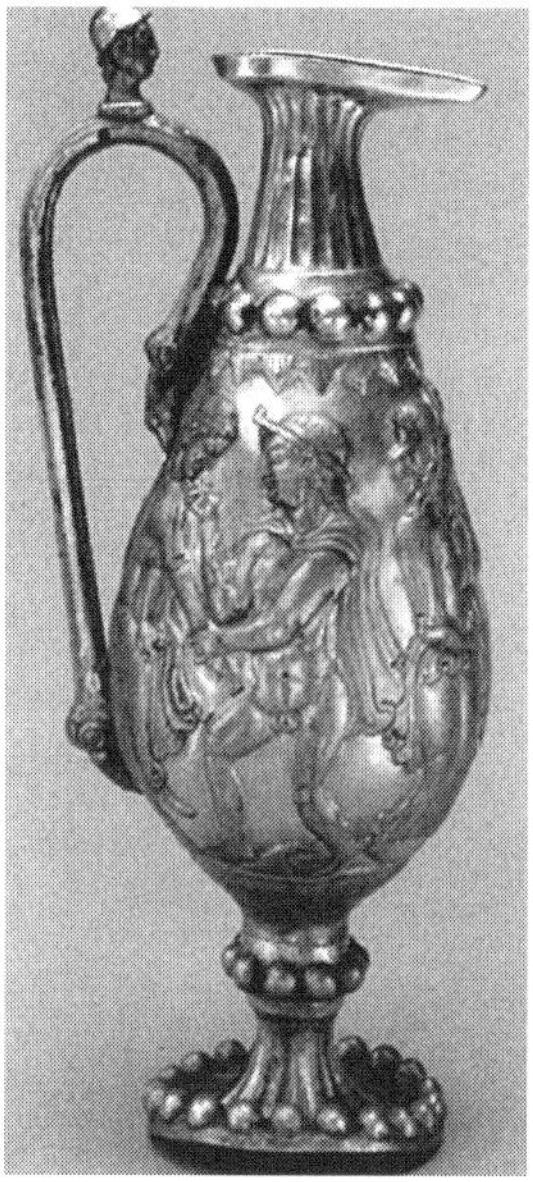

〔図一九〕西域からもたらされた銀製金メッキの水差し(北周・李賢墓出土)
(羅宗真著、劉煒編、住谷孝之訳、稲畑耕一郎監修『図説　中国文明史5　魏晋南北朝　融合する文明』創元社、二〇〇五年、二二一頁)

所、願わくは日出の処、常に漢中の天子の為なれ。波斯国王居和多、千万敬拝す」という文言が、聖徳太子が隋の煬帝に出した国書と比較されることについては、ご承知の方も多かろう。

なお、冊封とは周辺諸民族の君長に中華皇帝が王などの爵や官職を与えて君臣関係を設定する行為をいうが、漢・魏晋の時代には「漢委奴国王」や「親魏倭王」などの王号が冊封号に用いられていた。王としての冊封に価しない場合には、たとえば「漢帰《き》義《ぎ》羌《きょう》長」などの称号が与えられる。漢に服属した羌族の集団の統率者の意である。服属を「義に帰する」という表現で示しているのが中華帝国の認識であることに注目されたい。ところが五胡・東晋の時期となると、四一三年に朝貢してきた高句麗に対して東晋が与えた「使《し》持《じ》節《せつ》・都督営州諸軍事・征東将軍・高句驪（＝麗）王・楽浪公」というような冊封号が用いられるようになる。実はこの号は当時の州刺史の官爵号「使持節・都督○州諸軍事・□州刺史・△△将軍・××（爵）」と非常によく似ている。使持節は軍司令官が与えられる三段階の専断権のひとつを示し、都督～諸軍事は「～」に記される地域の全軍に対する軍事権付与を意味し、将軍号はこの時期には官僚としての地位を示す機能が強くなっているが、直属の軍隊の指揮権を示した。使持節以下が軍事に関わる力の保持を強く示しているのは、当時の州刺史が軍事力（しかも複数の州にまたがる軍事的指揮権）をもつようになっていたからである。上掲の東晋による冊封号の「高句麗王」を「営州刺史」に置き換えると、当時の州刺史の与えられる官爵号と全く同じ構成となっている。高句麗王とはいうまでもなく、高句麗の地と民の統治権を認めるという意味であるから、同じく営州の地と民の統治を行う営州刺史の置き換えとして問題ない。つまり、地方統治を行う州刺史の官爵号と相似の官爵号が冊封に用いられるようになっているのである。

このような冊封号の変化は、五胡の中華の地内部への移動に伴う政治・社会の変化に対応して起こった現象が国外の関係にも応用されたのである。五胡の君主が、中華の地で州もしくは州を越えるような政治権力を構築したものの、まだ皇帝を名乗ることができないときには、皇帝を名乗る存在から官爵を受ける。皇帝を名乗る存在は、それらに対して刺史などに与える官爵をベースに、それにプラスして君長が率いる非漢族集団の長であることを認める称号を併せて与えたのであり、五胡の中の少なからぬ国はじめはこのような形で存在した。たとえば四世紀の初め頃、前燕の慕容廆《ぼようかい》は東晋から使持節・散騎常侍《さんきじょうじ》・都督幽州東夷諸軍事・車騎将軍・平州牧《ぼく》・大単于・遼東郡公の官爵を得ている。牧は刺史と同様に州の長官(刺史よりは格上)であり、大単于は鮮卑慕容部の君長として認定しているわけであるから、これは先述の高句麗王が得た官爵と同じ構造である(散騎常侍は加官であり、考察から除外してよい)。慕容廆は東北の辺境ではあるが中華の地を支配している(平州は遼寧省西部)。遼東に影響力を及ぼしているとはいえ遼西の営州までもは統治していない高句麗とは相違があるのは確かである。しかし慕容氏に対する扱いがその東方の国高句麗にも応用される、つまり周辺諸国の君長への冊封号に用いられるまでの隔たりはわずかである。四一三年に高句麗王が得た楽浪公の爵位は、漢代以来の楽浪郡に住む漢族の存在を意識している可能性があるが、ともあれ、これによって中華帝国の臣下としての装いがなされたのである。

このような冊封号は隋唐時代になるとなくなってしまうが、それは中華帝国の拡大が引き起こした変化が終わって新しい平衡状態が生まれたことに対応する(都督諸軍事という制度が意味を失ったことも一因である)。補足として述べれば、我が国の倭王武(雄略天皇)が南朝宋から与えられた「使持節・都督倭新羅任那加羅秦韓慕韓六国諸軍事・安東大将軍・倭王」も、上で説明したのと同種の冊封号である。

なお、北魏と東晋南朝との関係は対立が基本であり、戦闘も繰り返されるが、しかしそれのみで終始したわけではないことを付け加えておかねばならない。使節の交換も頻繁であった。最も早くは皇始元年(三九六)に東晋の使節が来ており、北魏からは天賜元年(四〇四)に東晋へ使者を派遣している。東晋では桓玄《かんげん》による東晋帝位簒奪という大事件が起こっており、その情報を集めるためとされている。

本格的な南北の使節交換は宋が建国した翌年の四二一年に始まる。北魏では明元帝の時代となっていたが、宋からの遣使があり、その四年後の太武帝の始光二年に北魏側から南朝への最初の遣使が行われる。以後、戦闘が行われている時期の前後には中断されるものの、数多くの使節交換が行われ、記録されている北魏側の遣使は太和一八年(四九四)の南斉への派遣まで、三九回に及ぶ。二年に一回強の割合であるから、かなり濃密な対応であったといえる。

使節には漢族、それも多くが『魏書』列伝に記載されるような人物が選ばれ、正使は員外散騎《いんがいさんき》常侍《じょうじ》という太和後令で正五品上の官職を帯びる慣例ができあがっていたようで、それより低い官職の人物が充てられると兼官として帯びる扱いとなる。

このような南北間の使節交換は前述した孝文帝の南斉攻撃によって途絶え、復活するのは東魏に入ってからである。

なお、南北間が緊張していない時期にあっては、両国の国境では「瓦市《がし》」と称される交易が行われていたことも忘れてはならないだろう。

四——北魏政権下の諸族

◈征服された諸族と旧来の諸族

旧代国および代国再建時に拓跋珪を支えた諸族や征服された諸族の人々は、北魏においてどのようなあり方をしていたのであろうか。

官氏志には、北魏の統治下にある諸姓として、帝室、つまり拓跋の血を引くとされる一〇姓を挙げたあと、「内入諸姓」「四方諸部」に分けて、それぞれに属する諸族の名称を記している。

内入諸姓に属するのは、始祖拓跋力微のときの部族連合に加わっていたと当時考えられていた諸族で、七五姓が記されているが、実際にはその後の旧代国時代に部族連合に加わった諸族を含んでいる。内入諸姓、特にその首長と首長の子孫が北魏において重要な政治的軍事的地位を占めるであろうことは容易に想定されるが、事実そうであった。史料の制約ですべての族についてというわけではないが、多くの族について、そのことを確認できる。旧代国時代に服属していた族で、代国再建時に代国に敵対して討滅される事例がいくつかあるが、族を構成していた一部の者はそれによって死亡あるいは逃亡したにせよ、残った人々とその子孫は内入諸姓に数えられ、「代人」として扱われていて、政治的軍事的に他の内入諸姓と差別された形跡はみられない。

四方諸部は、定期的に朝貢してきていたが、登国年間の部族解散によって北魏の編戸の民となった諸族という理解のもとに、その名称が連ねられている。多くは北魏に征服された諸族である。東方は宇文・慕容の二姓のみであるが、南方で七姓、西方で一六姓、北方で賀蘭以下一〇姓がみえる。彼らは多くの場合原住地から移されて平城とその近辺に居住するようになっている。これを徙民《しみん》という。「徙」とは移すの意味である。徙民されたあと、土地を割りつけて農耕を強制する「計口受田《けいこうじゅでん》」の対象となる事例もあるから、四方諸姓は北魏に対する隷属性が強かった可能性があるが、しかし、四方諸姓からも、官僚を少なからず輩出している。四方諸姓の旧支配層と内入諸姓との間の差はさほど大きくはなかったようである。

北魏領内には、内入・四方諸姓に含まれない諸族も多数いた。後秦・夏の領域、つまり現在の山西省西部・陝西省・甘粛省東部方面に居住していた匈奴系諸族・氐族・羌族は、北魏の勢力が及んでくるにつれて、北魏に取り込まれていく。征討を受けて降伏する事例もあるが、「内附《ないふ》」という、形の上では自主的な帰属も多い。これら諸族は、一部を除いて徙民の対象とはならず、原住地に留められた。彼らのうちの支配階層は、北魏に服属した後、将軍号を与えられたり、地方官に任命されたり、地方官の属僚としての地位を得たりしている。しかし、北魏の末期を除いては、中央の高級官僚となる事例はあまりなかったようである。少なくとも、列伝に立てられる事例はない。同じく北魏に服属したとはいいながら、彼らはこの点で四方諸部とは明らかに異なる扱いを受けていた。

このほか、征服もしくは内附という形で北魏に入った中に、柔然（支配下の諸部族を含む）や高車など北方系の諸族もいる。彼らは原住地に留められるはずもなく、高車は北方の国境地帯に置かれた。柔然の場合は、北魏朝廷で政治的地位を得る者が多かった。四方諸姓と同様の扱いを受けたということであろう。とすれば、畿内に移されたということになろう。

◈部族解散

当初から部族連合に加わっていた諸族、被征服もしくは内附という形で北魏に服属するようになった諸族は、その後どのような処遇を受けたのであろうか。部族としてのまとまりを保たせたままにしておいて、旧来の部族長とその一族にその集団を率いさせた場合、皇帝の支配力はそれぞれの部族の内部までは十分には浸透しない可能性が高い。部族のもつ力を背景に部族長がそむく恐れもかなり強く残る。北魏はこれに対して、統治下の諸族を解散させ、部族の成員を部族長による支配から切り離す政策を採った。これを部族解散という。

拓跋政権樹立に際して援助を受けたがやがて有力な敵対的勢力に転じていた賀蘭部を倒すと、まずこれが解散の対象となり、独孤部がそれに続き、鉄弗部も一部を解体、大部分を逃亡に追い込む。そして最大の敵であった後燕を打倒した段階で、北魏はさらに思い切った政策を採った。代国を再建したときに既に傘下に加わっていて、それまで賀蘭部などの敵対的勢力の打倒に尽力してきた、つまり代国＝北魏政権の中核となっていた諸部族に対しても、部族解散を断行したのである。もちろん、その方が皇帝権力が下部まで浸透しやすい。しかし、おそらく理由はそれだけではなかった。

序章で、五胡十六国の諸国がいずれも短命に終わったことを述べた。それは激しい内部闘争によることが多い。それらの国では皇帝や天王《てんおう》のもと、その兄弟や子息など宗室《そうしつ》(皇帝や天王の一族)の人物が王に任命され、それぞれが服属諸族(つまり軍事力)を統率下にもつ体制が採られていた。このような体制を「宗室的軍事封建制」と谷川道雄氏は呼んでいる。

ところで、五胡は元来遊牧民であった。遊牧民の国家では、一般に君主はその国を構成する人々によって選ばれるのであって、中華王朝の嫡長子相続のような継承方式はない。このため有力な後継候補は統率下にもつ軍事力を背景に、皇帝や天王の地位をめぐって激しい闘争を繰り返す。その結果、国力を消耗して短命に終わる。谷川氏はこのように説明している。

北魏でも、宗室の成員が軍団を率いることが少なくないが、その配下が五胡諸国のように部族単位で構成されている場合と、部族解散された人々で構成されている場合を比較してみよう。皇帝位を手に入れようとする宗室軍団長の意図はどちらが配下まで通りやすいであろうか。部族の利害でまとまりやすい前者であろうと考えられる。もちろんそんな簡単な構図ではないだろうが、ひとつの要因とはなりえよう。北魏では有力な宗室の成員が皇帝の地位を狙って策動することはあったが、それが大きな内乱に結びつくことはなく、五胡の時代のように、北魏の国力を弱めることにはつながらなかった。部族解散は、このような効果を果たしたのであり、解散断行の理由はこの点にもあったと考えられるのである。

部族解散については、実は明確にしがたい点が多い。主な史料がごく短い三点しかないためである。三史料に基づくと、部族解散は一時期に統一的に行われたかの如くみえないこともない。しかし、解散時期に関する他の史料を併せみると、この理解ではうまく説明できない。この問題は、上記のように、対象となる部族によって部族解散の時期が異なると考えれば、解決する。また、北魏の中核をなす部族を解散する場合には、部族の長を含めて抵抗が大きいはずだから、中核の部族には解散は行われなかったとする見解もある。この問題も、上記のように敵対的部族を解散して、その力を背景にすることができる段階で行われたと考えれば、納得できるのではないか。

より大きな問題は、部族解散が行われたにも拘わらず、その後にも部族制を維持していることを示す事例が多数存在することである。たとえば、第五章でみることになる爾朱氏《じしゅ》は、北秀容《しゅうよう》(山西省西北部)の高原に三百里(約一五〇キロ)四方の土地でもって牧畜を営むことを認められ、彼らの首長は代々「領民酋長《りょうみんしゅうちょう》」の地位を北魏から認められていた。その支配下には多数の「部落」があったという。部落の語は遊牧系の人々の集団を指し、部族制と関わる。そして領民酋長の語は、爾朱氏以外にも多数みられる。また南朝との戦いが停滞したことを怒った明元帝が南に向かったときには、四方の「大人《たいじん》」つまり部族もしくは部族の下位の集団の長がそれぞれの衆を率いて従ったという記録もある。

このように部族制を維持する集団が存在したことは認められなければならない。だが、だからといって部族解散が行われなかったと考える必要はない。すべての服属諸族の成員を、部族体制から切り離して個々バラバラにする必要はないからである。

遊牧国家が部族制を維持するのは、その方が遊牧を行うのに適しているのも一因であろう。中華の地を支配する北魏にとっても、牧畜は重要であった。後にも述べるが、自らの衣食など生活に備えるほどのものは小規模な個人的な牧畜でもまかなえるであろうが、国家的レベルの需要となると、別の専業の集団が必要となろう。たとえば馬の問題がある。北魏が中華の地を支配したのは、何といっても、その強力な軍事力、騎馬軍団の力があったからである。馬の飼育は重要であった。その馬は平城の周辺地域や、その西方のオルドス地方などで飼育されているが、その任務を担う、それまで牧畜生活を送ってきた人々が、牧畜の方法や衣食住などのスタイルを一時に変えることは難しい。彼らは部族制のもとにあり続けた。もっとも、牧畜を行っている集団が、もとの部族の規模をそのまま保っていたかといえば、必ずしもそうではなかったのではないか。もとの部族はいくつかの小集団に分かれ、その一部が牧畜に従事することもあったようである。小集団の内部までは解散されてはいない。だが小集団に分けられたということからすると、ゆるやかな形であるが、部族解散の対象となったと考えることができよう。

もっとも、部族解散の対象とならなかった人々もいる。高車族の場合は、粗野で使役することが難しいから、という理由付けのもと部族制を維持させられた（実体は高車を招き寄せようとする目的であったとする見解がある）。このほか、遅れて北魏に服属した、内入諸姓・四方諸姓に含まれない諸族、彼らは先述のように原住地に留められたが、部族解散を強制されることもなかった。匈奴系、氐族、羌族がそれにあたる。実は、爾朱氏もこの系列に属する。部族解散の対象となったのは、主として、四方諸部、内入諸姓に属する人々であった。念のため述べると、四方諸部、内入諸姓でも、ゆるやかな部族解散の対象となったものと、厳しい部族解散の対象となったものとに分かれる。

部族解散については様々な議論がある。大別すると、部族を戸の単位にまで解体して戸籍につけたという説と、部族連合体を部族の単位にまで解体、あるいは部族の下の氏族などの単位に分けたという説になる。筆者は戸ごとにまで解体された部族もあれば、氏族あるいはそれより下位の集団に分けられるにとどまった部族もあるという考えを採っていて、それに基づいて以上のように説明したのである。

◈部族解散された人々のあり方（1）

道武帝は後燕を滅ぼして皇帝を称した段階で、畿内の制度を定めた。東は代郡（河北省蔚県）、西は善無（山西省右玉県）、南は陰館（山西省代県）、北は参合（山西省陽高県）、これらの地点を結んだ内部、ほぼ大同盆地と重なる地域を畿内としたのである。部族解散の対象となって畿内に置かれた人々は八つの部に大きく分けられ、それぞれの部に置かれた大人（八部大人〈もしくは、八部大夫《たいふ》〉）の統率下に入った。部族の大人の下から離れた人々を統制する組織が必要だったのである。この場合の大人は皇帝による任命である。畿内の外部も、服属諸族の多く居住する地域として区分があったらしい。畿内の外側に八部帥《すい》を置いたという記録がある。この地域は、明元帝の四二三年に長城を築いたという赤城（河北省赤城県）から五原（内モンゴル包頭市）にかけての線を北側とし、太武帝が四四六年に築こうとした「畿上塞囲《きじょうさいい》」（畿内一帯を囲む防御施設）が示す上谷（北京市延慶県）―黄河の線（おそらくは『元和郡県図志』巻一四が甸《でん》服〈王城から五百里以内の地〉の南の境界とする中山隘門塞《あいもんさい》〈山西省霊丘県〉を経由）を東と南の線とし、東流から南流に転じる黄河を西側の線とする範囲に含まれた部分を指したと想定される（一三二頁図二〇参照）。

畿内の外側の地域には、主として先述したゆるやかな部族解散の対象となった人々が置かれたようである。彼らを八つの地域に区分してそれぞれを統括していたのが、八部帥ということになろう（以上に述べた解散後の分部制についての見解は実は様々である。複雑になるので、筆者の理解するところのみを記した。なお、牧畜の地はここ畿内の外側の地域に限られない）。

これに対して、かつての部族の首長の支配下から切り離された、つまり個別化を目指した部族解散の対象となった人々は、多く畿内に居住地を与えられたようである。近年その存在が知られ、一躍注目を浴びるようになった申洪之《しんこうし》という人物の墓誌がある。洛陽遷都以前にみられた通常の墓誌とは異なり、後半部に明らかに墓誌本文とは異なる字体で、孝文帝初年に死去した洪之が、文忸于《ぶんじくう》・賀頼《がらい》・賀頼・高梨《こうり》という姓の四人から、平城の桑乾河《そうかんが》の南にある二〇頃《けい》の土地を購入して(おそらく中氏一族の)墓域としたことが記されている。この四人の姓は、いずれも改姓前の非漢族のものである(文忸于は忽忸于《こつじくう》と考えられ、賀頼とともに内入諸姓、高梨は高麗＝高句麗であろう)。その彼らが平城の近くにそれぞれ売却しうる土地をもっていて、しかも四人の所有地は、一つの墓域を構成することができたように近接している。このようなことは彼らが部族としてのまとまりをもって居住していたわけではなく、部族解散の対象となって、個別にそれぞれの土地をもつようになっていたことを示すであろう(侯旭東氏説)。

繰り返しになるが、要するに、部族解散は、ⓐ成員を個別化して編戸とする場合と、ⓑ小集団への分割にとどめる場合とがあったのであり、ⓐにしても、同一時期に一斉に断行されたわけではなく、時間的な幅をもって遂行されたと考えてよい。

ⓐの人々は、畿内に居住して、おそらく兵士として北魏の軍事力の根幹部分を構成したと考えられる。前にも述べたように北魏が中国の地を支配できたのは、強力な軍事力があったからである。明元帝のとき、平城の食糧不足から鄴に遷都すべきだとする議論がもちあがったことがある。そのとき、漢族の崔浩《さいこう》がもうひとりの人物と、「我が国は今、北方にあって、仮に華北の地域で変乱が起こったとしても、機動力に富む騎兵が南に出撃してその威力を示せばよく、その場合、我が国の兵力がどれだけあるのか、誰にもわかりません。中国の民は、騎兵の進撃が捲き起こす土煙を見ただけで恐れて従うでしょう」と述べ、遷都論は立ち消えになった(崔浩伝)。実例をみても、北魏の初期の頃は、大きな軍事行動は中央軍の派出という形をとることが多い。ほとん

ど休む暇もなく各地に転戦した道武帝時期ほどではないにせよ、太武帝の華北統一までは、中央派遣の騎馬軍団の活躍が続けてみられる。部族解散の対象となった人々の果たす役割は大きかったのである。

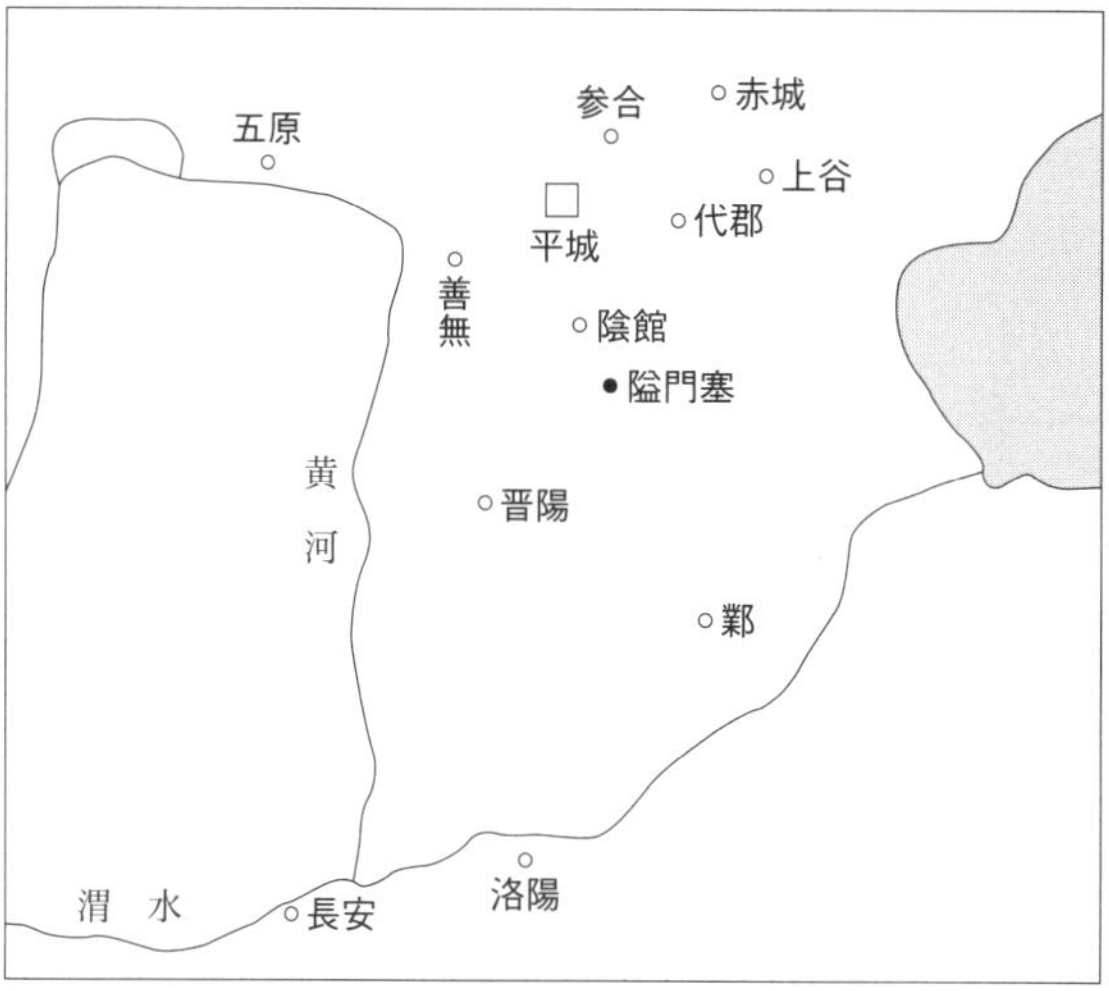

［図二〇］畿内郊甸関係図

［図二一］申洪之墓誌
（『書道全集』第六巻、平凡社、一九六七年、三七頁）

ところで騎馬軍団というが、二種類あったようである。ひとつは兵士と馬の双方ともに鎧をまとうもの。打撃力・防御力ともに優れ、大きな威力を発揮したが、持続力に欠ける。もうひとつは軽装の騎兵で、機動力・運動能力に優れる。『魏書』をみると、「精騎」「軽騎」の使い分けがなされているが、この二種の騎兵に対応したものである。また、「歩騎」の語もある。騎馬軍団とともに歩兵部隊も活動している。

ただし考えなければならない要素がある。北魏の軍団が戦争で勝利して帰還すると、戦利品の分配が行われる。たとえば明元帝の永興五年(四一三)、越勤部を攻撃して馬五万匹、牛二〇万頭を獲得し、二万余家の人々を北魏領内に徙《うつ》した。そして凱旋してきた将兵に牛馬・奴婢《ぬひ》(奴隷的な存在の人々。男性が奴、女性が婢)を分かち与えている。分配されるのが牛馬であるということは、受け取った者がそれをすぐに食べ尽くすわけではないであろうから、それを飼育していることになる。上に引いた史料には羊が記載されていないが、他の征服戦争のときの事例からして、羊も当然含まれていたはずである。つまり、彼らはなお牧畜を行っている可能性がある。佐藤智水氏は道武帝から第五代の文成帝まで、家族や家畜を伴って水・草を追いながら行幸する事例の多いことを明らかにし、それは鮮卑支配層がなおかなりの程度牧畜生活を送っていたことを示していると指摘する。平城の北には東西が一〇キロメートルを超える鹿苑《ろくえん》が築かれ、征服戦争で獲得した数多くの家畜が放牧されていた。ただし、冬と夏で放牧する場所が異なる本来の形の遊牧を行うことはかなり難しいだろうから、一般の諸族の人々の行う牧畜はかなり形が違っていたであろう。そうだとしても、牧畜が重要な意味をもっていたことは疑えない。馬羊牛を賜ることは、兵士としての活動を期待される彼らの生活と密接に結びついていたのである。

なお、服属諸族のすべてが牧畜に従事したわけではない。農業に従事させられた人々もいる。それを示すのが、先にもふれたが、北魏が征服戦争を続けていた期間にしきりに行った徙民政策

[図二二] 鎧馬 (茹茹公主墓出土)

[図二三] 鎧馬兵士の戦闘図 (敦煌莫高窟二八五室壁画)
(『敦煌石窟2　莫高窟第二八五窟』文化出版局、二〇〇一年、図75)

である。上記の越勤部の人々も計口受田の対象となっている。人々を強制的に平城近辺に移住させるこの政策には、しばしば「計口受田」、すなわち戸内の人数に応じて耕作地を与える(割りつけるという方が実態に近かっただろう)という措置が伴った。耕牛や農具をも与えているから、もちろんその土地で農業をさせるのである。対象者には、漢族などもともと農業に親しんできた人々が多かったが、征服された遊牧系諸族も含まれる。それだけ畿内の食糧事情が逼迫していたのである。このことから、中国の研究者には、部族解散された人々は農業に従事するようになったと考える人が多い。逆に日本の研究者は牧畜を重視する傾向が強く、筆者もそのひとりであるが、しかし、農業を無視することはできない。徙民された人々が土地を分け与えられて農業を強制されるとすれば、当然彼らは戸の単位まで部族解散されていたはずである。

　ところで、先に部族解散の対象となった人々が八部大人や八部帥の統率下に置かれたと述べたが、その大人もしくは帥には下部組織が置かれていた可能性が指摘される。『南斉書』魏虜伝には、太武帝期に尚書に比定される俟《し》懃《きん》地《ち》何《か》という官職があったことを伝えているが、近年発見された元萇《げんちょう》という人物の墓誌に、太和一二年(四八八)に俟懃曹が廃止されて、司《し》州《しゅう》(都を含む地域に置かれる)が設置され、元萇が司州に属する郡のひとつの太守となったと記されている。詳細は省くが、畿内の地にいた胡族はそれまで八国(八部)およびその後身の六部・四部に属していたのであるが、このとき司州に属するようになった、ということになる。つまりそれ以前は州郡県に属していた人々とは別扱いであったのであるが、このとき以後はその区別がなくなったのである。俟勲曹は曹（部局）という名称を与えられていて、尚書に相当する官職であったことが考えられ、胡族に関わる行政面を担当したのであろう（とすれば、南・北部尚書と関わった可能性もあろう）。なお、俟勲は突厥《とっけつ》の部族長の官称として研究者に知られている俟斤《しきん》（イルキン）と同名であるが、五胡時代の慕容氏の政権にも俟釐《しき》としてみえている。

付言すれば、畿内に住むのは王侯や胡漢の官僚そして部族解散された胡族の成員だけではなく、のちに司州の民として戸籍に付けられた農業民や商工業者もいた。徙民された人たちやもとから住む漢族・非漢族の人々である。故に、畿内の穀物に対する需要はもともと大きかったであろう。さらに胡族の人々も、おそらくは当初から穀物を食べる機会があったであろうし、次第に穀食に慣れてくるであろう。一方、征服戦争が終わり、華北の支配が確立すると、大量の家畜の獲得が困難となる。穀物の比重が高まり、胡族の食生活も変化したであろう。次第に華北からの穀物移入に頼ることが多くなり、畿内は時に食糧不足に陥ることがあった。食糧不足がひどいときには、人々を穀物の豊かな華北などの地に「就食」、つまり一時的に移動させる措置が採られることもあった。

他の日常生活にも変化が生じ始める。大同市沙嶺村から発見された遷都以前の北魏墓には、鮮卑帽をかぶり、胡服の特徴を備えているとみられる衣服をまとう夫妻が、瓦の屋根をもつ室内に座る場面をもつ壁画がある（一三七頁図二四）。他方でこの時期の鮮卑墓には狩猟図が描かれることが少なくない。鮮卑としての生活の中に、漢族の生活文化が入り込んできているのである。置かれた場の変化は人々の生活に変化を与えざるをえないのであろう。

◈部族解散された人々のあり方（2）

解散された諸族の成員は、部隊の指揮官から末端の兵士まで各レベルの軍務を担ったが、官僚となった者も少なくない。北魏独特の内朝官については既に述べたが、内朝官の数が増え、その体制が整えられた段階では、内入・四方諸姓に含まれる諸族の成員は、まず内朝官に就任したようである。このことは先述の「文成帝南巡碑」（五四頁）を分析することにより、わかる。内入・四方諸姓のすべてが内朝官を出したことまでは証明できないが、おそらくそうであろうと考えられる。つまり彼らには内朝官か、中華帝国伝統の官職かを問わず、官僚となる途が開かれていたのである。

しかし、一般の旧部族民にも平等にその途は開かれていたのであろうか。先にみた姓族分定の詔（六二頁）では、旧部落大人の子孫であるかどうかが、重要な意味をもっていた。大人としての先祖の経歴は有利であったのである。道武帝の天賜元年（四〇四）一一月に「諸部の子孫で業を失った者」二千余人に爵位を与えている。一般の部民に「失業」は考えにくいので、これは大人の地位を失った者を対象としているのであろう。大人にはいくつかのレベルがあるから、必ず部族長であるとは限らないが、部族の下位の集団の長を含めて、大人と称された人々の統率権を奪った代償に爵位を与えたのである。前期における爵位に封邑《ほうゆう》（食邑）という形での特権が附与されていたか否かについては議論があるが、少なくとも爵位を与えられるということは、中級レベル以上の官僚となる資格の獲得を意味する。つまり旧大人クラスの人々には官僚となる途が開けていたのである。大人の子孫でなくても官僚となった者が少なからずいることも姓族分定詔からわかるが、それでも大人と較べると一段不利な扱いであった。大人の子孫である者と大人でなかった者の子孫とは、平等には扱われなかったのである。

[図二四] 大同沙嶺発見壁画墓東壁の夫妻並坐図
(韋正『将毋同　魏晋南北朝図像与歴史』上海古籍出版社、二〇一九年、一二九頁)
沙嶺七号墓は二〇〇六年に発掘が報告された。図に描かれた墓主夫妻のうち、妻は四三五年に死去し、破多羅太夫人と称されている。破多羅部は四方諸部のひとつである。

これに関連して、述べておきたいことがある。部族解散により大人と一般の部族成員の間の統属関係は絶たれたのであるが、心情的な結びつきまで絶たれたかといえば、必ずしもそうではなかったようである。四〇九年、道武帝が息子の清河王拓跋紹に殺されたとき、都は大騒ぎとなり、賀蘭部の賀泥《がでい》（部族を率いていた賀訥《がとつ》の従父弟《いとこ》の子）という人物が平城を出て東南九〇キロメートルほどの安陽城《あんようじょう》（河北省陽原県）でのろしをあげると、旧賀蘭部の人々がそのもとに集まったという（外戚・賀訥伝）。三次にわたる解散の対象となった賀蘭部がその三度目に居住地を移されたのは三九一年のことであり、それからでも二〇年近く経過しているのだが、部族成員としての観念はそう簡単には消え失せないことを示していると考えることができる。

付け加えておくと、長孫氏《ちょうそん》など、もと拓跋部と同族であって、別の姓になっている人々（帝室一〇姓）は、天を祭る儀礼においては特別の役割を負い、祭場内で配される位置も内入・四方諸姓と異なっているが、官職叙任の点に関しては、時に高い官職に就く者が出るということはあるにせよ、特別の扱いはないようである。前章の「姓族分定」がそうであったように、「勲臣八姓」と同じような扱いだったのではないか。元姓をもつ代王の子孫の場合も同様である。

もっとも皇帝の子で王となった者と、その初代の継承者（つまり皇帝の孫にあたる王）の場合は、三《さん》都大官《とたいかん》（中都大官・内都大官・外都大官の総称）という「代人」に関わる裁判を扱ったとみられる北魏独特の官職と、州レベルの地方長官職に就任し、あるいは軍団を指揮することはあったが、中央の官職には就くことはなかった（皇帝からの血縁が遠くなれば話は別である）。この状況は孝文帝の改革まで続く。

なお、部族解散の対象とならなかった諸族も、官僚となることができた。ただし氐族や羌族などの場合は、中央の高官にまで到達した事例は、北魏末になるまでは、現在のところ確認できない。このことは前述した。

五――北魏政権下の漢族

後燕を滅ぼした段階で、北魏は急激に拡大した領土をどのように統治すればよいかという問題に直面した。それまでの部族連合国家の統治組織では、質的な面でも扱う仕事の量的な面でも、とうてい追いつかないのである。中華の地を統治するために、急遽中華帝国式の官僚体制を導入し、その官僚には、後燕に仕えていた漢族の官僚をできるだけ用いなければならなかった。「わずかの能力でもあれば」みな採用するという状況だったという。

前燕の系譜を引く後燕は、中華の地に君臨した帝国らしく、中華帝国伝統の官僚体制を構築していた。地方区画も州・郡・県の三段階制を採用している。漢族農民が多数を占める地域を統治する場合、漢族の伝統である官僚体制を踏襲し、漢族の統治方式に則った方式が適切であると考えられた。数の少ない鮮卑族が、末端の農村にまで入り込んで直接農民から税を取り立てる方式は、権宜の処置としてはありうるが、長期的には維持しがたいのである。せいぜいで郡県レベルの地方統治組織の長官となって、漢族の地方官吏を用いて税を取るという方式になる。これはいわば必然であった。五胡の諸国はおおむねこの方式を採ったが、北魏もそれに倣うのである。

前述したような中央や地方の要地に配置された騎馬軍団を中核とする強大な軍事力がその体制を

支えていた。

しかし、後燕領内にいた漢族には、当初、北魏に仕えることを喜ばない風潮がみられた。建国直後の北魏の場合、それまでに中原漢族社会との接触が少なかったし、文化面でも遅れているとみられていたことが、原因として挙げられる。崔浩の父である崔宏《さいこう》は、後燕領内になだれこんだ北魏軍から逃げたものの、その名を知っていた道武帝が後を追わせて連れ戻した（崔玄伯《さいげんはく》伝）。封懿《ほうい》は道武帝に引見されて後燕の旧事を尋ねられたが、応答の仕方が悪く、家に帰された（封懿伝）。懿の態度はおそらく意図的なものである。崔逞《さいてい》という人物は、道武帝に軍糧不足の対策を問われ、桑の実を食べればよいと答えた。桑の実は食糧になるから、答えそのものは妥当である。しかし付け加えた言葉がいけない。「悪声で知られる鴞《ふくろう》も桑の実を食べて声がよくなると『詩経』にありますからね」と言ったのである。鴞が暗に北魏を指すことはわかったが、道武帝は怒りはしたが処罰はしなかったという（崔逞伝）。崔逞はのちに別の事件で道武帝の怒りを買い、殺された（一九三頁参照）。

後燕に仕えた漢族の官僚たちは、好むと好まざるにかかわらず、多く北魏にも仕え、建国段階の北魏を支えたが、子孫の場合は、北魏に仕えず、郷里で教授をするなど、いわば様子見をしていたようである。そのような彼らにとって態度を変えるというか、希望を抱かせたのは、崔宏と崔浩の父子であった。崔宏は道武帝・明元帝の信任厚く、胡族の功臣と並んで政務の決裁に関与したことがあるし、崔浩は優れた知識と戦略眼でもって華北統一に貢献し、太武帝をして「我らが勝利を収めてきたのは、すべてこの人が自分を導いてくれたおかげである」と公言させるほどの活躍をみせた。官職は司徒《しと》に至っている。司徒は三公《さんこう》のひとつである。北魏の場合、太尉・司徒・司空のほかに、それより官品表では上位に置かれる官職があり、下位に尚書令・尚書僕射・中書監があって、それらは太和前令で従一品上（太和後令でいえば従二品）以上である。あわせて本書では三公クラスと呼んでおこう。崔浩父子は到達した地位が例外的に高かったのであって、他の漢族は、なかなかそのレベルには到達できなかった。

　しかし、崔浩父子の活躍と栄達を目のあたりにし、他方で華北が統一され、北魏政権の安定ぶりが目にみえる形で示されると、様子見をしていた漢族知識人たちの態度は変わる。そもそも儒教を学んだ漢族知識人にとっては、官僚となって天下の統治に関わることが最も重要視された。また、官僚としての高い地位を代々獲得する家柄が尊重される時代でもあった。五胡時代、東晋に従って南に移住した人々もいたが、華北に残る漢族は、それぞれに五胡の政権に仕える。短命に終わる五胡のひとつの政権が滅びても、漢族官僚はその政権に殉じることはなく、次の政権に出仕するのである。先述の崔逞は、北魏で官僚となる前に、前燕・前秦・後燕に仕え、この間に丁零族の小政権にも身を置き、東晋の勢力が及んだときには、それにも仕えている。

　太武帝の神䴥四年（四三一）、漢族の徴召《ちょうしょう》（召し出し）が行われた。才能をもちながらもなお任官していない人々を登用したのである。このときの徴召に応じた高允《こういん》という人物が後に「徴士《ちょうし》頌《しょう》」という文章を著していて、それによれば召しに応じた三四名（高允自身を含めると三五名となる）の名を知りうる(このほかに種々の理由から召しに応じなかった七名がいる)。この段階で、北魏の領域内の漢族で名だたる家柄の者は、事情がある数例を除いて、ほぼもれなく北魏に仕えるに至ったのである。たとえば鄭《てい》氏が、居住する滎陽《けいよう》が北魏領になってから間がないためにこの徴召には入っていないが、この家も間もなく北魏の中央官の列に加わるようになる。もっとも、一流の名族ばかりではない。それと較べると家格が低いとみられる家も徴召の対象となっている。また、特別の推薦枠であった徴士のほか、同時に州郡の長官による任地の人材の推薦も行われ、それは数百人にのぼったが、みな用いられたとされる。

　後燕を滅ぼした段階での漢人官僚吸収のほか、後秦滅亡時(四一七)、夏の統万城攻陥時(四二七)、北涼を滅ぼしたとき(四三九)などにも、それぞれの政権下にあった人材を取り込んでいるが、『魏書』列伝に採り上げられる人物の数ではこの四三一年の徴召には及ばない。北魏の漢族官僚登用においては最も規模が大きく、かつよい結果を得た措置であった。他に忘れてはならないのが、東晋が滅びた後に司馬楚之《そし》ら司馬氏一族が北魏に入ったことである。その後も宋が滅びた後の劉昶《りゅうちょう》、南斉が倒れた後の蕭宝夤《しょうほういん》ら前王朝の宗室、そして王粛《おうしゅく》ら有力官僚が、北魏に仕えて高官に至り、かつ重要な役割を果たした。

　しかし、太武帝の頃までは、漢族は上位の官職、後の太和後令でいえば三品クラスまでは到達できても、それ以上の立身はなかなか望めなかった。最上級の官職は帝室一族や内入・四方諸姓の人々が占め続けている。そのような状況があるにも拘わらず、崔浩は、漢族が北魏政権内部で占める地位の向上を目指して、胡族の人々のみならず、強引さを懸念する漢族の一部とも対立することがあった。直接的には崔浩が中心となった北魏の歴史編纂事業において、北魏にとって都合の悪いことをはっきり書き、しかもそれを石に刻して都に立てたことにより、罪に問われ、崔浩一族のほか姻族など多数の人々が誅殺される。四五〇年のことであった。崔浩の死については、胡族と漢族の対立から解釈するのが一般である。後述するように、寇謙之《こうけんし》と結んで、当初親しんでいた仏教から太武帝を引き離し、仏教弾圧を引き起こさせ、皇太子たちと対立していたという背景もあるが、筆者は、誅殺の直接の原因は別にあったにせよ、漢族官僚の地位の向上——皇帝支配を支える官僚機構の中枢部への進出——を崔浩が求めていたことは否めないと考える。崔浩が殺され、多数の名族がそれに連坐して、漢族官僚は打撃を受けた。しかし、漢族官僚の占める地位は、次の文成帝・献文帝期を通じて、次第に上昇していく。

六——可汗とも称した北魏皇帝

以上に述べてきたことでわかるように、太武帝の頃までの北魏は、華北の地を領有して皇帝を名乗り、中華帝国伝統の官制を用い、中華帝国的な儀礼を採用していたけれども、非常に鮮卑色の強い国家であった。それを最もよく示すものとして、北魏皇帝が可汗《かがん》号をも採用していたことがある。

北魏の東北はるかにあった烏洛侯《うらくこう》という国から使者がやってきて、石廟の存在を告げたので、太武帝が李敞《りしょう》を使者として派遣して、その場所で天地の祭祀を行わせた。このことは礼志にみえ、そのときの祝文《しゅくぶん》（祭文）も記載されている。太平真君四年（四四三）のことである。そして一九八〇年に米文平という研究者によって、石室（現在名は嘎仙洞《かっせんどう》）が、大興安嶺の分水嶺の東部、嫩江《どんこう》の支流の源流近く（内モンゴル自治区オロチョン自治旗）で発見され、内部の壁に彫られた文章が李敞が捧げた祝文と一致することが確認された。

つまり、拓跋部の原住地がそこであったことが証明されたと考えられたのであって、発見当時大きな反響を呼んだ。現在は祝文の存在が必ずしも原住地を示すものではないとの見解も出されているが、太武帝時期にその地が先祖の地であると認定されていたことは間違いないわけで、そのことだけでもこの発見は重要な意義をもつ。それだけではない。嘎仙洞の祝文は『魏書』に載せられる祝文と較べると長く、一致する部分が多いのであるが、異なるところがある。嘎仙洞の祝文の方には道教的な色彩の濃い言辞がみられるのはそのひとつである。それよりも重大な相違は、天地を祭るときに配祭（あわせ祭る）する祖先として、「皇祖先可寒」「皇妣先可敦」と書かれていることである。可寒《かかん》は可汗、可敦《かとん》は可汗の妻を指す（「妣《ひ》」は母の意）。匈奴族の君長が単于《ぜんう》（単于の妻は閼氏《えんし》）であったのに対し、五世紀頃には北方遊牧民の間では、可汗が君主の称号として用いられるようになっていた。その可汗号を用いているのである。もちろん当時北魏は皇帝号を使用しており、また祝文自体に「天子臣燾《とう》」（ただし礼志は「臣」字を欠いている）という句もみえる。皇帝は天を祭るときには天子と称し、「臣」の語を用いて、「臣」の後には姓を書かず諱《いみな》のみを記す。これが漢代以降、中華帝国皇帝による天の祭祀の祝文の形である。それを踏襲するかたわら、可汗号でもって先代の皇帝を表現しているのである。

　可汗号と皇帝号の併用。これが北魏初期の統治者の姿であった。おそらく、漢族を中心とする中華の地の民の統治者として皇帝号を用い、非漢族の諸族に対しては可汗号でもって君臨したということであろう。このことは五胡諸国で皇帝と並んで大単于という称号が用いられていたことを想起させる。しかし、前趙においては大単于は次期皇帝予定者が帯びる称号であり、皇帝が同時に帯びる称号ではなかった。前燕の慕容廆《ぼようかい》が東晋に服属していた段階（一一九頁の事例の前）で与えられた官爵が、仮節・散騎常侍・都督遼左雑夷流人諸軍事・竜驤《りゅうじょう》将軍・大単于・昌黎《しょうれい》公であることに示されるように、大単于は中華皇帝の臣下の扱いなのである。かつて漢帝国と対等以上にわたりあった遊牧国家の君長としての誇りとは遠く離れた位置にこの時期の大単于号はある。また

〔図二五〕嘎仙洞祝文
（『図説中国歴史・南北朝』中国地図出版社、二〇一四年）
二行目に「天子臣燾」、三行目に「李敞」とあり、第一三行〜一七行に「皇皇たる帝天、皇皇たる后土に薦《すす》むるに、皇祖先可寒を以て配し、皇妣先可敦を配す」とある。「薦」とは供物を供えることである。

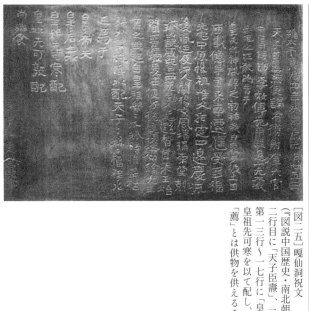

代王も、かつては西晋に服属していて、そのときには大単于の号を受けていた。このような大単于号を名乗るわけにはいかないのである。胡族から成る強力な騎馬軍団を可汗号のもとに統率し、それによって統治する民には皇帝として君臨する。前述の内朝官は前者の枠内で生まれその内部で活動する一方、後者つまり中華帝国伝統の官制下の官僚を督察する役割をも果たしたのである。

では、いつから北魏は可汗号を採用したのであろうか。四〇二年に柔然が用いたのが可汗号使用例の最初とされてきたが、羅新氏は使用例はそれより古いとする。そして道武帝が代王位に即《つ》いた三八六年に、礼志に「西向して祭りを設け、天に告げて礼を成す」とある記事が、可汗としての即位を天に告げる儀礼であったという。傾聴すべき見解である。なお、鮮卑系諸族が部族の酋長を指す称号として用い始めていた可汗の号を、道武帝が最高の支配者としての称号に転換したという主張もあるが、ここでは羅新氏の見解に従っておこう。

それではいつまで皇帝と可汗号の併用の形が続いたのだろうか。それも明らかでない。しかし、第一章で述べた孝文帝の改革のあり方をみるとき、孝文帝の改革期まで続いたと考えてもおかしくはない。思うに、可汗号を採用すればそれで済むというわけでもないだろう。可汗を名乗ったのであれば、それに対応する実態もあったと考えた方がよい。先に胡族のあり方について述べた際に取り上げた俟懃曹《しきんそう》などの官僚組織が、可汗を支えていた可能性がある。その俟懃曹は太和一二年(四八八)に廃止された。とすれば可汗号はその頃まで用いられたと考えることもできるのではないか。なお、礼志は、もちろん可汗号については記載していない。可汗号に示されるような体制が存在したことを、北魏が分裂した後、その片割れの東魏を継承した北斉時代に書かれた正史『魏書』は、注意深く消し去っているのである。

付け加えれば、可汗としての即位儀礼を彷彿させる記事が『北史』にみえる。第五章で述べる北魏末の混乱期の五三二年に擁立された孝武帝は、「代都の旧制」によって、七人に担がれた黒いフェルトの敷物に載せられて、西に向かって天を拝して、洛陽城に入ったとある。羅新氏は内陸アジアの遊牧民君主の即位儀礼との共通点を強調している。西郊祭天の儀礼が行われていた時代の北魏皇帝の即位儀礼がすべてこれに類似する形態であったかどうかははっきりしないけれども、少なくとも建国後かなりの期間にはこのような儀礼が行われていた可能性は高いのである。

第四章

変化のきざし

華北を統一した北魏には新しい局面が生じる。統治する領域がそれまでと違って大幅に拡がった。それにどう対処するかが問題となるのである。北の柔然との戦い、南の南朝との角逐は継続するが、膨大な戦利品の獲得を伴う征服行為は望めなくなって、戦利品の分配という北魏君主による胡族支配の方式には変化が求められる。大量に抱え込んだ漢族官僚の扱い、漢族の民の扱いも従来のままでよいかどうか、検討が求められたであろう。本章ではこのような課題に対して、北魏政権がどのように対処したかをみていきたい。

一――鎮にみられる変化

北魏は、後燕を滅ぼして華北を支配するようになると、その支配地に州を置いた。道武帝の時期には八州であったが、その後に占領地が拡大するにつれて州の数は増加し、太武帝の時期には二三州となっている。州には長官として刺史《しし》が置かれ、主として民政を行うが、州に置かれる軍隊（州軍）の指揮をも行う。州の下には郡が置かれ、その長官は太守、郡の下には県が置かれ、その長官は県令。州郡県の組織は漢代以来のもので、五胡諸国はこれを踏襲していたが、北魏も同様であった。もっとも、北魏前期の州には上下の区別があったことを確認できる（後期には上中下の三区分となる）。

郡に並んで（諸部）護軍という機関も置かれていた。部族組織を保つ地方の胡族を統治するのが目的である。離石護軍のように多くは地名を冠する。魏晋の時期にすでにみられたが、五胡諸国で多く設置されていて、特に関中から河西地方に多かった。北魏もこれを踏襲している。しかし、文成帝期に廃止され、護軍の任にあった者は太守に転じた。

州や郡のほかに地方に置かれた機関として注目されるのは鎮《ちん》である。その数は非常に多く、他の王朝と異なる北魏の特色となっている。鎮は軍事を中心に置く組織であるが、道武帝や明元帝の時期にはまだその数は多くはなく、かつ鎮の中には州に改められるものもあった。鎮の数が急激に増えるのは、太武帝の時期である。厳耕望氏の研究によると、太武帝時に存在していた鎮の数は三七であるが、そのうち太武帝のときの設置に関わるものが二七もしくは二八にのぼる。しかもそれらの鎮は、その後重要な役割を果たしたものが多い。太武帝以後にも、北魏の領土が南に拡大するにつれて、その前線を中心に鎮の数は増えていく。彭城《ほうじょう》鎮や懸瓠《けんこ》鎮などは、軍事的要地に置かれ、実際に南朝との戦争において重要な働きを示した鎮である。

鎮の本来のあり方は軍事組織であるが、いくつかの型に分かれる。まず第一の型として、州郡の置かれていない地域に設けられるものがある。この場合、鎮は州や郡に匹敵する領域をもち、従って兵士以外の一般の民をも包含していたようである。つまり、鎮の指揮者である鎮都《ちんと》大将《だいしょう》（鎮将）は、鎮所属の軍を指揮するとともに行政をも担っていた。代表的なこの型の鎮は、北緯四〇度少し北に位置する平城の北方、モンゴル高原の南縁を構成する陰山山脈に沿いほぼ北緯四一度の線上に置かれた鎮——六鎮《りくちん》——である。六鎮の数え方には諸説あるが、時期によって数える対象に相違があったらしい。遷都後に、禦夷《ぎょい》・懐荒《かいこう》・柔玄《じゅうげん》・撫冥《ぶめい》・武川《ぶせん》・懐朔《かいさく》の諸鎮の西方に、それまでは南にあった沃野《よくや》鎮が移されて東西に並ぶ諸鎮の仲間に入るが、これらの鎮のほか、西方の薄骨律《はっこつりつ》鎮（寧夏回族自治区霊武市）や高平《こうへい》鎮（寧夏回族自治区固原市）も重要であった。この型の鎮は、洛陽遷都以後も鎮のままで存続する。

第二の型として、州や郡と併置される鎮がある。この場合は、州郡の領域の行政は州刺史や

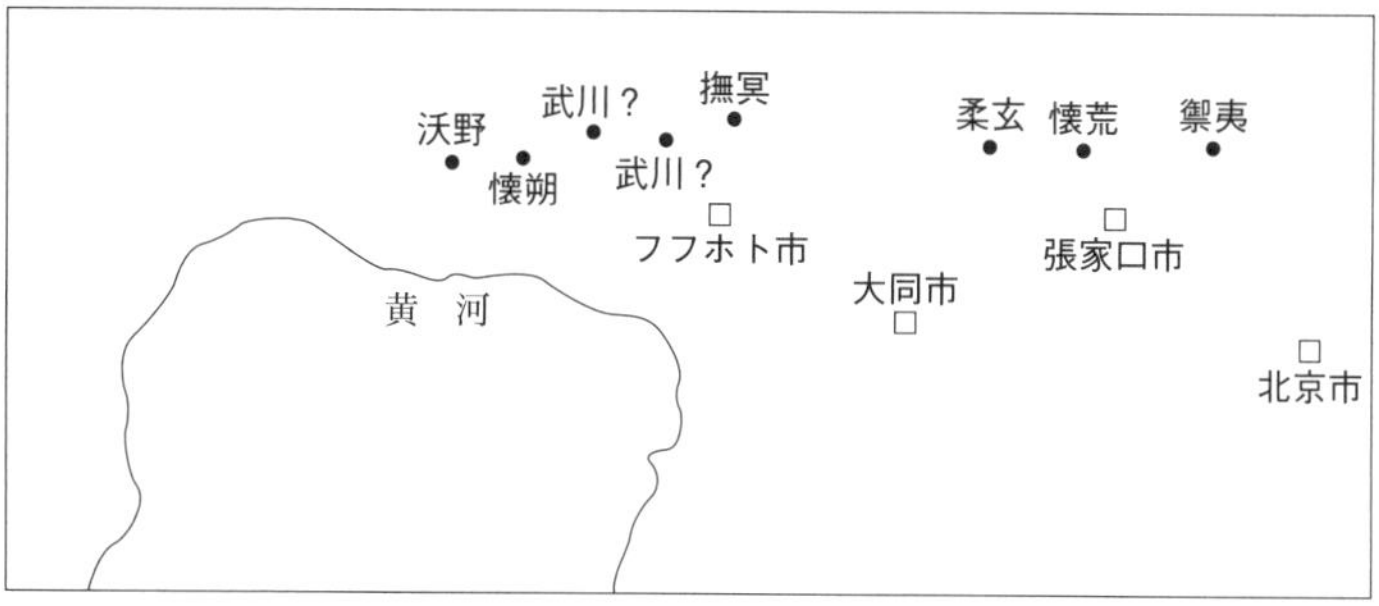

［図二六］六鎮配置図
（佐川英治「北魏六鎮史研究」『中国中古史研究』五、中西書局、二〇一五年所載の図により作成）

［図二七］克里孟古城（柔玄鎮説もある）付近の光景

郡太守が行うから、鎮将の任務は軍事に限定されることになる。刺史と鎮将は同一人が兼任することが多いが、別の人物が任命されることもある。この型の鎮の配置をみると、東北の和竜鎮《わりゅう》（営州）、北の雲中鎮《うんちゅう》（朔州）を除くと、北辺は少なく、長安鎮（雍州）、虎牢鎮《ころう》（洛陽の東の守りとされる、北予州）、懸瓠鎮（予州）、仇池鎮《きゅうち》（梁州）など、華北支配の拠点もしくは対南朝前線に置かれることが多い。涼州鎮《りょうしゅう》（涼州）は五胡諸国のひとつ北涼の都であった姑臧《こぞう》に置かれており、西域方面に対処する重要拠点であった。この型の鎮は、多くが孝文帝の時期、遷都以前に廃止されて州による統治に一本化されている。残りは廃止時期が明確ではないが、太和年間の廃止ということは確認できる。ただ、五胡の国であった夏の都に置かれた統万鎮《とうまん》には、太和一一年に夏州が置かれ、その後鎮と州の併置状況がみられる。併置ではあるが、他の併置事例とは状況が異なり、むしろ鎮単独の事例に性格が近いようである。

　このほか、第三の型として、一定の領域の土地と人民を統治しているが、州郡の長官ではなく鎮将が任命されている事例がかなりある。形としては第一の型に類似しているが、こちらの場合は華北の州郡の間に置かれた鎮である。また、これらの鎮は、孝文帝の遷都以前に州または郡に改編されている。つまり第一の型と第二の型の中間的なあり方といえる。

　鎮に関しては、第一の型が孝文帝の改革後も残るのに対して、第二、第三の型が多く孝文帝の改革以前に廃止されて、州や郡に改められていることが注目される。このことは北魏において初期に強くみられた軍事的な支配という側面が次第に弱められ、中華帝国伝統の地方統治体制に切り替えられていく——それでも鎮が残されているから軍事支配の側面は残る——ことを示していると考えられるのである。第一の型が維持されたのは、北や北西の遊牧国家との前線は、軍事色を中心とした体制が採られる必要があったからであろう。六鎮の目的については様々な意見があり、特に佐川英治氏は、太武帝期に大量に獲得した高車族の人々を安置することを主任務とするという見解を示していて注目されるが、同氏も六鎮が対柔然《じゅうぜん》防衛の任務をも担っていたことは認めている。北の柔然の脅威に備えては、毎年秋から冬にかけて平城から中央軍が動員されて、六鎮の軍とともに防衛に当たった。ところが、洛陽遷都後はこの方式の維持は困難となる。そのため遷都後の六鎮は対柔然防衛施設としての性格が強まる、と佐川氏はいう。

なお、華北統一戦争が終了した後も、州の数は増え続ける。その一因には、淮北《わいほく》など対南朝国境の変動、あるいは鎮の州への改編があるが、州の細分化傾向も要因に挙げられよう。特に北魏末の内乱期から北朝末までに著しく増加した州には、属する郡数が一〜三郡のものが少なからず含まれていて、郡設置状況の明確でないものもまた少なくない。州の数の増加は南朝領域でもみられた。このような状況が、隋の統一後の郡の廃止、州県制の採用につながるのである。

二――鎮軍と州軍への「代人」の分出

鎮に所属したのは、どのような人々であったのだろうか。北魏末に六鎮の乱が発生したとき、一部の中央の官僚は鎮の変質が原因であると認識して対策を講じようとしたが、その彼らが、鎮設置段階で爪牙《そうが》として配置したとしているのは、「中原《ちゅうげん》強宗の子弟」あるいは「国の肺腑《はいふ》（根幹となる存在）」である（『北斉書』魏蘭根《ぎらんこん》伝）。後者はもちろん鮮卑族を中心とする「代人」である。部族解散後、畿内の地域に居住して北魏基幹の軍事力を担った者たちの一部が鎮に派遣されたのであり、鎮が北魏において占めた位置の大きさからみれば、彼らの鎮配置は当然の措置であった。また鎮に所属していたことが明確な人々の姓名をみれば、彼らが「代人」の一族であることを確認できる。

そして「中原強宗の子弟」とは漢族を指すのであろう。大きな勢力ある一族であって実際に鎮民であった隋の帝室の祖先弘農楊氏《こうのうよう》、唐の帝室の祖先隴西李氏《ろうせいり》は、それを明白に示すとされるが、後述するように近年では両氏を鮮卑系と考える説が有力となっているから、それは根拠となりにくい。他方、北魏に征服された南朝北部の人々や、五胡諸国で北魏に征服された人々（たとえば北涼の遺民が鎮に配された）も鎮民とされている。とはいえ、北魏統治の根幹を占める「代人」が派遣されるのであれば、中原の強宗（大きな勢力のある家）つまり漢人豪族が、強制によるであろうが、鎮に配置されたとして不思議ではない。

そのほか、鎮には高車族など、部族解散を受けなかった諸族、あるいはゆるやかな形の部族解散を受けた諸族が、大小の部族組織を保ったまま、所属していた(西方の鎮では、氐族や羌族の人々も鎮に所属した)。彼らは牧畜を中心として生活し、必要に応じて兵士として動員されたと想定される。そして部族組織のリーダーは、鎮内部の軍組織や行政組織において、相応の地位を得ていた。

さらに、文成帝以後は、国内の死罪の人が、死刑の代わりに鎮に配属されている。おそらくは中原から移された漢族やこれら「流刑」人が中心的に担当したであろうが、鎮では農業生産も行われている。

このように鎮に所属する人々は多様であった。鎮は州や郡に改められるから、その領域は広い。当然鎮に所属する人々は多様となるであろう。ではあるが、辺境・国境地域の軍事的支配を担う鎮にあって、北魏軍事力の根幹を担っていた人々が主力として配置されていたことを忘れてはならない。

一方、州にも軍が存在した(州軍)。狭い領域のときはともかく、常に中央軍が出動するというかたちは不合理である。その結果、軍事行動が必要な場合、まず当該地方の州軍や鎮軍が対処し、それではおさまらない場合に中央軍が派遣されるという中央軍と地方軍の分業体制が組まれることとなる。州の軍や鎮の軍の整備は必然の措置であったが、それらの軍には、中核としての

「代人」の存在が欠かせなかった。州軍には「代人」もしくはその子孫と思われる人々を確認することができる。おそらく彼らが州軍の中核部分となっていたであろうと想定される。

先述したように畿内の「代人」は、八部（八国）に分けられていたが、彼らは次々と新設される鎮そして州軍に移されていく。人口増加があったはずであるから、鎮や州軍に移動した人々の分だけ「代人」の人数が減るわけではないが、八部所属の人数は減少せざるをえなかったであろう。「六部」、そして「四部」という語にその減少の実態が反映されているとする説が行われている。もっとも、六部は明元帝の時期にみえ、四部は太武帝のときの記録にみえるが、必ずしも八部の人口減少によるものではないという見解もある。

ただし、州軍において「代人」の数が他を圧して多いなどということはなかったようで、征服された諸族の兵士も州軍の重要な一翼を担っていた。そしてそれでも不足する兵力は、漢族を徴兵して補うようになる。

なお、鎮に移された人々はそれぞれの鎮に代々居住し、そこに戸籍が置かれたようである（鎮民）。州軍に配置された人々は、州の中核の都市つまり城に居住し、「城民《じょうみん》」と称された。

州刺史のもつ軍事指揮権について付言しておきたい。州軍の指揮は刺史が執るのであるが、その指揮権は刺史が同時に帯びる「都督〜諸軍事」という都督号によって示される。〜に示される箇所に記される地域（多くは州）に対する軍事指揮権付与を意味するのであるが、北魏の場合、通常はその（州）数は多くない。多くて三州どまりで、むしろ一州にとどまることの方が多い。五州以上の場合はごく稀で、特殊例に属する。反乱や侵入という事態が発生すると、当該する州の刺史が都督下の州軍を率いて対処するが、それではおさまらないとなると、詔によって中央軍が派遣される。この場合は州の都督ではなく、征討都督（中央から派出される征討軍を指揮する都督）の位置づけとなる。もっとも、征討都督の場合でも中央派遣の軍団そのものの規模は必ずしも大きくはなくて、征討都督の指揮に従う隣接諸州の軍が加わることが少なくなかった。これは東晋南朝において多数の州にまたがる都督が多くみられることと際だって大きな相違をなしている。北魏は、地方に対する中央の統制の確保を目指してこのような制度を採用したと考えられるのである。

その都督であるが、後述する北魏末の内乱期以降は、より小規模な部隊を指揮する都督が多種出現する一方、行台《こうだい》という組織が多くみられるようになる。長官は、「尚書左僕射を兼ねて行台となる」という任命形式が示すように、中央の尚書省の支部的な位置づけであって、民政権を有するとともに、軍権をももった。この行台が大きな領域をカバーするようになって、州を単位とする都督制は実質性を失っていく。また西魏・北周では一州のみのものもあるが、多くは複数州にまたがる軍事権を付与された総管《そうかん》が置かれ、総管は刺史を兼任した。かくして刺史の州軍指揮権は失われていくのであるが、隋になると、総管制も廃止されて、地方の軍権は中央政府に回収される。

三――文成帝と献文帝

以上は、太武帝の華北統一以降、一部は孝文帝改革後の時期をも含んだ変化を述べた。本節では、まず太武帝末年からの政治状況を簡単に述べておこう。

太武帝の治世も終わりに近い太平真君一一年(四五〇)、崔浩《さいこう》が族誅《ぞくちゅう》(一定範囲の近親の誅殺)された翌月に、南朝宋が大規模な攻撃を仕掛けてくる。これに対して太武帝は、親征して宋軍を大破したのみならず、追撃して年末には長江北岸にまで至った。ただし、この場合は北魏領土の拡大という形にはしないで北魏軍は撤退している。

ところが翌四五一年、皇太子拓跋晃《こう》が死去する。『魏書』は憂死、すなわち太武帝の怒りを気に病んでの死去と伝える(閹官《えんかん》・宗愛《そうあい》伝)。しかし実際は違っていたようである。延和元年(四三二)に皇太子に立てられた拓跋晃は、四四三年に監国《かんこく》の地位を与えられる。このときの監国は皇帝との間に役割分担があって、大権を握る皇帝のもと、行政を担当した。この体制が長期にわたると、皇太子が率いる東宮系の官僚と太武帝の周囲の官僚との対立、ひいては皇太子と皇帝の対立を生じやすい。その結果、皇太子一派が太武帝暗殺を謀り、失敗して殺されたと理解されるのである。明元帝と太武帝の二代にわたって設置された皇太子による監国制度はこれ以後みられなくなる。北魏の監国制度は皇帝位の順調な継承を期待して設けられたのであるが、長期にわたるとそれは二重権力に近づき、皇帝権力に対する阻害要因となったのである。

そしてそれに続いて四五二年、監国する皇太子と政治的に対立していた宗愛という宦官《かんがん》が太武帝を殺すというさらに大きな事件が起こる。二月のことである。有力官僚の中には当時存命の太武帝皇子のうち年長の東平王拓跋翰《かん》を立てようとする動きがあったが、宗愛はそれを粉砕し、東平王を殺してその弟の南安王拓跋余を皇帝に擁立する。ところが宗愛は、一〇月にはその南安王をも殺してしまう。つまり、一年足らずではあるが、『魏書』が皇帝としての即位を認めない（従って皇帝としての諡《おくりな》もない）人物が、北魏を統治し、承平（『魏書』は永平とするが、『資治通鑑』に従う）という年号を立て、官僚たちもそれに従っていたわけである。これをみると、北魏の嫡長子相続制のシステムはまだ定着までには至っていなかったようではある。

しかし、南安王殺害を承けて一部の官僚たちが宗愛を殺し、亡くなった皇太子拓跋晃の長男を皇帝に迎える。第五代文成帝拓跋濬《しゅん》である（『魏書』は皇帝として認めない南安王であるが、実際に皇帝として存在していたので、本書では彼を第四代皇帝として数える）。なお、拓跋晃は景穆《けいぼく》帝（廟号は恭宗）と追尊され、その子供たちは皇子の扱いを受けて王に封じられる。文成帝の時期には、即位直後に仏教を復興させた以外には取り立てて大きな政治的事件はない。

四六五年に文成帝が死去すると、その長男が数え歳で一二歳で即位する。第六代献文帝拓跋弘である。即位当初は献文帝を擁して乙渾《いっこん》という人物（五六頁既出、胡族）が政治の実権を握っていたが、一年足らずで、文成帝の皇后であった文明太后がクーデターによって乙渾を打倒し、臨朝称制する。ただし、このときの称制は短期間で終わる。称制の翌年に献文帝に長子拓跋宏《こう》、のちの孝文帝が生まれると、文明太后はその養育に専念するとして称制をやめたからである。

しかし、文明太后が孝文帝養育にのみ専念していたとは思えない。高級官僚たちの構成には太后称制時期と大きな変動はないので、一二歳で即位していた献文帝は、太后派の影響を受けざるをえなかったであろう。しかも、文明太后は、三歳の拓跋宏を皇太子に立てるように献文帝に強制し、さらにその皇太子への譲位を迫る。

対する献文帝も反撃を試み、文明太后の寵愛する李奕《りえき》とその一族を誅滅する。さらに献文帝は、譲位こそ受け入れるが、皇太子にではなく、叔父の京兆王《けいちょうおう》拓跋子推《しすい》(景穆帝の子)に譲ろうとした。これは実現せず、結局四七一年に満五歳直前の孝文帝が即位する。退位した献文帝は太上《たいじょう》皇帝として、重要な国政を覧《み》ることになるのであるが、これは、太后派との政治的妥協による。

太上皇帝となった献文帝は対外戦争には自ら軍を率いて何度も出征するなど活躍しているが、承明《しょうめい》元年(四七六)、二三歳の若さで急死した。文明太后の差し金による暗殺とみられている。そして文明太后が再度の臨朝称制を行うのであるが、そのはじめの四年ほどは官僚の異動が激しく、高い地位にある官僚が多数殺されている。これはおそらくは文明太后が自らの権力を確固としたものにするために採った措置であり、それが一段落すると、四九〇年まで続く文明太后の称制時期、北魏の政治は安定する。

献文帝期における大きな動きとしては、南朝統治下にあった広大な地域が北魏領となったことが挙げられる。きっかけは南朝宋の内乱であった。宋の明帝が悪逆の行為で知られた前皇帝（東昏《とうこん》侯《こう》）を廃して即位したとき、その甥にあたる晋安《しんあん》王劉子《りゅうし》勛《くん》が皇帝を自称して四六五年末に挙兵し、それに北魏との国境地帯にいる宋の州刺史たちが呼応したのである。翌年にかけての反乱の過程で刺史たちは北魏に降伏を申し出、献文帝が即位したばかりの北魏が援軍を送ると宋に復帰、それを北魏軍が攻撃するなど、局面は複雑化したが、最終的には淮水の北（淮北《わいほく》）にあった宋の諸州

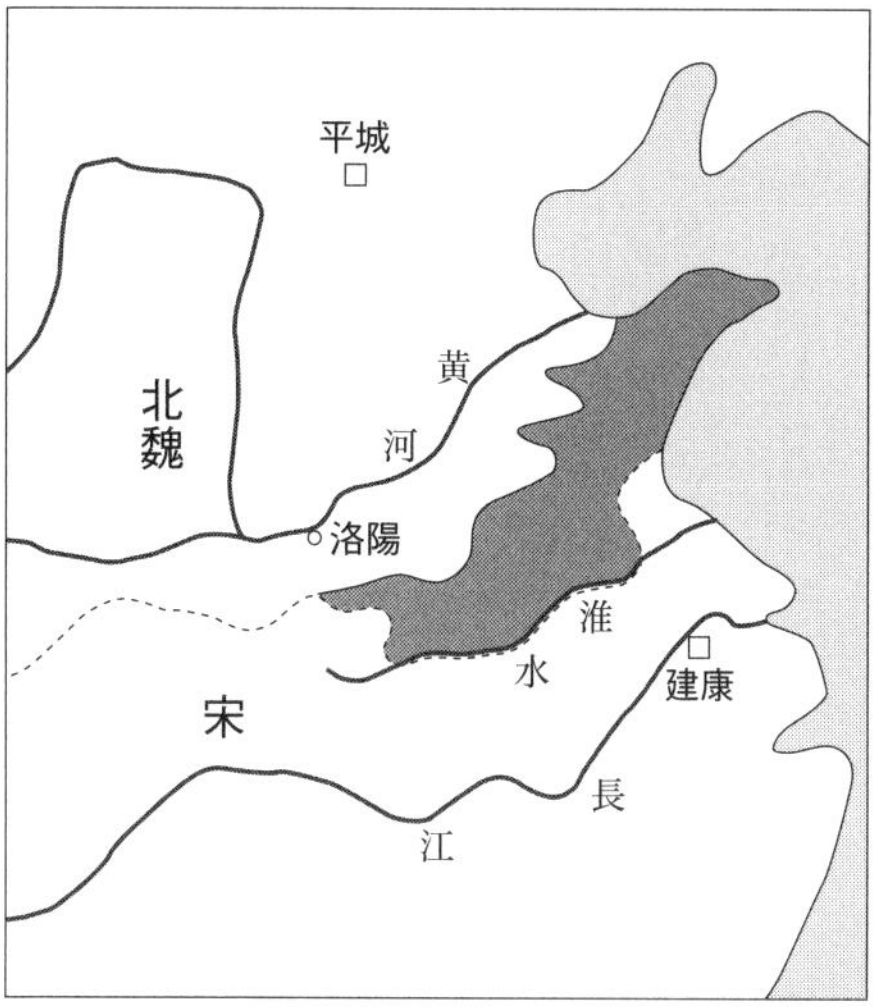

［図二八］北魏の新領土
（譚其驤主編『中国歴史地図集　東晋十六国・南北朝時期』宋魏時期全図と斉魏時期全図に基づき作成）

が北魏の所有となった。山東半島の地域（古来の地域名は斉）もこのとき北魏領に入っている（［図二八］の濃い網掛け箇所が該当する）。諸州の刺史やその属僚などを中心に、このとき北魏に抵抗した人々は遠く畿内の地に移住させられ、劣悪な環境に置かれた。彼らを平斉民《へいせいみん》という。ただし、平斉民からも後に官僚として活躍し、列伝に名を残す人々が生まれている。領土の拡大のみならず、大きな人的資源をも北魏は獲得したわけである。

四――文明太后称制期

文成帝南巡碑（五四頁）の碑陰の第一列、第二列に記載された高級官僚をみると、多くは胡族であるが、漢族と思われる者も十余名が名を連ねる。もっとも漢族といっても、北魏では宦官が朝廷の政治に関わる官職に就くことができたことを反映して宦官が少なくとも五名いる。また北魏の場合、外戚が王に封じられたり、高い政治的地位を与えられることが多かったのであるが、当時の外戚常氏（二〇七頁参照）の一族の名もみえる。これらは漢族といっても特殊例といえるが、それ以外にも『魏書』で名前を確認できる数名の漢族がいる。崔浩の族誅により、漢族官僚は大きな打撃を受けたが、漢族官僚は北魏政界で、地方では州の刺史や鎮都大将など、中央では太和後令で三品程度の官職までは占めることができたのである。だが、崔浩のように国政の大事に関与できる人物はしばらくは現れなかった。

そのような状況に変化が生じる。文明太后が第一次の臨朝称制を行ったとき、高允《こういん》と高閭《こうりょ》という人物が禁中に入って「大政に参決した」のである（高閭伝）。高閭は参決したとされる時点では中書侍郎《じろう》（後令で従四品上）という地位にすぎない。大政にどこまで関与しえたのか問題なしとしないが、少なくとも禁中に入って意見を述べることができたことは間違いなく、その後も献文帝に引見されて政治論議に加わり、孝文帝が即位して六年経った段階では高允に代わって中書令《ちゅうしょれい》(後令で正三品)となり機密に与った。高允は、崔浩が誅殺されたとき、ともに歴史編纂の任にあたっており、罪に問われそうになったが、皇太子(景穆帝)のとりなしで、処刑は免れた。しかし、四三一年にともに徴召された他の人々の官職が上がるのに、彼の本官は二七年間も中書侍郎のままであったという。その高允であるが、文成帝のときになると中書令の地位を得ていた。四五七年の頃と推定される。献文帝が譲位した段階ではさらに上位の中書監《ちゅうしょかん》(後令で従二品)に遷《うつ》っている。また文成帝南巡碑にその名がみえる李訢《りきん》は、献文帝に寵愛されて「軍国の大議に参決」し、また官僚の人事を扱ったので、その権力は大きく、官僚たちは彼のいうがままになったという(李訢伝)。高允らも与った「参決」という語の示す範囲はあいまいであるが、高度の政治的決定になにがしかの関与を認められたことは疑えないだろう。なお李訢は献文帝が死去した直後、司空《しくう》という三公の官職を得ているが、これは彼の実権を奪うための措置であったらしく、間もなく文明太后との仲が悪いことを知る人物の讒言により誅殺されている。

このようにみれば、献文帝即位の頃、つまり文明太后の第一次臨朝称制の頃から、漢族が政治の中枢部分に進出し始めていたといえるであろう。もちろん、そのような状況が急に生まれるわけではなく、太后の夫である文成帝の時期にもそれに向けての兆しはあった。

それに関連するかと思われる面白い事実がある。北魏の皇后の出身である。皇位継承者となった皇子の生母は殺されるけれども、その皇子が即位すると、生前には得られていなかった皇后の号を贈られる。従って北魏の皇帝には、正規に立后された女性と、(即位した自分の子の生母ということで)皇后の位を贈られた女性と、複数の皇后がいるのが普通だが、ここで述べるのは、生前に皇后であった者たちである。道武帝の場合は、後燕の皇帝慕容宝《ぼようほう》のむすめであった。明元帝の皇后は、立后に際しての北魏独特の関門である青銅の人物像の鋳造がうまくいかず、それが理由で正式の皇后には立てられなかったが、皇后としての礼遇を受けた。後秦の皇帝姚興《ようこう》のむすめである。太武帝皇后は夏国皇帝赫連勃勃《かくれんぼつぼつ》のむすめ。つまり北魏初期の三代はいずれも五胡諸国の皇帝のむすめを皇后としている。文成帝の皇后である文明太后は、これも五胡諸国のひとつ北燕の皇帝の孫むすめであるが、漢族とされる。献文帝には正皇后は立てられず、孝文帝の場合は文明太后の姪ふたりが前後して皇后となったから、皇帝の血を引かない、漢族の女性の皇后は、やっと第八代宣武帝のときに実現する(ただし、最初の皇后は胡族)。つまり、文明太后は五胡の君主の血を引くものの、漢族である点で、北魏立后の転換の時期に当たっているわけである。もっとも北燕の皇帝となった馮氏の場合、鮮卑族との混血が進んでいた可能性があり、かつ生活習慣も鮮卑化していたとされるから、漢族とみなしてよいかどうか、難しいところではある。

　漢族が政治世界で次第に存在感を増していくに伴い、「代人」との通婚関係もみられるようになる。内入諸姓に属する歩六孤氏《ほりくこ》(改姓後は陸氏)の一族に、文成帝の和平六年(四六五)に死去した陸麗という人物(五六頁に既出)がいる。彼の妻はふたりおり、ひとりは杜《と》氏で陸定国を生み、ひとりは張氏で陸叡《えい》を生んだ。ふたりとも漢族である。もっとも張氏は皇太子であった拓跋晃の宮人《きゅうじん》

（宮廷に仕える女性）であって陸麗に賜わったのであるから、通常の婚姻とは異なるところがあるが、杜氏についてはそのような記述はない。張氏の生んだ陸叡が博陵《はくりょう》の崔鑒《さいかん》のむすめを妻に迎えたいと希望したとき、崔鑒は「陸叡は才能の点では悪くないが、その姓名が複数の漢字でできているのが残念だ」と述べたという（陸叡伝）。これは改姓前の陸氏は歩六孤という三字姓（名も三字）であることをいっている。博陵崔氏は「四姓」に数えられる清河《せいが》崔《さい》氏には及ばないが、名族として知られる。その崔鑒がぼやきながらも陸叡の求めに応じている。陸叡は父が死んだときには十余歳であった。一般にこのころの鮮卑族の結婚年齢は早かったようであるが、仮に二〇歳での結婚だったとしても、それは孝文帝が即位してそれほど経たない頃のこととなる。また腹違いの兄である陸定国も、「四姓」のひとつの范陽の盧氏、その前には「四姓」には含まれないが名族として知られた河東《かとう》の柳《りゅう》氏を妻に迎えている。なお、陸叡の誕生は文成帝の初め頃と計算される。父陸麗が漢族の女性を娶ったのは太武帝の末年に遡る可能性がある。

もっとも、元氏すなわち拓跋氏が孝文帝即位以前に漢族女性を娶った事例は、列伝や墓誌でみる限り、後宮を除けば数例にとどまる。皇帝のむすめが漢族に嫁した事例も、南朝の皇帝の血筋を引く人物が亡命してきたときと、外戚に限られる。列伝の記載にはバラツキがあるし、墓誌も遷都以後のものがほとんどであるから、胡漢通婚の事例は実際はもっと多かったと想定はできるが、それでも、遷都以前にはそれほど多くはなかったと考えてよいようである。

このような状況は、姓族分定に連動して、孝文帝が弟六人のために妃を選び、漢族と代人との通婚を奨励したことで大きく変化する。六人の王妃は、六五頁で述べたように「四姓」に属する三名、「四姓」に次ぐ位置にある二名、それと「代人」一名という構成であった。また孝文帝は自分の後宮に太原《たいげん》王氏、范陽盧《はんようろ》氏、清河崔氏、滎陽鄭《けいようてい》氏の「四姓」に属する女性と隴西李氏のむすめを入れている（『資治通鑑』巻一四〇）。漢族との通婚とともに、家格を同じくする婚姻を奨励しているのである。そしてこの後は、「代人」と漢族の通婚事例を非常に多く検出することができる。

以上述べたことからすると、陸氏すなわち歩六孤氏の漢族との婚姻は特別な事例かもしれないし、一族の中で連続して漢族と通婚する陸氏のような事例は現在のところ他には確認できないにせよ、孝文帝の改革に先立つ頃から漢族との婚姻を行う状況がみられるようになっていて、陸氏はそのような動きの先頭に立っていたといえるのではないか。

婚姻とともに注目したいのは、「代人」が中華帝国伝統の知識を身につけるようになっていくことである。ただし、またもや事例は陸氏となる。先に名が出た陸麗は学問を好み、そのつきあう相手はいずれも篤実の行いで知られた人。至って孝心があつく、父の喪に服したときには儒教的儀礼が求める程度よりはるかに痩せこけた、という。漢族の知識人に対するのと同じような表現が用いられている。つまり、彼は儒教を学び、その求める実践をやり遂げたのである。北魏は道武帝のときに国子学を設け、明元帝時代に中書学《ちゅうしょがく》と改称して、よい家柄の子弟や大官の子弟を教育したが、そこで学んだことが確認できる人物はほとんどすべてが漢族である。例外といえるのが陸麗の甥の陸凱《がい》ともうひとり（西秦の禿髪氏の子孫である源賀）であり、孝文帝の改革以前に中書学生であった。これからすれば、ほかの胡族には中国伝統の知識を身につけた事例はないのではと思われるかもしれない。しかし、孝文帝の叔父の世代にあたる任城王元澄の事例をみると、そうではないことがわかるであろう。その伝に若くして学を好んだとある彼は、孝文帝の信頼が厚く、しばしば議論を闘わせているが、その際には中国の古典を縦横に引用している。また孝文帝との間に詩の応酬も行った。平城に皇宗学《こうそうがく》という教育機関があって、名称からして宗室の子弟に対する教育が行われていたと思われるが、任城王は「また昔恒代に在って親しく皇宗に習う」と述べていて、ここで学んだようである。皇宗学には遷都前に孝文帝が行幸もしている。ここで学んだからであろうか、他にも高度の漢族の教養を身につける宗室がいた。孝文帝の弟の彭城王《ほうじょうおう》元勰《きょう》は、昼夜を問わず学問に励み、儒教の経典や歴史書を勉強し、文章が上手だったという。同年に亡くなった父と母の死を理解できるようになった段階で喪に服する（追服）ことを求め、文明太后の許可は得られなかったが、三年間痩せこけて、吉事には参加しなかった（彭城王伝）。彼もまた儒教の求める三年の喪の実質をやり遂げたことになる。また孝文帝自身の教養レベルが半端なものではないことは、任城王とのやりとりで判明するが、帝は、詔勅も自分で書いたという。詔勅の文章は、中国の古典の知識が深くなければとても書けたものではない。また孝文帝は文明太后の兄馮熙《ふうき》の墓誌銘を書いたという（四四頁参照）。三百余字とそれほど長文ではないが、整った墓誌銘であり、相当の教養がないと書けない文章である。

　孝文帝即位後の宗室や「代人」の中華帝国伝統知識習得の事例は数多い。それは孝文帝の漢化政策のもたらしたところが大きいであろうが、一朝にしてそれが達成できるものでもない。陸氏や任城王元澄らは特別の事例かもしれないが、次第に中国伝統の知識を身につける「代人」が出てくる状況があったことは否めないだろう。

［図二九］馮熙墓誌
（趙君平・趙文成編『秦晋予新出墓誌蒐佚』国家図書館出版社、二〇一二年）
馮熙墓誌は縦横ともに六二センチメートル。盗掘による出土である。馮熙は太和一九年一月に五八歳で平城で没し、彼に先立って死去していた妻の棺とともに洛陽に運ばれ、邙山に葬られた。後半六行が銘である。

五――均田制と三長制

文明太后の臨朝称制時期に、非常に大きな制度改革が行われた。太和九年(四八五)の均田制・租調《そちょう》制(均賦制)、および翌年の三長《さんちょう》制の採用である。またそれに先立つ四八四年に中央官僚、そして四八六年に地方官の俸禄制を定めている。この短い期間に相次いで施行された四つの新施策は相互に関連性をもっている。

官僚の俸禄制がこの時期に定められたというと、奇異に感じられるかもしれないが、北魏の官僚はこれ以前には俸禄を与えられていなかった。ではどうしたのかというと、よくわからないが官庁に関わる商人の活動があったとの説がある。何よりも、俸禄制をやめよという上奏に対する議の場で「もし俸禄が与えられないなら、貪悪の者は悪心をほしいままにするし、清なる者は自存できない」と反論されてそれが認められている(高閭伝)ように、民からの収奪が行われたようである。このようなやり方では統治の安定性を欠くから、官僚に俸禄を与えることになったのである。新たに俸禄制を施行するための財源として戸に対する税(戸調)が増額されている。

統治の安定という点に関係するが、征服戦争が完了して以後には、北魏政府の目がより強く農民に向けられるようになる。北魏の初期は先に述べたように、征服地の民を都平城の近辺に移し、人数に応じて土地を割りつけて農業に従事させた。これは征服戦争遂行のため、国都の周辺を充実することに重点が置かれたからであるが、華北全域が北魏の支配下に収められると、占領した地域からの税収入を安定的に確保することが、北魏政府にとって重要な課題となる。そのため民のあり方を再検討する必要をも強く感じるようになったのである。

また、これも前に述べたが、北魏が華北全域を統治するようになり、軍を各地に配備するようになると、広大な対南朝前線に多くの兵力をはりつけるようになった。淮水（淮河）以北を南朝宋から奪取して以降は、さらに兵力増強の必要は増している。その対南朝前線には、「代人」軍団や高車などの服属諸族の兵のほか、漢族の農民も徴兵され一年交代で赴いた。漢族の農民の生活がきちんと成り立つこと、そして彼らを戸籍につけてきちんと政府が把握できていることが、その前提として必要である。

ではそれまでの農民の状況はどうであったのか。長い五胡十六国の戦乱の時期を経てきた華北の農村は、豪族を中心とするまとまりができていた。豪族は、一族の団結を背景に、先進的な農業経営を行い、彼らの土地を耕作する小作人や奴《ど》（男奴隷）などを組織して武装し、さらに周辺の農民たちをも自らの周辺に結集させて、自衛力を高めて困難の時期を乗り切ろうとしてきた。有力な豪族の場合、一族の移住によってより広い範囲にまでもその影響力を及ぼすものも現れるが、五胡諸国はそれらの勢力を解体させるのではなく、中央・地方の官僚として、彼らの力を統治に利用したのであり、北魏もそれに倣う。ひとつの事例をみておこう。滎陽を本貫とする鄭氏は、その東南の淮水の北側の地まで一族が拡がり、大きな影響力をもつようになっていた。献文帝のとき、淮北の地が北魏領に入るが、帰降したもののなお不穏の様相を示す宋の州刺史配下の衆に対して、北魏軍の将領の参軍事（属僚）として従軍していた鄭羲《ぎ》が命ぜられて慰撫行為を行って、彼らの心を手中に収めた。もちろん、この地域における鄭氏の影響力の大きさを期待されての任務であり、それによる成功だったのである。

「代人」の人口数からすれば、末端の農村まで直接支配を及ぼすだけの力量はないのであるから、豪族に地方あるいは中央の官職を与えて、自分たちの統治組織の中に取り込むのはむしろ当然の選択であった。しかし、豪族の中には、影響下にある多くの農民たちを自分の戸の成員として抱え込み、それによって政府からかけられる租税や徭役を免れさせる者が少なくなかった。北魏前期では戸を単位に租税が賦課されたから、多数の戸を含んで上等戸に認定されていても一戸分の納入ですむのである。もちろん、抱え込まれた農民は、国からの負担は免れることができても、庇護してくれる豪族に対しての負担は免れえない。三長制を提案した李沖《りちゅう》の伝では、これを「民は多く隠匿され、五十・三十家で一戸としている」と表現している。このようなあり方は「宗《そう》主制《しゅせい》」と称される。

三長制では、宗主制を解体させ、五家を一隣《りん》に、五つの隣を一里《り》に、五つの里を一つの党に組織し、隣・里・党にはそれぞれ長を置くことにした。そしてこの三種の長（隣長・里長・党長）によって戸籍が作られ、徴税が行われることになったのである。三長には免役の特権があったが、上述以外にもある負担は重かったようである。なお、三長の名称と構成戸数にはその後変化があり、また西魏では二長制となる。

作成された戸籍に基づき、農民には土地が与えられる。太和九年の詔に「今、使者を遣わして州郡を循行《じゅんこう》し、牧守（刺史と太守）とともに天下の田を均給せしめ、還受は生死を以て断となす」とあるのが均田制の成立を告げる。その規定によると、一五歳以上の男子（丁男《ていだん》）には穀物を植え、収穫物を租として徴収するための土地（露田《ろでん》）が四〇畝《ぼ》（これを正田《せいでん》という）、婦人には露田二〇畝が与えられるが、当時は休耕農法が行われているため、男女とも正田と同額の露田（これを倍田《ばいでん》という）が支給される。婦人（既婚女性）とされているのは、後述する租税が一夫一婦を対象とすることに対応する。なお、畝《ほ》について説明すると、六尺四方の土地を一歩（唐以後は五尺四方）として二四〇歩の広さをいう。これらの土地は老年（七一歳以上）に至るか死亡すれば官に返す必要がある（受田と返還をあわせて還受という）。このほかに男子には桑五〇株・楡《にれ》三本・棗《なつめ》五本を植えるための土地（桑田《そうでん》）が二〇畝与えられるが、桑が育たない土地には麻を植えさせる土地（麻田《までん》）一〇畝を支給する。婦人には麻田五畝。桑田・麻田は調として帛《はく》（きぬ）や麻布を徴収するための土地である。桑田は死亡すれば官に還す必要があるが、麻田は死亡しても官に還す必要はない。つまり、男子はひとりあたり原則一〇〇畝（一頃《けい》）の土地が与えられるわけであり、そのほかに園宅地が三人に一畝の割合で与えられる。また奴婢や牛にも給田が行われているが、これは、この段階では支給する土地に余裕があったこともあり、豪族に配慮した故と考えられているが、当時の農業経営を記す『斉民要術《せいみんようじゅつ》』が描く中農層の行う経営に適合する施策とする考えもある。ちなみに奴婢は露田・桑田ともに男子と既婚女性の給田額に同じであり、牛には露田が正田・倍田とも三〇畝が給される。奴婢には五人に一畝の園宅地が与えられるが、牛には園宅地の給田はない。

土地を与えられた農民は、三長制のもと交代で兵役に従事するほか、夫婦で帛一匹（麻布の産地では麻布一匹。匹は布の幅が二尺二寸、長さ四丈をいう）と粟《ぞく》（籾付きの穀物）二石を納入する義務を負った。つまり夫婦が給田および負担の基本単位と想定されていたわけである。牛や奴婢への給田に対する負担もあるが、これは省略する。納入された租税は、中央送付分、地方経費分、官僚の給与分に分けられている。なお、軍事費が過重となったため、間もなく、綿《まわた》もしくは麻糸が付加税として徴収されるようになった。粟と総称される穀物であるが、アワやヒエ・キビといった雑穀中心であったようである。もっとも、当時の華北では豆や麦も栽培されていたし、一部の地では水稲作も行われていた。

均田制施行以前にはどのような税負担であったのか。農家の資産を査定して九等に分け、それによって徴収する仕組みであったが、平均すると一戸あたりで中央への送付分が帛二匹、絮《じょ》（まわた）二斤、絹糸一斤、粟二〇石であった。ただし、このほかに制度外の制度としての「雑調」が収取されている。増大する軍事費などを補填するためである。均田制施行後と較べると負担が重いようにみえるが、これは三長制施行以前の一戸の抱える人数が多かった故である。

唐では土地が口分田・永業田の区別になり、奴婢・耕牛に対する給田がなくなっているように、変化を経ているものの、均田制、租調制は、基本的な内容が唐代まで継承される重要な政策である。三長制やそれらの政策を立案したのは、李沖や李安世といった漢人官僚であった。李安世が均田制をはるか昔の周の時代に施行されていたと考えられていた井田法《せいでんほう》に関連づけて説明するなど、これらの制度は漢族の伝統、および漢代以来の政策を踏まえてはいるのであるが、上述したように、いずれも北魏の統治が直面した問題を解決する目的で立案、施行されたという側面が強いのである。

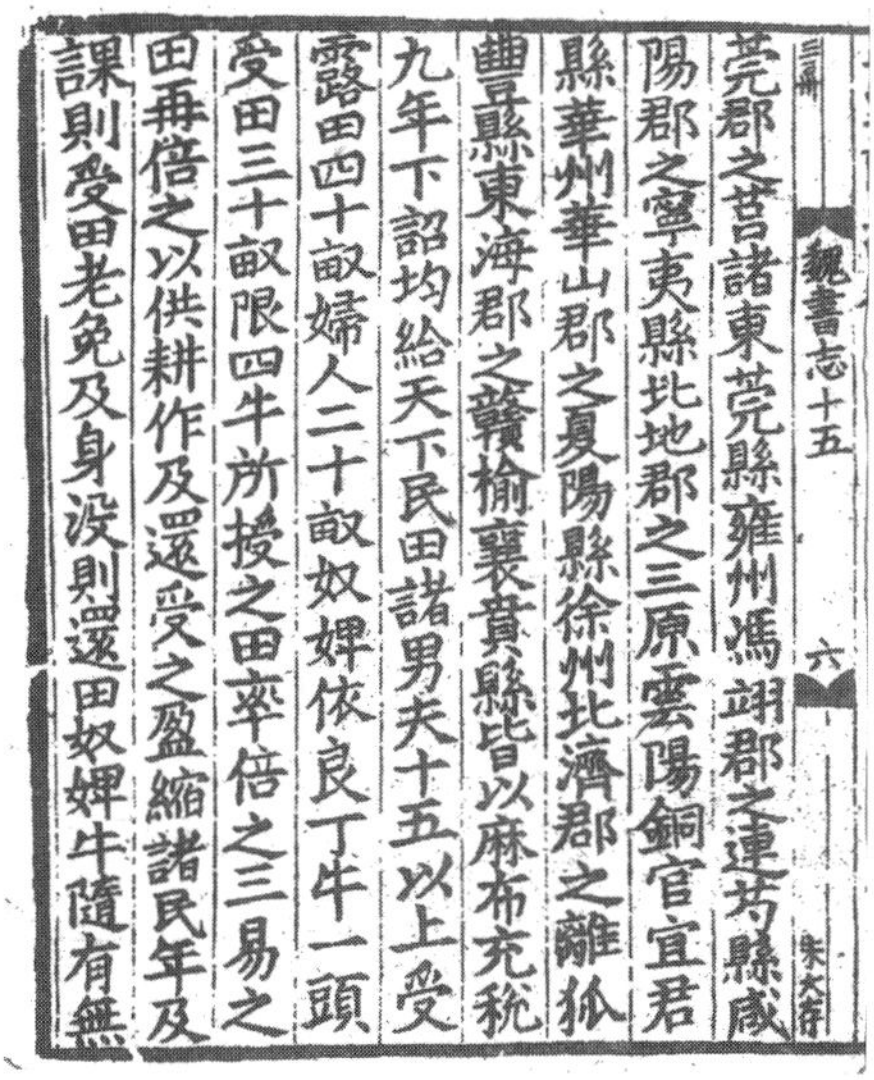
魏書志十五　六

莞郡之莒諸東莞縣雍州馮翊郡之蓮芍縣咸
陽郡之寧夷縣北地郡之三原雲陽銅官宜君
縣華州華山郡之夏陽縣徐州北濟郡之離狐
豐縣東海郡之贛榆襄賁縣皆以麻布充稅
九年下詔均給天下民田諸男夫十五以上受
露田四十畝婦人二十畝奴婢依良丁牛一頭
受田三十畝限四牛所授之田率倍之三易之
田再倍之以供耕作及還受之盈縮諸民年及
課則受田老免及身沒則還田奴婢牛隨有無

［図三〇］均田法を定めた史料（『魏書』食貨志）
蜀大字本と称される刊本を影印した『魏書』食貨志。第六葉の左頁五行目から均田制の記事が始まる。

三長制を公卿たちを招いての議論にかけたとき、紛糾した議論に決着をつけたのは、文明太后であった。「三長制を採用すれば、民に定まった基準で税を課し、決まった重さの負担を課すことができ、豪族に囲われていた戸を取り戻すことができ、万一のチャンスを狙う人はいなくなる。どうして三長がだめなのか？」（李沖伝）との太后の発言に、時代の問題をよく認識して、それに対処しようとした姿勢をみることができるように思われる。北魏は社会も為政者も変化しつつあったのである。

ところで、三長制の成立の要因として漢族からの徴兵の重要性を見いだしたのは佐川英治氏であり、本書もそれを取り入れた。佐川説を支持する渡辺信一郎氏は、北魏末・東魏の兵制に含まれる徴兵された漢族の兵士と三長制の連関について明らかにしている。やや細かくなるが説明しておこう。この段階では三長のうち、二五家であった里は二〇家の閭となっていたが、それに含まれる長は五名。残る一五名が一組を構成し、うち一人が徴兵され、残る一四名が相当分の絹を出して援助する。これを一五年繰り返すと全員が兵役を経験するという仕組みである。そしてこの方式は三長制創設とともに組み込まれたという。

佐川氏は、均田制も兵役の重要性に基づいて立案されたが、おそらく孝文帝の親政直後に女子に給田するなどの修正が加えられ、農業生産を重視した方向に向かうとする。本書はそこまでは踏み込まなかったが、佐川氏のように考えても、文成帝以後の北魏社会の変化の大きな流れに対する筆者の捉え方に変化は生じないであろう。

付言しておく。貨幣経済が浸透していた漢代と較べると、魏晋南北朝時代には現物経済が中心で、貨幣の占める位置は高くなかったとされる。それでも五胡の国の中には貨幣鋳造の記録がみられるし、記録にはないものの複数の貨幣の遺物も出土している。北魏の場合、均田制施行段階までは貨幣鋳造を行わなかったものの、太和一九年(四九五)には太和五銖銭を鋳造し、永平三年(五一〇)、永安二年(五二九)にも銅銭を発行している。ただし、いずれも流通は限られていたとされる。他方、民間では地域独特の貨幣が流通していたし、先行した各王朝の貨幣も用いられていたようである。

六——仏教に現れた変化

文成帝期以後の変化は仏教政策にも現れる。仏教の中国伝来には諸説があるが、紀元前後に西域を経由して伝わったとしてよいであろう。一世紀後半には後漢の帝室にも信者が出たが、一般には浸透しなかったとみられる。だが外国人僧侶による布教と仏典翻訳は継続し、五胡十六国時代に涼州（甘粛省西部）に政権が誕生すると、その地が仏教の拠点となり、さらに中原にも浸透した。東晋ではインドへ求法《ぐほう》の旅に出た法顕《ほっけん》も出現している。五胡諸国の君主には仏教高僧を重用する者が少なからずおり、特に後趙の石勒《せきろく》と石虎《せきこ》が西域僧仏図澄《ぶっとちょう》（ブタチンガ）を、前秦の苻堅が道安《どうあん》（漢人）を、後秦の姚興《ようこう》が西域僧鳩摩羅什《くまらじゅう》（クマラジーヴァ）を尊崇したことはよく知られている。仏教は「胡」とされる西域（インドを含む）に誕生、しかも壮大な体系を伴った宗教であった。五胡諸族の支配者は一般に漢族の高い伝統文化に対してコンプレックスを感じていた故に、受容しやすく、劣等感解消にもつながる仏教を尊崇した、と考えられているが、それだけではなかったようである。以下本節の叙述は、佐藤智水氏の理解に沿うところが多い。

五胡の君主は高僧のもつ神異的な能力を利用しようとした。たとえば仏図澄は、「鬼神」を使役することができたとされ、石勒に夜襲を予言してその難を免れさせたとも記録されている。また高僧のもつ人心を取り込む力を統治に利用することも五胡の君主は考えていたようである。仏図澄の弟子であった道安は、後趙滅亡後東晋に入るが、襄陽《じょうよう》が陥落したときに前秦に迎えられる。もともと苻堅は「襄陽に道安がいる。彼は神器であり、迎えて朕の政治を助けさせよう」と言明していたとされる（『高僧伝』巻五）。一方高僧は、五胡君主に接近することが布教や仏典翻訳に寄与すると考えた。実際、仏図澄が建てた寺の数は八九三とされ（『高僧伝』巻九）、鳩摩羅什は姚興のもとで、訳経に従事している（『晋書』芸術伝）。

北魏も、初期には神秘的な力を発揮する高僧を尊重していた。道武帝は法果《ほうか》を招き、太武帝も北涼に求めた曇無《どんむ》讖《しん》引き渡しには成功しなかったが、夏国を滅ぼした段階で恵《え》始《し》を得て尊崇している。また、四月八日の釈迦誕生を祝う行事に、門楼に臨んで散華もしている。しかし、太武帝は、寇謙之《こうけんし》によって整備された道教新天師《しんてんし》道《どう》に自らが中国を支配する正統性の根拠を得る方向に転ずる。寇謙之は太武帝の信任厚い崔浩と結託するが、崔浩は中国王法の乱れは胡に生まれた仏教によってもたらされたという考えから、仏教に反発していた。両者の働きかけにより太武帝は新天師道を国教化し、道教的な太平真君の年号（四四〇〜四五一）を採用する。新天師道の教義による地上世界の支配者という装いを得たわけである。そして四四六年には仏教弾圧に踏み切る。弾圧を招いた要因はふたつある。ひとつは四四五年に陝西省中部から甘粛省東部にかけての広い地域にかけて居住する胡族が蓋呉《がいご》という人物（盧《ろ》水胡《すいこ》の人とされる）を中心に起こした大反乱であり、北魏は討伐に苦しんだ。もうひとつは、討伐に向かった太武帝が入った長安城内の寺院で武器が発見されたことである。寺院と蓋呉との連携と断じた太武帝は、崔浩の進言により、直接のきっかけとなった長安にある寺の僧侶を誅殺し、仏像を焼いたのみならず、全国に、僧侶をかくまうことを許さず、期限を過ぎても出て来ない場合には、僧侶本人を処刑するだけでなく、かくまった者の一門をも誅殺するという厳しい詔を発出したのである。

四五〇年に崔浩が誅殺され、四五二年に太武帝が殺されると状況は一変する。南安王拓跋余による統治という政治的混乱を経て、四五二年一〇月に第五代文成帝が即位すると、その一二月には仏教復興の詔が出されるのである。それによると、「仏教は我が国も常に尊んできた。しかし山や海の深い所には怪物がいるように、悪人が仏教に名を借りて、寺の中に凶悪人がいるようなことになった。太武帝はその悪人を調べ、誅殺したのだが、役人はその本来の旨を失ってすべての仏教を禁じてしまった」と、仏教弾圧を弁解している。故に仏教を復活させるという運びになるのであるが、しかし、それは以前のような仏教の復活ではなかった。寺院の建設は認めるが、多くの人が集まる所に一箇所と限定し、出家を許可する人数は大州で五〇人、小州で四〇人、都から遠隔の地にある郡は一〇人までに限っている。仏教は国家の統制下に置かれたのである。そして、師賢《しけん》を僧侶を統括する役割をもつ道人統《どうじんとう》に任命した。

さらに注目すべきことがある。次の道人統(沙《さ》門統《もんとう》と改称)曇曜《どんよう》の指導下に都平城の西約二〇キロメートルに雲崗《うんこう》の石窟の開鑿が始まったのであるが、そこには五座の大仏が彫られている。教科書などでおなじみの露座にみえる大仏はそのひとつであるが、これは元来は窟内に彫られていて、その前部が崩壊したものである。この五座の大仏は、道武帝以下の五帝（道武・明元・太武帝と即位前に死去した皇太子〈景穆帝〉、それと今上帝である文成帝）に似せて作られたとされている。これは北魏皇帝を仏教教義の中に位置づけようとした試みを示すのである。

また、復活後の仏教信仰は、大量の青銅製や石製の仏像、あるいは洞窟の壁に刻まれたレリーフの仏像を生み出した。これらには造像銘が刻されることが多いが、造像銘中には、通常「〜のために造像した」という句が含まれる。最も多いのが家族・祖先・一族に功徳が及ぶようにと

［図三一］雲崗の露座の大仏
雲崗石窟は東西一キロメートルの断崖に開かれ、大小五三窟が数えられるが、曇曜五窟はその第一六〜二〇窟を占め、図は第二〇窟。雲崗石窟は石質がもろく、この仏像も下半部の傷みが激しいが、堂々とした体躯と悠揚迫らざる容貌はよく保存されている。

いうものであるが、皇帝陛下のためにとかの鎮護国家を願う句も少なからず、北朝造像銘の四分の一から三分の一の割合でみられるという。この種の句が出現する率が高いのが、邑義《ゆうぎ》という、在家信徒の組織による造像であって、佐藤氏は、これは造像の主体となった人々が自ら選んだ文言ではなく、教団から派遣された教化僧が在家信徒集団を結成させ、造像供養を奨励する中で、このような文言を入れさせ、皇帝に奉仕する仏教信仰を培養したのだという。つまり仏に帰依するとともに、仏法を護持する皇帝支配をも受け入れようとする仏教教団の姿勢が色濃く刻印されていることになる。

邑義は地域的な、多く庶民階層が参加する集団である。長く続く戦乱の社会にあって、人々は仏教に救済を求めた。仏教が基層の社会にも広く浸透するようになっていた状況を皇帝による統治に結びつけようとする為政者サイドの志向に、教団も積極的に対応したのである。

南朝でも仏教は広く普及していた。梁の武帝はあつく仏教を信仰して自らを「三宝の奴《やつこ》」と称したのみならず、何度も仏寺に捨身《しやしん》し、そのたびに臣下は皇帝を買い戻したことで知られる。仏像として表現された北魏の皇帝とは正反対の姿であり、一見すれば君主にふさわしい行動とはとても思えず、事実、後世にも強く批判されるが、仏教を通して人々を統治に結びつけようとする効果が期待されていたとも考えることができる。そして、そのような篤信の天子の統治する梁に、南海諸国は仏教色の色濃い上表文を奉じて遣使してくる。もちろん交易を求めるのが真の目的である。これは梁に限らず、既に宋の時期にみられる現象であるが、仏教が国際関係の形をも規定する一要素になっているのである。

北魏に戻ろう。廃仏後におけるような仏教教団のあり方は、このときはじめて出現したわけではないようである。四三九年に北魏が北涼を滅ぼしたとき、三万余戸の人々が北魏の都平城に徙された。その中に、復活後の最初の道人統となった罽賓《けいひん》(カシミール地方)の王族出身の師賢、廃仏前に太武帝の皇太子(景穆帝)の師となった名僧玄高《げんこう》のほか曇曜も含まれていたと考えられている。北魏の仏教に多大の影響を与えたのは涼州仏教であるが、涼州仏教は、在家信徒が国主以下のために経塔を造るなど、国家宗教的な性格をもっていたとされる。平城に移植された涼州仏教がもともともっていた性格が、復活後の生き方を模索する仏教教団において重きをなし、雲崗石窟の巨大な五仏、そして皇帝崇拝を導いた可能性は十分に考えられるのである。

それはともあれ、仏教弾圧、仏教復活という過程を通じて、かつての高僧のもつ神異的な能力が重んぜられた仏教から、国家仏教へという大きな性格の変化があったことは、重視されるべきであろう。

なお、雲崗石窟に彫られた仏像で注目すべき変化が起こっていることにもふれねばならないだろう。仏像の纏う袈裟《けさ》の胸元が拡がり、袈裟の下に着けた両襟に紐がついた衣が表現される。これはインドや西域にはないものであり、いわば仏像の中国化といってもよい変化であるが、この着衣表現は中国式服制に基づいていて、変化の時期は孝文帝の服制改革の時期と重なる。このため雲崗における仏像の中国式服制の出現は孝文帝の改革に契機をもつ可能性を指摘する見解がある。また、北魏ではまだ数がごく限られるにせよ、遷都以後には仏教をあつく信仰したことを記す在家信者の墓誌も現れるようになってくる。

北魏における仏教の変化について述べてきたが、仏教の教学方面についても簡単に記しておこう。西域僧の多数の中国への来住により、仏典の漢訳が進むと、教学の深化は著しく、南北朝期には中国仏教の諸学派が競うような状況が生まれる。その中には浄土宗や禅宗も含まれている。浄土宗の祖師とされる曇鸞《どんらん》は北魏の人であり、達磨《だるま》から教えを受けて禅宗の第二祖となったと伝えられる慧可《えか》も北朝末から隋初にかけて活動している。

ところで、『魏書』は、他の正史にはみえない「釈老志《しゃくろうし》」という一巻を設けている。釈は仏教、老は道教を指し、この独特の扱いは、北魏における仏教と道教の果たした役割が非常に大きいものであったことによる。一部既にふれたが、ここで道教についてもあらためて述べておこう。

後漢末、華北の地で張角の太平道信者が起こした黄巾の乱より少し早く、張陵《ちょうりょう》を指導者として五斗米道《ごとべいどう》が活動を始める。太平道・五斗米道が道教教団の最初の姿である。五斗米道は漢中地方を中心に教勢を広め、教団組織がそのまま政治組織となる五斗米道王国を築く。約三〇年継続したこの政権は二一五年に曹操の攻撃を受け、三代目の教主張魯《ちょうろ》が降伏して王国は滅ぶが、信仰は東方に伝わる。天師道と称されるこの宗教は、東晋南朝でも教団組織を維持していたようであるが、神仙思想も根強くあってまとまりを欠き、教勢を強める仏教におされ気味であった。その中で宋の頃に陸修静、梁の頃に陶弘景が現れて、道教の体系化が行われていく。

一方、永嘉《えいか》の乱以後も華北に残った天師道信仰の中から、北魏になると、嵩山《すうざん》（洛陽の南）で修行した道士寇謙之が現れ、天神太上老君《たいじょうろうくん》から張陵以後空席となっている天師の位を授けられ、次いで太上老君の玄孫から北方泰平真君《たいへいしんくん》（太武帝を示している）を補佐せよと命じられたと主張して、太武帝の尊崇を得る。寇謙之の始めたこの宗教体系を新天師道というが、太武帝は年号を太平真君と改めるとともに、四四二年には新天師道の道壇に赴いて符籙《ふろく》（神秘的な内容を記した道教の文書）を受ける。この符籙によって中華の地を治める正統性が保証されると考えられたのである。胡族でありながら中華の地を統治する太武帝にとって、非常に魅力的な言説であった。

寇謙之は、そもそも仏教の影響を受けて自らの教説を立てたのであるが、廃仏を働きかけて実現に至らせる。しかし彼が四四八年に死に、その二年後に廃仏を勧めた崔浩、四年後に太武帝が続くと、仏教が以前に増す勢いで復活する。その仏教は皇帝による中国統治に寄り添うものに変貌していたが、それでも道教は、文成帝・献文帝がともに符籙を受けていることにみられるように、北魏皇帝による尊崇を続けて受けてはいる。

七――洛陽遷都のもつ意味

以上に述べてきたところからみてとれるのは、北魏は建国段階では鮮卑色が色濃かったのだが、華北統一後、次第に変化を示し始め、文明太后臨朝期には中華の地を統治する国家としての姿がかなり鮮明になったということである。そして孝文帝は親政後、この変化を劇的に促進させたわけである。その象徴が洛陽遷都であった。

洛陽とはどういう都市であるのか。前一一世紀に始まる周(西周)の時代に洛邑《らくゆう》が建設され、前八世紀からの春秋戦国時代には東周(遷都後の周)の都となったということはよく知られていようが、実は周の前の殷《いん》王朝の最初の都として有力な遺跡は洛陽のすぐ東の偃師《えんし》県にあるし、同じ偃師県には殷に先立つ時代の二里頭《にりとう》遺跡があって、夏《か》王朝の都と推定する見解が有力になってきている。東周の後では後漢および三国魏・西晋と連続する王朝の都となり、五胡十六国時代や北魏分裂後のように華北の東と西に強大な勢力が対立したときには、両勢力の中間に位置するので、角逐の場となって都は置かれなかったにせよ、洛陽自体のもつ重要性は失われず、隋・唐では長安に次ぐ副都であった。中国の経済の中心が長江下流域の地域に移ると洛陽の重要性は失われるが、それまでは「土中《どちゅう》」=中華の地の真ん中と認識された。中華の中の中華だったのである。

孝文帝は本気で中華の皇帝となろうとしたと筆者は考える。北魏が建国されて約一〇〇年、華北を統一してからが約五〇年。ここまでは中華の地の半ばの統治に成功してきたが、胡族色の強い体制では対応しきれない状況が生まれつつある。そう判断した孝文帝は、親政を始めると積極的に真実の中華の地の皇帝であることを志向したのであろう。政治の制度を変え、儀礼も変える、漢族と胡族の差別をなくし、中華の辺境の地ではなく、中華の地の真ん中に都を建設する必要がある、と。

序章第一節で、鮮卑系を中心とする人々の反対論に拘わらず孝文帝は何故洛陽遷都を強行したか、という問題を提出しておいた。その答えをここで出しておきたい。

北魏が華北を統一し、淮北まで領域を拡大しえたのは、強力な軍事力によるのであって、故にそれを支える「代人」、なかんずくその上層部の力は強大であった。彼らは軍事行動の指揮官あるいは高位の官僚として存在し、孝文帝改革以前においては中央の要職の過半は彼ら胡族が占めていた。反面彼らは皇帝権力をも制約することができる存在でもあったのであり、かつ保守的であって、改革には否定的である。「代人」を「代の地」から移動させることは、彼らによる圧力からの全き解放とはいえないまでも、圧力の度合いは減少するであろう。遷都の範囲に含まれない代周辺の胡族の存在も同様に考えることができよう。洛陽遷都に関しては様々な理由が説かれているが、矢継ぎ早に施行される制度や儀礼の改革が「代人」一般、とりわけその上層部の不満を買っていたことは間違いなく、陰に陽に彼らの抵抗を受けていたので、その状況を打破するために遷都が選択されたという指摘は妥当であると考えられる。

また平城と洛陽が占める「位置」の問題も重要である。本書冒頭に記した洛陽遷都劇直後の太和一七年(四九三)一〇月に孝文帝は大赦令を発するが、その詔は、道武帝が国号を魏と改めたにも拘わらず「その地は寒沢《かんたく》」と都平城を表現し、豊かな地ではなく、上古の帝王が捨て、殷・周が顧みなかった所で、「礼譲が興ることのない」所であると切り捨てる(『文館詞林』巻六六五)。中華の地の真ん中である洛陽を選んだ修辞とのみ言い切れないものを感じざるをえないのである。さらに地理的位置の差も孝文帝には重要であったろう。平城に居れば南朝までの距離は遠いが、洛陽からだとそこから出撃して南朝を攻撃し、中華の地全土の統一を図ることができる。三度にわたる南斉親征は遷都後であるから実行できたのである。

重ねていおう、孝文帝の改革は中華の地の支配者を目指すものであった、と。その流れの中に遷都もある。中華皇帝への志向、そこに孝文帝の真の狙いがあったと考える。

第一、二章で述べたような孝文帝の諸政策は、通常「漢化」政策と称される。孝文帝の政策は胡族の言語を捨て、漢族の服装を用いるから、一見「漢化」と評価しうることは確かであるが、中華の地の統治者として、それまで際立っていた胡漢の差の解消が目指されている。単なる漢文化への憧れによるものではない。漢族を政権中枢部にも取り込んだこと、そして、姓族分定とそれに先立つ漢族の家格認定は、その意図を具現化したものである。

なお、孝文帝が真に中華皇帝となろうとしたと志向したと述べたことは、それ以前の北魏皇帝が唯一の中華皇帝を自認しなかったことを意味するものではない。そもそも皇帝とは一人しか存在しないはずであり、複数いれば、自分以外のそれは偽皇帝でしかない。この観念は漢族の皇帝のみならず胡族の皇帝も共有する。故に道武帝が、後秦の攻撃を受けた東晋の将からの書を得て返書をしたためさせたとき、その臣下が東晋皇帝を指して「貴主」と書いて帝の怒りにふれ、死を命ぜられるということが起こるのである(崔逞伝)。先述したように北魏と南朝はしきりに使者を交換するが、それを相手が朝貢してきたと認識する。自らが中華であるとする北魏サイドは、『書経』が海島に住む夷狄《いてき》を指して用いる「島夷《とうい》」という語でもって、南朝宋・南斉の皇帝を嘲った。もちろん南朝サイドでも北魏を夷狄として扱い、「虜《えびす》」と蔑称する。もっとも外交の場では公然と相手を夷狄視する言葉は用いられないのであるが。

第五章

繁栄、そして暗転

本章では、改革後の北魏がどうなったのかについて述べよう。

一――改革の継承

孝文帝の改革はすべての人に支持されたわけではない。まず少なからぬ不満が、特に遷都に対して向けられた。任城王元澄は「今、代(平城)から遷ってきた人々(代遷戸《だいせんこ》)はもとの地を恋しがっており、家族を連れて洛陽に来たばかりで、住むべき部屋もなく、わずかの食料もありません」と述べている。これは四九四年の末、孝文帝が南斉との戦いに臨むにあたって、それに反対した弁論の一節である。住むべき部屋も食料もないというのは、移住してきたばかりの人々の状況を述べているのであって、代遷戸がその後に置かれた状況を述べたものではないが、それでも、彼らが平城を恋しがるという心理状態にあったことは間違いないだろう。特に平城と較べると洛陽の夏は暑いことが問題であった。孝文帝の皇太子元恂《じゅん》もそれに耐えられなかったと『魏書』は記す。それはともかく、彼は四九六年に洛陽を脱出して平城に向かおうとして失敗、太子の地位を奪われ、反逆を謀ったとして死を賜わる。平城を中心とした地域の、遷都に不満を抱く人々の策謀に関係したようである。

平城では、同年、実際に謀逆の動きがあった。定州刺史に転任が決まった前恒州《こうしゅう》刺史陸叡《りくえい》と新任の恒州刺史穆泰《ぼくたい》らが朔州刺史陽平王元頤《げんい》(景穆帝の孫)を皇帝に推戴することを図ったのである

（遷都後の平城には恒州刺史の治所が置かれた）。陽平王の密告により、この動きは発動前に鎮圧されたが、陸叡や穆泰は、「代人」の勲臣八姓の中でも特に有力な一族であり、北魏政権の中核中の中核であったし、この策謀に関与したことが確認できる者たちも宗室や胡族有力者であったから、彼らの反逆は孝文帝には打撃であったはずである。

しかし、孝文帝は改革を推し進め、それはその後の皇帝にも継承される。ここで、孝文帝以後の中央の政局を一瞥しておこう。

孝文帝は太和二三年（四九九）に三度目の南斉親征に出て、発病、四月に三三歳で死去した。ただちに、元恂に代わって立てられていた皇太子が即位する。第八代宣武《せんぶ》帝元恪《かく》である。即位当初は、孝文帝の遺言により、六名による輔政《ほせい》体制が組まれた。孝文帝は胡漢の一体化を図ったのであるが、それは「代人」上層部による皇帝権力の掣肘を避けるという側面をもち、既述のように皇帝と血縁の近い宗室諸王を官僚体制中枢部に置いて重用した。六名の輔政者はそれを反映した構成となっている。しかし即位間もない翌々年一月、宣武帝は、輔政者の隙をついて彼らを排除して親政する。自身の意思が貫徹する態勢を求めたのであり、宣武帝は宗室諸王、特に輔政者であった王たちを抑圧する。帝の志向に迎合し支えたのは、まず自らが寵愛した恩倖《おんこう》と称される人々であり、次いで外戚（生母の兄であった高肇《こうちょう》）であった。咸陽王元禧《き》は、五〇一年に追い込まれた状況で謀反を試みて発覚し、殺される。北海王元詳は親政後も高位を保ってはいたが五〇四年に逆乱を企てたとして幽閉され、さらに自家の奴に図られて突然死した。孝文帝が信

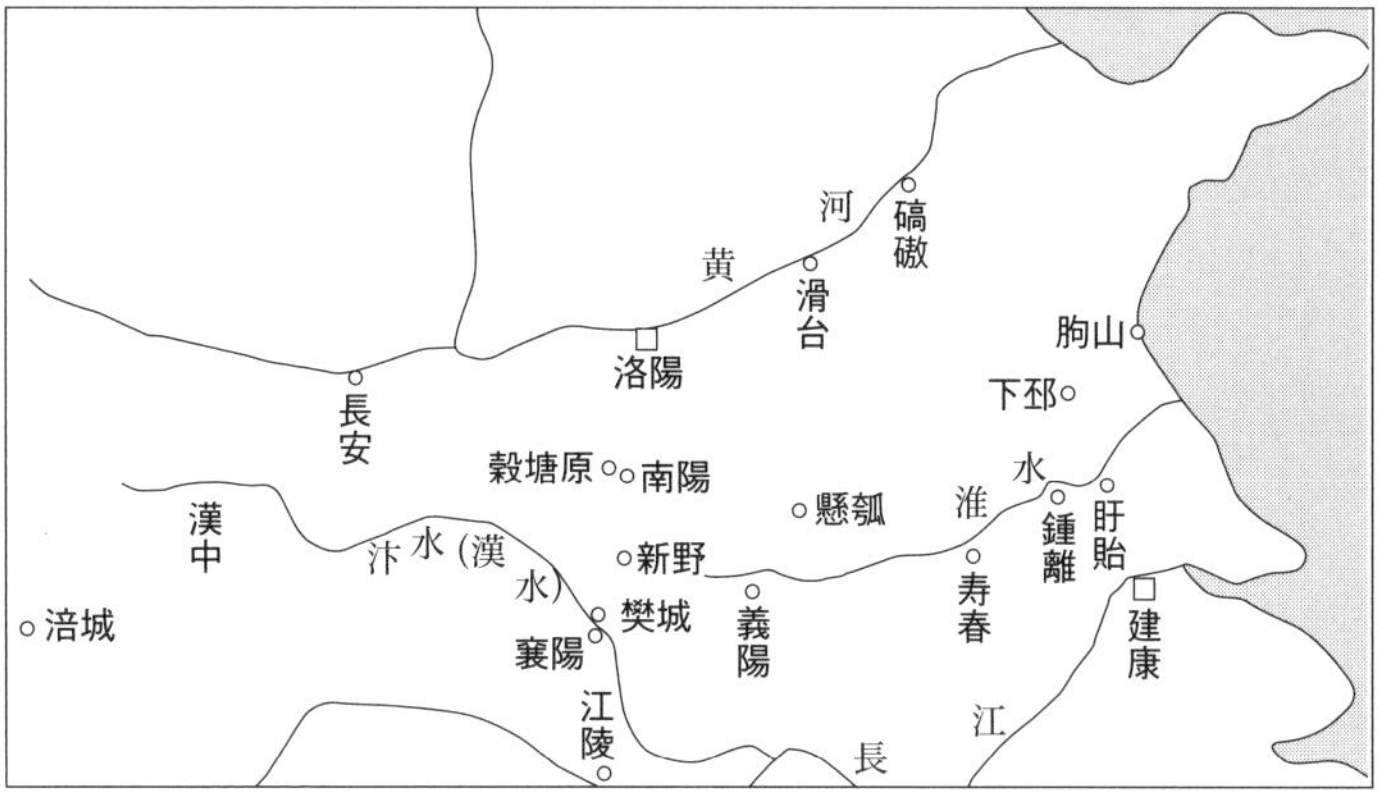

［図三二］孝文・宣武帝期の対南朝戦争関係図

頼した彭城王元勰《きょう》も五〇八年に誅殺され（以上三王は献文帝の子）、任城王元澄は内政面では活動できていない。

宣武帝の治世は南朝との戦いでも特色づけられる。東の淮水下流域では江蘇省北部、西は河南省南部に及ぶ地域、さらには四川省北部に及ぶ地域で、ほぼ連年、戦いが繰り返された。特に激しかったのは献文帝期に北魏領となった淮水の南、淮南《わいなん》と称せられる地域である。一連の戦いは南斉の予州刺史裴叔業《はいしゅくぎょう》が景明元年（五〇〇）に要衝寿春《じゅしゅん》（寿陽。安徽省寿県）を以て内属してきたのをきっかけとする。当時南斉は政治的に混迷していた時期であり、梁が五〇二年に取って代わるから、それ以後は梁対北魏の戦いとなるが、南北両朝は互いに大軍をつぎ込み、激しい戦闘を繰り返す。淮水の氾濫による混乱をつかれて鍾離《しょうり》（安徽省鳳陽県）で全軍覆滅に近い大敗を喫し、朐《く》山《ざん》（江蘇省連雲港市）でも惨敗するなど、北魏軍が大損害を受けた戦闘もあったが、北魏は寿春や義陽（河南省信陽市）を中心にする地域を確保するなどの戦果を挙げ、西では（梁の長官が帰属したことによるが）漢中を収め、さらに涪《ふう》城（四川省綿陽県）にまで侵攻している。後に北魏末の内乱期に寿春を奪回されるなど、その占領領域を必ずしも確保し続けられなかったにせよ、これは孝文帝の戦略を継承するものであったと考えることができよう。そして南朝との局部的な戦闘は孝明《こうめい》帝期まで続く。なお、この一連の戦いで、宣武帝は指揮官に軍の行動を折にふれて指示しているが、親征は行っていない。これは孝文帝との違いである。次の孝明帝も親征はしていない。

宣武帝が五一五年に死去すると、皇太子であった孝明帝元詡《く》が第九代皇帝として即位した。このとき孝明帝は数え年で六歳であったから、実際に政治を切り盛りする人物が出ることになる。孝明帝の時期は政争の時期であった。まず勲臣八姓に属する于忠《うちゅう》という人物が権力を握り、次には孝明帝の生母である霊太后《れいたいこう》胡氏が臨朝称制し、次には道武帝玄孫の元乂《がい》が霊太后を幽閉して実権を握ると、霊太后が巻き返して二度目の臨朝称制を行う。霊太后は漢族のむすめで、宣武帝の後宮に入り、孝明帝を生んだ。皇太子の生母は殺されるのが北魏のならわしであったが、霊太后は死を免れていたのである。二度の臨朝における皇太后の権力は大きく、時期は少し遅れるが太后の指示は「詔」の語で示された。つまり皇帝の命令と同じ扱いである。このような政治の実権をめぐる争いは、ついには孝明帝と霊太后の対立にまで至る。成長した孝明帝は親政を求めて果たせなかったため、強力な部族集団を率いる爾朱栄《じしゅえい》という人物の軍事力を利用しようとして、逆に霊太后に殺される。五二八年のことであった。

　これに先立つ五二三年、北魏では巨大な内乱が発生し、その内乱とここで述べた中央政局の混乱とがあいまって、北魏は東西に分裂することになる。そのことは、後に述べることとし、暫くは継続された改革の光と影をみておこう。

二——洛陽の繁栄

北魏が遷都した洛陽は、後漢そして三国魏・西晋の都城であった、いわゆる漢魏洛陽城である。このようにいうのは、洛陽は時代によって位置が変わるからである。周代に築かれた洛邑《らくゆう》や隋・唐代の洛陽城は、北魏時代の洛陽城からは西の方、現在の洛陽市街地の位置にあった。北魏は漢魏洛陽城の範囲を内城（皇城）とし、その周囲に外郭（外側の城壁）を築いた。その外郭の建設は宣武帝時代に行われた。孝文帝は遷都後は南征などで洛陽を離れていることが多かったこともあり、洛陽城の建設は孝文帝時期に完成していたわけではない。

漢魏洛陽城は九六城といわれるように、漢代の尺度で東西六里（約二・五キロメートル）、南北九里（約三・七キロメートル）という、北を上にした縦長の形で造られていた。北魏はその城郭を継承して皇城の城壁とした。洛水（洛河）が北に河道変更したことによって南側が削られているが、城壁の遺構は現在もかなり残っている。そして皇城の中央部分、といってもやや西にふれているが、そこに宮城を設けた。中心となる建造物は太極殿《たいきょく》である。その真南には宮城の正門である閶《しょう》闔門《こう》が開いていて、そこから皇城の宣陽門《せんよう》まで銅駝街《どうだがい》という御道《ぎょどう》がまっすぐに走る。銅駝街の左右は官庁群や太廟・太社という国家儀礼に関わる建物が配置されている。宣陽門を出ると、さらに南に御道が続き、その道が洛水にぶつかる所に永橋という名の橋がかかり、それをさらに南に進むと、今度は伊《い》水《すい》(伊河)に至る。その場所に天を祭る円丘《えんきゅう》が設けられた。孝文帝が遷都直後に造った円丘は、さらに南の委《い》粟《ぞく》山にあったが、それを含め、太極殿から円丘まで、一直線になるような形で洛陽の建造物の配置が考えられている。そしてその線は、外郭を含めた洛陽都城の中

[図三三] 北魏洛陽城の残存城壁

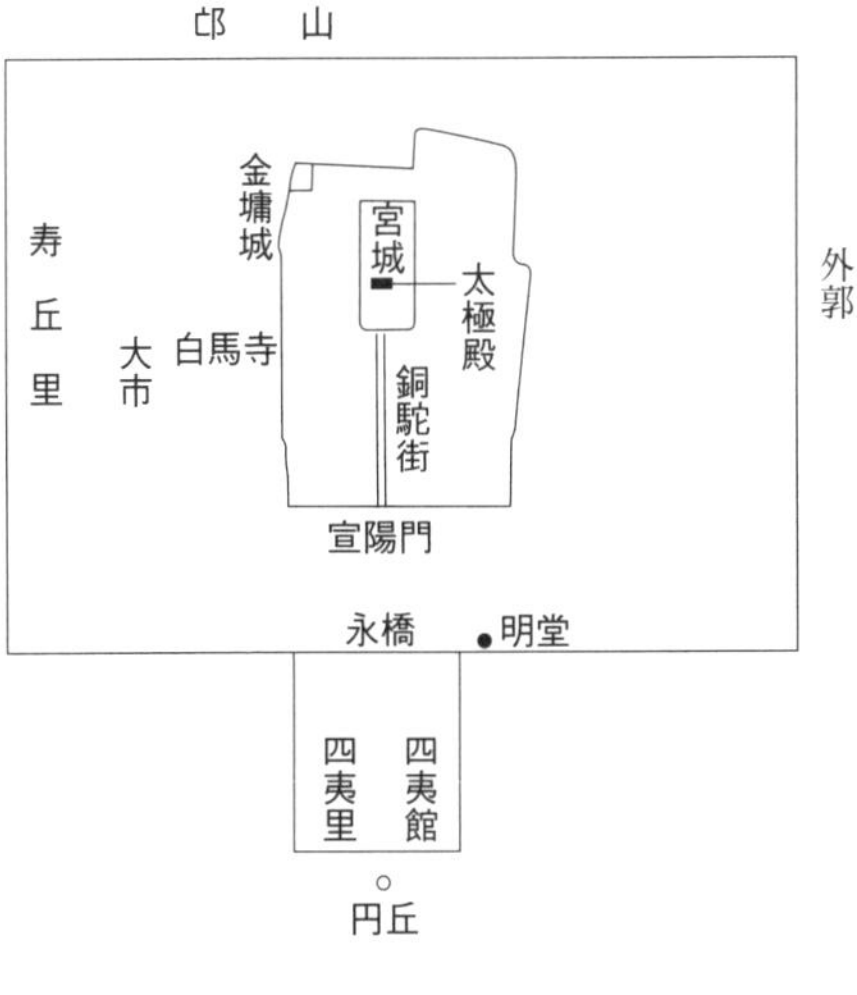

[図三四] 北魏洛陽城
(宿白氏の図に佐川英治氏説を加味して作成)

軸線を構成する。都城の中軸線という考え方は、三国魏の時代の洛陽において既にみられたようであるが、孝文帝は、先述したように親政開始後の平城においても、太極殿―円丘という中軸線を構想していた。それがより明確な形で示されたわけである。

宣武帝期に築かれた外郭は東西が北魏の尺度で二〇里（約一〇キロメートル）、南北が一五里（約七・五キロメートル）に及ぶ。その内部は一里（約五〇〇メートル）四方の坊《ぼう》に区切られているから、皇城部分を含めた計算は三〇〇坊となる。その南の洛水と伊水の中間にも、御道をはさんで坊が設けられていて、全体では三二〇坊（あるいは三二三坊ともいう）があったとされる。各坊には崇義《すうぎ》里などの名称がつけられ、多数の人々が住居を構えた。十万九千余戸であったと記録にある。

洛陽の各坊は壁に囲まれていた。実はこのような坊のあり方は平城のそれを継承したのである。一部の建築物が壁に囲まれることはそれ以前の中国にもみられたが、ひとつの区画全体が外壁をもつのは北魏の平城からである。韓国の朴漢済《パクハンジェ》氏はこれを住民を統制するための方策と考える。洛陽に遷ってきた「代人」も各坊に割り振られて居住した。外郭内で最も西に置かれた寿丘《じゅきゅう》里は、東西が二里、南北が一五里と通常の里の三〇倍の面積がある。この里は王子坊とも呼ばれ、宗室の人々が居住したらしい。朴氏は宅地と同時に遊猟地ないし耕作地でもあったと考えているが、あるいはそこには遊牧民のテント（ゲル）が設けられていたのかもしれない。先述した孝文帝の皇太子のみならず、洛陽の暑さをどうしのぐかは旧「代人」にとっては重要な問題であっただろう。住問題だけは、中華の方式が徹底されなかった可能性がある。

寿丘里は特例であるが、坊には通常四つの門が開かれて、里正、吏、門士が詰めることになっている。そこに住む人々は「某々里の人」と称せられ、坊名は同時に里名であったと考えられる。里はいくつか集まって郷を構成する。つまり郷里制が北魏でも行われていた。郷の上は県であり、県の上部は郡。洛陽は河南郡に属する一県であり、漢魏洛陽城の城内部分は洛陽県に含まれていたようであるが、皇城の西の城壁の西側に迫って河陰県も置かれていた。寿丘里は河陰県に属していたとみられる。つまり当時の洛陽という場合、洛陽と河陰の二県を包含していたことになる。文献や墓誌で確認することのできる、洛陽県に属する郷名は一〇、河陰県に属する郷名はわずかに三であるが、これですべてではない。筆者が確認しえた里名は一一五にのぼる。

東魏の楊衒之《ようげんし》という人物が著した『洛陽伽藍記《らくようがらんき》』という書物は、北魏時代の洛陽について様々なことを教えてくれるが、それによって当時の姿を一瞥しておこう。

皇城の南の張り出し部分には「四夷里《しいり》」がある。御道をはさんだ東側の「四夷館」とあわせて、中華の皇帝である北魏皇帝の「徳を慕って来た人々」の居住地であり、宿泊施設が置かれる場所でもあった。東夷の人々が来たら、扶桑館《ふそうかん》に置き、宅地を慕化里《ぼかり》に賜うという類いであって、合計で八坊が充てられたことになる。

古代の中国では、店舗を構える商業は地域を限定されていて、それを市《し》といった。北魏洛陽では、皇城の西方に大市があり、周囲が八里というから、四坊分を占めている。その東側には通商里・達貨里があり、そこでは手工業者と商販の者が店を構えていた。南側には調音里・楽律里があり、名前の通り音楽関係者が居住する。西側には延酤《えんこ》里・治觴《ちしょう》里があり、ここの人々は多く酒造りの業を営んだ。北側には慈孝《じこう》里・奉終《ほうしゅう》里があり、葬儀関係の物品を扱う。皇城の東には小市があり、また洛水の南には四通市（永橋市とも）があった。この市では伊水・洛水で取れた魚が売られていて、膾《なます》を作るときには皆ここに買いに来たという。

『洛陽伽藍記』は、名前のとおり洛陽の寺についての情報がメインである。一三六七の寺があったというが、一番の大寺は永寧《えいねい》寺である。五一六年に霊太后によって建てられたこの寺は、閶闔門の南一里、御道の西という一等地に位置した。九層の仏塔で知られ、洛陽から一〇〇里離れた所からも見ることができたという。塔の北側には太極殿に似せた仏殿があり、一丈八尺の金の仏像が一体、等身大の金の仏像が一〇体安置されていた。繁栄ぶりがしのばれるではないか。今は発掘された基壇のみを見ることができる。仏教初伝の伝説と関わる白馬寺も記載されている。現在も同名で残るこの寺は、大市のすぐ東に位置していた。

宮城の北と皇城の北の城壁までの間には華林園《かりんえん》という園林が広がっていて、皇城の北側は、邙《ぼう》山《ざん》がすぐ近くに迫っている。邙山は洛陽に住む人の墓地となっていたが、第二章でみたように北魏が遷都すると、それに従って来た高位の人々は多く邙山に墓地を営む。中華民国時代にこれらの墓が次々と盗掘され、そこから出た大量の墓誌の拓本が出回った。北魏史研究にこれらの墓誌が果たした役割は大きい。なお、皇帝の墓を中心に集中して宗室やその他の臣下の墓が営まれる形態は、遷都以前にもみられた。漢族の場合でも、漢の武帝陵のように、皇帝陵墓近辺には陪塚《ばいちょう》が営まれるが、北魏の場合は集中度が違うようである。

ところで、洛陽と他の地方とはどのように結びついていたのだろうか。洛陽は南に嵩山《すうざん》山系を擁し、東西にも山岳があり、北には低いけれども邙山がある。つまり盆地であり、防御に適する。都城の地に選ばれてきた一因であるが、それでも河川が流れ、道が開かれる。その道には関所が置かれ、西の長安との間を結ぶルートの函谷関《かんこくかん》を筆頭に「八関」と総称される。河川として

〔図三五〕永寧寺仏塔の基壇
永寧寺の仏塔の基壇は一辺が約三八メートル。その下部には一辺が約一〇〇メートル四方の基礎部分が構築されていた。四辺に設けられた階段から基壇に上がる。

は西南から流れて漢魏洛陽城の南を過ぎて黄河に入る洛水、西方から流れてきて洛陽城の北側を過ぎ、東に流れて洛水に入る穀水（澗河《かんが》）が最も重要である。漢魏洛陽城が築かれると、治水と防御を兼ね、遭運、水源として利用するために、穀水を中心に洛水をも利用したいくつかの大工事が行われた。その結果、漢魏洛陽城の四周は渠《きよ》（人工の水路）によって囲まれる。渠を流れる水は城内にも引き込まれ、池に注ぎ、道の傍らを流れる。また城壁の東側には船着き場が設けられ、四周を流れた水を集めて洛水に流れ込む運河を通って船は最終的には黄河に出る。国内から都に送られる租税、商品はこの運河を利用することが多かったのであり、従って、洛陽城の東部には、太倉《たいそう》（国家の穀物貯蔵庫）が置かれた。北魏の時期にも同様の利用があったのであろう。孝文帝は「平城の地は遭運路がなく、故に都の人は貧しかった。今、伊水・洛水の地に都を移したので、四方に通運させようと思うが、（下略）」と述べている（成淹伝《せいえん》）。ちなみに先述（一〇九頁）した四一六年の北伐において、東晋軍は「黄河を遡上」と記したが、水軍を伴う劉裕本隊は徐州から泗水《しすい》（泗河）を通って北上し、黄河に入って西進、合流点から洛水に入って洛陽に進んでいる。

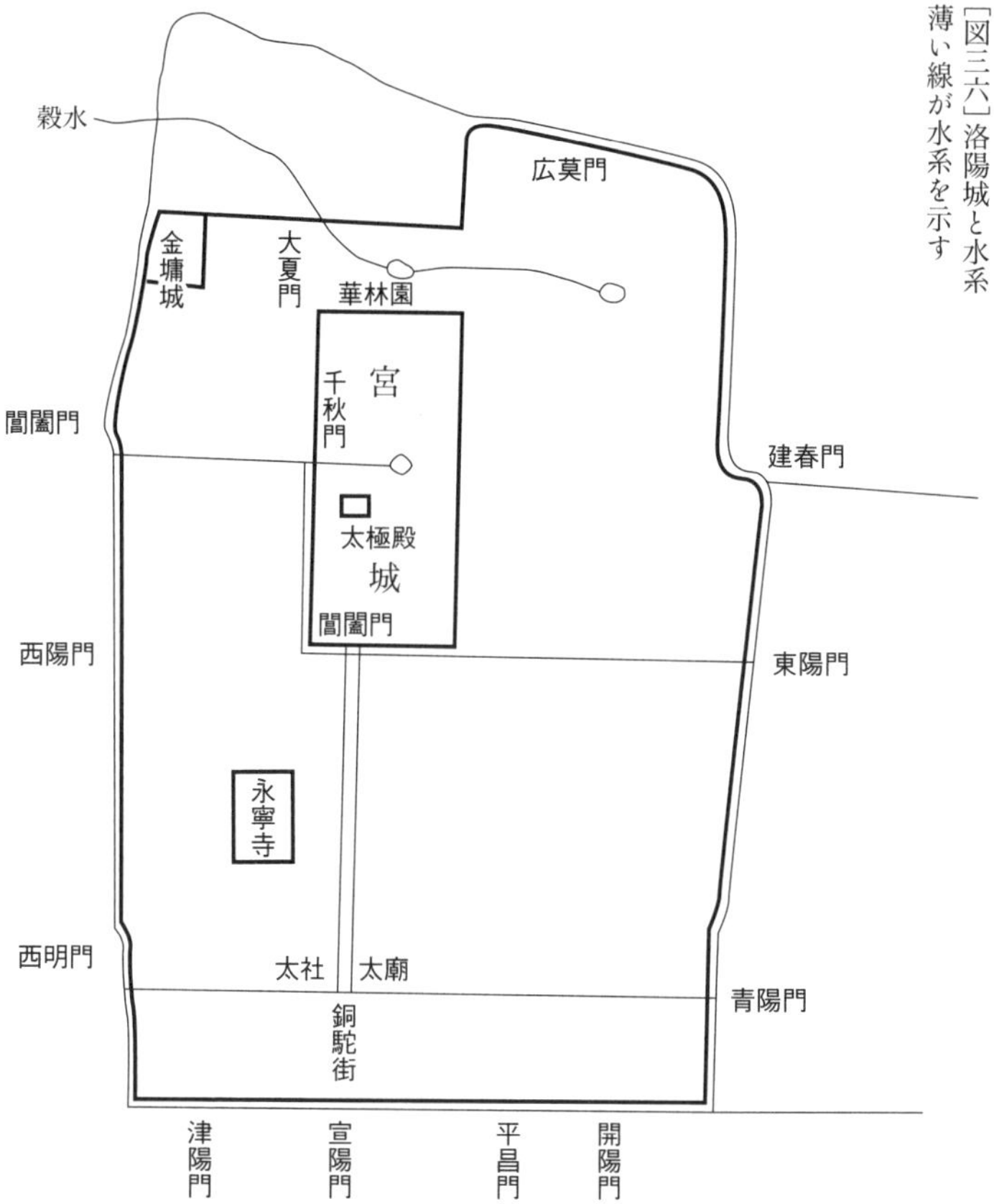

[図三六] 洛陽城と水系
薄い線が水系を示す

三――北魏の文化

上述した洛陽の水系を中心に、漢魏洛陽城に関する建造物、歴史、エピソードを叙述している書物が『水経注』である。この本は、北魏後期の官僚であった酈道元《れきどうげん》が著したのであるが、内容は全国に及び、中国古代の地理、歴史に関する貴重な情報を提供してくれている。漢代の『水経』に付けた注の形式で書かれているが、『水経』原文は極めて少なく、ほとんどが酈道元の文章である。ここで北魏の文化について述べておこう。

北魏と南朝は敵対関係にあったとはいえ、使節を相互に交換していて、それについては既に述べた。それら使者には、外交の場で相手国に負けない対応が求められ、弁舌の才が重視され、同時にその裏付けとなる高い経学の知識、優れた文才の持ち主が選ばれた。ただし、当時の文学のレベルでは、北魏治下の漢族は、華麗な文学が行われていた南朝の人士と較べて旗色が悪かった。『魏書』には文学に優れた人たちを集めた文苑伝こそあるが、その中で後世にも名が知られたといえるのは僅かに温子昇《おんししょう》ひとりである。北朝まで範囲を拡げると庾信《ゆしん》が著名であるが、その彼にしても、もとは梁の人で、使節として赴いて西魏の江陵攻撃(五五四年、二三二頁参照)に際会し、そのまま留められて西魏・北周に仕えたという事情がある。

北魏側が優位に立つと考えたのは、儒学方面であったようである。北魏では鄭玄説に基づく郊祀を行ったように、儒教の経典の解釈に漢代の学術系統を用いていた。これは南朝が、玄学を解釈に取り入れるなどした魏晋以来の学術を継承発展させたことと異なるのであり、その優劣を論駁しあう外交の場面について、『魏書』は北魏側優位の筆致で記載する。

［図三七］龍門石窟賓陽中洞の釈迦仏
（劉景龍主編『龍門石窟造像全集』第一巻、文物出版社、二〇〇二年、五四頁）

［図三八］麦積山石窟遠景
（麦積山石窟芸術研究所編『麦積山石窟旧影』江蘇鳳凰美術出版社、二〇一九年、四八頁）

しかし、北魏には誇るべきものがある。美術である。既に述べた文成帝期に始まった雲崗《うんこう》石窟は、洛陽遷都までに多数の石窟が造営された。石窟内の壁や塔柱《とうちゅう》（洞窟の中央に位置する石柱）には仏、菩薩像のほか、シヴァなどの護法の神々、飛天、羅漢、供養者などの彩色像で埋め尽くされていて、その数は五万体を超える。それらはインドや中央アジアの影響を強く受けつつも、衣装や建築様式の表現などに中国の意匠がみられる。ただ、遷都後も造営は続けられたが、規模内容ともにそれ以前には及ばないとされる。

石窟造営は遷都後の洛陽においても継続される。洛陽の南、北流する伊水が東西の山並みの間の狭い場所（龍門の名を与えられている）を通る、その西側の断崖に四九四年から造営が始まっていた龍門石窟は、宣武帝が始めた賓陽洞《ひんようどう》（ただし三窟のうち中洞を除く二窟の完成は唐代）が北魏期を代表するものである。龍門石窟は、堅い岩石でできていて細かな彫刻に向いており、雲崗石窟より進んだ中国的な表現で知られ、その後の仏教彫刻に大きな影響を与えた。この石窟は北魏滅亡後も造営が続き、唐代に最盛期を迎え、造営は伊水の東側にも及ぶ。

北魏時代の石窟造営は他の地域にも拡がっている。その中では甘粛省永靖県の炳霊寺《へいれいじ》石窟、甘粛省天水市の麦積山《ばくせきざん》石窟、河南省鞏県《きょう》の鞏県石窟などがよく知られている。

同じ石窟でも、敦煌の莫高窟《ばっこう》は造像が塑像《そぞう》（粘土造りの像）であることと、みごとな壁画群をもつことが異なる。開鑿は五胡時代の四世紀半ばであり、その後約千年の長きにわたって営々と造窟作業が続けられた。北魏時代のものと確認できる壁画や塑像は少ないが、やはり西方の様式を取り入れながら、中華の伝統をも踏まえていると評される。そして西魏・北周になると、窟の数は増え、唐代には多数の名高い窟を生んだ。

石窟以外にもこの時期の金銅《こんどう》（青銅）や石刻の造像は数多く現在に残る。中でも、二〇世紀末に山東省青州市の龍興寺から発見された仏像群は、北魏から北斉への仏像彫刻の変化を示すととも

［図三九］敦煌莫高窟二五七窟北魏壁画（敦煌文物研究所編『中国石窟　敦煌莫高窟』第一巻、平凡社、一八九〇年、図44）

［図四〇］龍興寺の仏像（青州市博物館蔵）（羅宗真著、劉煒編、住谷孝之訳、稲畑耕一郎監修『図説　中国文明史5　魏晋南北朝　融合する文明』創元社、二〇〇五年、一八四頁）

に、量の多さと優れた芸術性で注目を浴びた。

壁画は石窟寺院に限られない。墓室や墓道に描かれるものもある。これまでにきれいな形で発見された北魏の壁画墓はごく少なく、墓葬に関わる石――石室、石槨《かく》、石棺、墓誌――に線刻で描かれた図像の方がむしろ注目されたりする。しかし東西魏・北斉・北周では優れた壁画が描かれた墓が多くなる。

龍門石窟には、彫刻された仏像の傍らに造像銘が彫り込まれていることが多い。それらは書道の手本として高く評価され、代表的なものは「龍門二〇品」として拓本が珍重された。また書者の姓名はわからないけれども墓誌にも優れた作品が多い。また石碑や摩崖（岩壁）に刻された書もある。王羲之《おうぎし》の書を継承した南朝の書が流麗さを誇ったのに対して、北魏の書は、隷書の風合いを残した力強い書体が特徴である。作者としては滎陽鄭氏の一員鄭道昭《ていどうしょう》の知名度が高い。音楽については前述に委ね、ここでは述べない。

『水経注』以外の学術面についてもふれておこう。五胡十六国時代の各国の歴史を、国別に叙述したのが、崔鴻《さいこう》『十六国春秋』である。五胡時代の基本史料としては『晋書』載記《さいき》があるが、これは唐代の撰書であるから、崔鴻の書の重要性がわかる。賈思勰《かしきょう》が著した『斉民要術《せいみんようじゅつ》』は、漢代以来の農書を参照し、乾地農法の到達点を示す技術を詳説するほか、農産物の加工、販売ひいては調理方法にまで及ぶ内容をもつ。成書時期は北魏末〜東魏初とされる。

なお、『洛陽伽藍記』巻五には、霊太后に命ぜられて北インドに求法の旅に出た宋雲《そううん》・恵生《えしょう》の

『使西域記』が収められていて、中央アジア史及び東西交渉史に関わる貴重な資料となっている。

［図四一］北斉婁叡墓壁画（出行図〈部分〉）
（太原市文物考古研究所編『北斉婁叡墓』文物出版社、二〇〇四年）

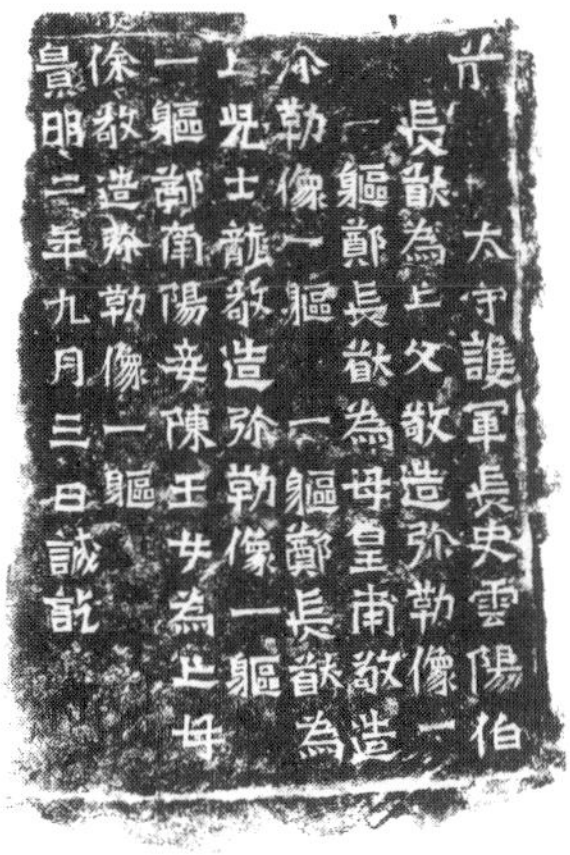

前太守護軍長史雲陽伯
長猷為亡父敬造弥勒像一
一軀鄭長猷為母皇甫敬造
弥勒像一軀一軀鄭長猷為
亡兒士龍敬造弥勒像一軀
一軀鄭南陽妾陳玉女為亡母
徐敬造弥勒像一軀
景明二年九月三日訖

［図四二］龍門二〇品（鄭長猷造像記）
（『中国書道全集　第二巻　魏・晋・南北朝』平凡社、一九八六年、図56）

四――「代人」や鎮民の不満

孝文帝の改革は、北魏の政治・社会に大きな影響を与えた。

まず官僚層の構成の変化がある。既に述べたように、改革以前には、道武帝以降の皇子やその継承者である王は、刺史や鎮都大将など地方にあって民政や軍事を統括する官職に就き、また将軍として軍を率いた。中央の官職では、三都大官《さんとたいかん》という北魏独特の官職に就く。しかし、伝統的な中国官制に含まれる中央の官職には、就かなかった。だが、彼らは改革後にはそれらの官職にも就任するようになる。その結果、三公クラス就任者に占める宗室の割合が高くなる。とりわけ、太武帝以後の皇帝の子孫それも現皇帝に血筋が近いほど、獲得する政治的地位が高い状況が生じる。また改革以前は三公クラスの官職に到達することは少なかった漢族であるが、改革以後はその限界を突破する事例が増える。官職の数は限られているから、宗室と漢族が高位の官職を占める率が高くなれば、「代人」が三公クラスの官職の中で占める比率は顕著に減少していくのは必然である。改革後の三公クラスの官職への就任数をみると、「代人」は、宗室はおろか、漢族にも凌駕されるのである。

後令で正三品に置かれる列曹尚書〈尚書省の業務を分担する各曹〈部局〉のトップ〉の状況もみてお

う。前期では胡族が就任例の過半数を占め、宗室は一割以下。漢族は二割強。ところが後期には宗室が三割強で漢族が過半数。胡族の就任数は激減している。

「代人」の政治的地位を脅かす要因はほかにもあった。それでなくても上層への進出の途が狭くなっているのに、北魏独特の官職が廃止されて中位以下の官職に就任することも難しい状況が生じることになるからである。そのしわ寄せはさほど家格のよくない「代人」に向かう。

平城時代の「代人」は最初は八部に編成されて主として軍事面で支配を支えていて、被征服民で、郡県の戸籍に付されて税役を徴収される漢族などとは区別されていた。その「代人」は遷都後、「河南人」となり、漢族などと同じく郡県の戸籍に付けられる。その彼ら「天下武勇の士」を、孝文帝は近衛軍の兵士である羽林《うりん》・虎賁《こほん》とした。これは遷都後の「代人」対策として当然ともいえる措置であった。この兵士たちが怒りを覚える問題が生じる。もともと武人は勲功によって身分が上昇し官僚となる資格を得ることができた。つまり「代人」には、官僚となる機会が、その機会の多少は別として与えられていたのである。ところが張仲瑀《ちょうちゅうう》なる人物による、武人には別個の規定を設け、家格のよい者が就くような官職から排除しようという提案が採り入れられる。これに憤激した千人ほどの近衛軍の兵士たちが暴動を起こし、張仲瑀の家を襲撃し、父と兄を含めた三人を殺傷した(羽林の変)。神亀《しんき》二年(五一九)のことである。驚いた北魏政府は首謀者八人を処刑したが他の者の罪は問わず、新たに「停年格」と呼ばれる新策を施行する。これはある官職に空席が生じると、その官職に就く資格をもつ者の中で、職を得ていない期間が最も長い者を任命するというものである。就任する官職への適合性、就任する人物の賢愚を考慮しないこの方式は、当時も既に批判が多かったが、「官職の数に比べて武人の数が多すぎる」という立案者崔亮《さいりょう》の弁明は、当時の北魏の置かれた状況の一端をあからさまに示すものである。停年格は、主に郡・県の長官を含めた地方官、つまり中下級の武人の就官先を主な対象としていたと考えられるが、それでも北魏分裂まで継続して施行されたこの法令について、『魏書』を書いた魏収《ぎしゅう》は、崔亮によって北魏は人材を失うことになったと批判している（崔亮伝）。

一方、地方、特に鎮に配置されていた人々の不満はより大きかった。次節で述べる六鎮《りくちん》の乱勃発を承けて、「かつては国家の軍事力を担っていた鎮民が、鎮の役人によって〝府戸《ふこ》〟と呼ばれて賤民に等しい仕事にこき使われるようになり、仕官や婚姻の点でもよい家格とはみられなくなった。都にいる同族は栄えているから、この差をみれば怒るのは当然である」と指摘した当時の人の分析がある（『北斉書』魏蘭根《ぎらんこん》伝）。また討伐軍の指揮に当たった人物も、以前は鎮民には免役の特権があり、仕官の途も開けていて、人々は喜んで鎮民となった、と述べている（広陽王元淵《えん》伝）。かつて自分たちの祖先は拓跋国家の君主を喜んで支える立場にあったのに、今は官僚にも頤使《いし》される存在、と感じたときの絶望感は大きかった。

鎮民の地位の下落は、北の縁辺地域に対する戦略を防御中心に転じるという中央政府の方針がもたらした結果と考えられる。それは北方にいる柔然の脅威の弱まりによるところもあるにせよ、北魏政権の関心の主対象が中原や南方にシフトしたことによる。そして都が洛陽に移ると、かつて平城近くまでまで攻め寄せたことがあり、衰えたとはいえ今も柔然の脅威は残るのに、その脅威を遠くにしか感じられなくなったであろうことも大きい。その結果、鎮に対する関心が低下し、鎮民をより低くみることになったと考えられるのである。西北方面の諸鎮、また鎮ではないが、各地の軍事拠点に配備された兵士(城民)も、鎮民に似た不満を感じるようになっていたようである。そしていったん内紛により帰降し、懐朔《かいさく》鎮の北に置かれていた柔然可汗阿那瓌《あなかい》が、食料不足から六鎮領域内を略奪して北に帰り、一〇万という大軍で追討した北魏軍が功なくして戻るという事件が五二三年に起こり、それを目の当たりにした鎮民は「中国を軽んずる気持をもった」(広陽王元淵の上書)と伝えられる。

五——六鎮の乱から東西分裂まで

正光《せいこう》四年（五二三、正光五年三月とする説もある）冬に六鎮のひとつ沃野《よくや》鎮の鎮民が破六韓抜陵《はりくかんばつりょう》に率いられて蜂起すると、北辺の六鎮や西北の諸鎮に反乱は波及し、また州に配備されていた兵士（城民）たちも少なからぬ州で起ち上がった。この一連の反乱を総称して六鎮の乱という。当初に派遣された討伐軍は敗北し、あるいは撤退したので、中央政府はあわてて鎮を州に改め、鎮民を解放する詔を出したが、事態は改善されなかった（それに関しては、小部分に解体されたとはいえ部族制を保ってきた鎮民にとって、鎮の解体は望ましいことではないからという理解もある）。

乱に関わる人物や地域は数多いが、主要な動きを眺めておこう。破六韓抜陵の率いた軍が、沃野鎮に続いて武川、さらに懐朔の二鎮を陥すなど、六鎮全体が反乱に巻き込まれ、それに東方の営州の城民も呼応する。そして西方でも、五二四年四月に高平鎮民が抜陵に応じて胡琛《こちん》を高平王に立てたのを皮切りに、秦州・南秦州城民が刺史を殺して莫折念生《ばくせつねんせい》を天子に推し立てる。また遠く涼州でも城民の反乱が起こる。西方の反乱軍討伐に向かったのは、もと南斉の帝室の一員で、亡命してきていた蕭宝夤《しょうほういん》であった。しかし彼の場合、内紛で殺された莫折念生の軍の降伏を受けたまではよかったが、やがて本拠としていた雍《よう》州（長安）城民を頼りに自らも反乱の渦中に身を投ずる。新たに派遣されてきた中央軍に敗れた蕭宝夤は、胡琛の死後その軍を継承した万俟《ぼくき》醜《しゅう》奴《ど》のもとに逃亡する。

破六韓抜陵の率いる軍は北魏軍に敗北して、五二五年に大部分が降伏する。河北の各地に分散して置かれた降兵は、しかし間もなく再蜂起し、杜洛周《とらくしゅう》が真王と年号を立て、また鮮于《せんう》脩礼《しゅうれい》が蜂起した。脩礼は間もなく部下に殺されたが、代わって指導者となった葛栄《かつえい》は天子を名乗り、国

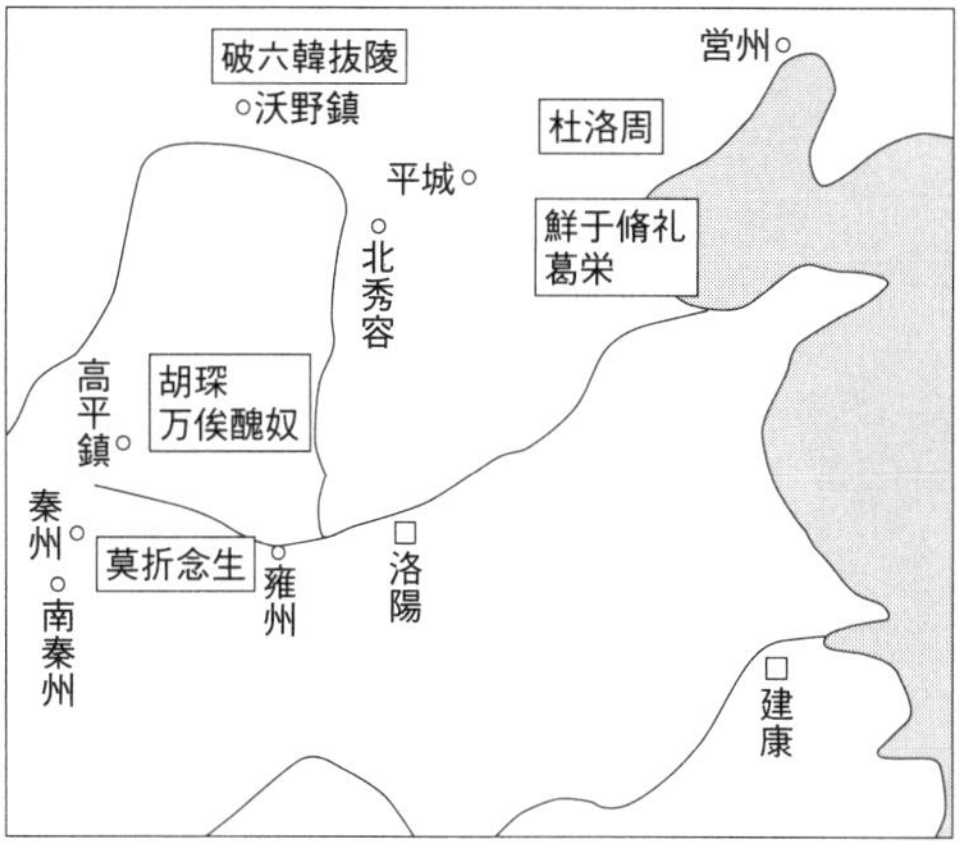

［図四三］六鎮の乱関係図（本文に叙述した人物と地名）

号を斉と称する。両勢力はそれぞれ南に侵攻して反乱地域は山東や河南にも及んだが、杜洛周の軍は葛栄に併合される。

葛栄軍を撃破したのは匈奴系とされる爾朱栄《じしゅえい》である。二二六頁で述べたように、爾朱氏は北秀容の地で、部族組織を保ったまま牧畜を営んでいた。北魏に服属し、官職も得ていたが、通常の官僚とは異なり、遷都後は冬は都に出るが夏は山西に帰ることが認められていた。また領民酋長の称号を与えられていて多数の部族成員の統率を承認されてもいる。柔然の阿那瓌が北帰したとき、爾朱栄は四千人の配下を率いて追撃軍に加わっていたという。強大な武力をもっていたわけである。五二八年秋に葛栄を破ると、その統率下の旧六鎮鎮民を自らの手に取り込み、五三〇年には西方の反乱勢力も爾朱氏の手で鎮圧された。この段階で六鎮の乱そのものは収束したことになる。この間には、南朝梁が亡命してきていた北海王元顥《こう》を推し立てて軍を送り込み、五二九年には洛陽を一時占拠したものの、爾朱氏によって撃退されるという一幕も挟まれる。爾朱氏の果たした功績は大きかった。

しかし、北魏の混乱はまだ続く。北魏朝廷と爾朱氏の対立が起こったのである。そもそも六鎮の乱の鎮圧活動に功績が大であったとはいえ、爾朱栄が中央の政治世界に介入しえたのは、霊太后の臨朝称制から脱しようとする孝明帝が彼に頼ろうとしたからである。それを知った霊太后は、先手を打って五二八年二月に孝明帝を毒殺する。爾朱栄はこれを機に長楽《ちょうらく》王元子攸《しゆう》(献文帝の孫)を皇帝に推戴(孝荘《こうそう》帝)して洛陽に向かい黄河を渡ると、出迎える霊太后及び霊太后が擁立していた僅か三歳の幼主元釗《しよう》(孝文帝の曾孫)をとらえて黄河に投げ込み、次いで同じく迎接に出た百官を虐殺した。その数は二千余人といわれる。同年四月のことであり、この事件を河陰《かいん》の変という。その死者のうち八十余名を知りうるが、それを分析すると、高位の官職に就いていて都にいた人々は多くがこの事件で死んだと想定できる。

爾朱栄は、帝位を奪う気があったと『魏書』は記すが、それは行わず、北秀容に近い晋陽《しんよう》(山西省太原市)を本拠地に定め(覇府《はふ》と称せられる)、その強力な軍事力を背景に洛陽ににらみをきかせる態勢をとる。具体的には近衛軍の将領や洛陽並びにその周辺地域の軍事力を管掌する京畿《けいき》大都督という軍事系統にとどまらず、中央の文官組織に、一族や大きく拡張した軍事集団のメンバーを配置したのであり、また各地の刺史にも配下の人材を送り込んだのである。形としては皇帝を尊崇するが、実際には軍事力を握る実力者が首都から離れた覇府に拠って皇帝と首都を監視し、コントロールする態勢は、この後の記述においても何度か現れることになる。

爾朱氏政権といってもよいようなこの時期においては、人事面では大幅な官位上昇や頻繁な官職の異動が目立つ。戦乱が収まっていない故であろう、孝文帝以来の北魏の基本的な政策は継承されていたようだが、しかし孝文帝を支えた彭城王元勰の子である孝荘帝は、六鎮の降兵を吸収して胡族の色を濃くする爾朱氏の専横を嫌ったとされ、弘農楊氏ら反爾朱氏の官僚らと結んで、五三〇年九月に入朝して来た栄を殺す。怒った爾朱氏の人々は一〇月に景穆帝の曾孫である長広王元曄《よう》を擁立して洛陽に向かい、一二月に孝荘帝を殺害、次いで長広王は血縁が薄いとして、新たに献文帝の孫の広陵王元恭（前廃帝、節閔《せつびん》帝ともいう）を五三一年二月に皇帝に立てる。かくして再度洛陽は爾朱氏に制圧される。

一方、懐朔鎮の鎮民として隊主、次いで中央に公文書を運ぶ使者の地位にあった高歓《こうかん》は、再蜂起した旧鎮民の中にいたが、葛栄に見切りをつけ、爾朱栄のもとに奔って頭角を現す。彼は爾朱栄の死後、自立を図り、爾朱氏から委ねられた旧六鎮の降兵を率いて東方の大平野部に出ると、内乱の波及に際して郷里の人々を糾合して自衛の活動を行っていた渤海《ぼっかい》の名門高乾《こうかん》兄弟ら、河北の豪族と連携し、爾朱氏に反旗を翻し、景穆帝の玄孫で渤海太守であった安定王元朗を推戴した（後廃帝）。五三二年に彼は爾朱氏の主力を韓陵山《かんりょう》（河南省安陽県）で撃破して、洛陽を抑え、後廃帝に代えて孝文帝の孫にあたる孝武《こうぶ》帝元脩を擁立、さらに爾朱氏の本拠の山西地方をも制圧し、やはり晋陽を本拠地とする。

さらに宇文泰《うぶんたい》という人物がいる。彼は武川鎮の鎮民であったが、鮮于脩礼が河北で再蜂起したとき、それに従い、次いで葛栄軍に入り、葛栄が敗北すると爾朱氏の下に入る。そして爾朱栄のもとで頭角を現していた賀抜岳《がばつがく》とともに、西方の反乱勢力万俟醜奴に対する爾朱天光《じしゅてんこう》指揮下の征討軍に従う。天光が東に戻ったあと、賀抜岳は関中の鎮めとして残るのであるが、孝武帝を擁立した高歓に憎まれ、彼に通じた人物によって殺される。この結果、宇文泰が賀抜岳の遺衆を掌握し、関中の軍団を指揮する身となった。

孝武帝は次第に晋陽の覇府に拠る高歓と対立するようになり、五三四年七月に洛陽を脱出し、関中の宇文泰のもとに逃げ込む(故に『魏書』は孝武帝を「出帝」と表記する)。それに対して高歓は新たに孝文帝の曽孫孝静《こうせい》帝元善見を擁立するが、洛陽は関中に近いので、東方の鄴《ぎょう》に都を移す(鄴県が属する魏郡は魏尹《ぎいん》と改められる)。鄴は太行山脈を東に抜けた位置にあり、春秋時代からの歴史を誇り、後漢末の曹操の魏王国が都とし、五胡時代には後趙および前燕の都にもなっている。先述したように明元帝期には鄴遷都が議論されたこともあり、洛陽に遷都しようと南伐した孝文帝が鄴に宮殿を建てて鄴宮としたこともある。東魏の都としては最も適していた。かくして四〇年ほど前に洛陽に遷された人々は、ここでまた鄴に遷らねばならなかったのである。他方、関中に至った孝武帝は間もなく急死し(宇文泰による毒殺と伝えられる)、宇文泰は五三五年に孝文帝の孫にあたる文帝元宝炬《ほうきょ》を擁立する。それぞれ実力のある臣下に擁された魏の皇帝が東西に存在することになり、北魏はここに分裂したのであるが、高歓・宇文泰とも孝文帝の子孫を皇帝に擁立したことに注目すべきである。六鎮の乱に始まった北魏末の内乱は、ここでひとまずの決着にたどり着き、これからは東西の魏、さらに北斉・北周の対立する時代を迎える。

東魏《とうぎ》と西魏《せいぎ》の間には激しい戦いが繰り返された。主戦場は黄河に沿うルートである。五三七年には東魏が西に攻め込み、沙苑《さえん》(陝西省大荔県)で大敗、翌年には西魏が攻勢に出て洛陽で攻防戦があり、五四三年には邙山で西魏が大敗する。後述するが五四七年に侯景《こうけい》が東魏に叛くと、西魏は東方に領域を拡げるものの、五四九年に東魏が潁川《えいせん》(河南省許昌市)を奪回、これで東西の戦いはひとまず落ち着く。

住民の多くを鄴に遷された上、一連の戦いの舞台となった洛陽の荒廃は著しかった。北周が華北を統一すると、宣帝は洛陽宮の修復を図り、近年発掘された閶闔《しょうこう》門でその修復の跡を確認できるが、隋唐の洛陽城は西方、かつての周の洛邑の営まれた地に再建されるのである。

六――東魏・北斉

東魏の実際の支配者は北魏皇帝から渤海《ぼっかい》王に封じられていた高歓である。高歓は河北の名族渤海高氏の出身であると称しているが、実は鮮卑系の人であったと考えられている。高歓の死後は彼の子高澄《こうちょう》、続いて澄の弟の高洋がその地位を継承する。高歓をはじめとして彼らは晋陽に開いた覇府にいて、都の鄴にいる東魏皇帝を掣肘した。そして五五〇年、斉《せい》王に封じられていた高洋が孝静帝の禅譲《ぜんじょう》を受け、斉（北斉）王朝を開く（文宣《ぶんせん》帝）。

禅譲とは、武力を用いて前王朝を打倒して政権を奪取する（放伐《ほうばつ》という）のではなく、形の上では平和裏に政権交代が行われる方式をいう。三皇五帝の時代、聖天子堯《ぎょう》→舜《しゅん》→禹《う》の間で、自分の子ではなく有徳の人物に位を譲ったという伝承に基づく。王莽《おうもう》が前漢に代わって皇帝になったのが最初の事例であるが、三世紀の後漢の献帝から魏の文帝への禅譲以後、一〇世紀宋の太祖趙匡胤《ちょうきょういん》の登位まで、この間の王朝交替の多くは禅譲の形式をもって行われた。五胡の諸国や北魏のように自立の形式を用いた建国は、この期間においてはむしろ例外に近い。注意したいのは、有徳者への平和裏の政権交代という表向きの理念とは異なり、次第に政権委譲後の前皇帝に過酷な処置が加えられるようになったことである。東魏の孝静帝の場合も、中山王に封じられるなど一定の礼遇は受けたけれども、文宣帝の行幸には常に同行させられるなどの屈辱を味わい、王妃が、毒殺を恐れて飲食の際には毒見したにも拘わらず、王は毒殺され一家も悉く殺された。次節にみる西魏から北周への禅譲においても、西魏の恭帝は譲位翌月に殺される。

もとに戻ろう。形は分裂であるが、北魏の領土、人口の多くを獲得したのは東魏であった。高歓はもともと爾朱栄に降伏した六鎮の旧鎮民の多くを継承したのであり、晋陽の周辺には彼ら旧鎮民が置かれていた。彼らの中で高歓に従い功績を挙げて立身した人々を「勲貴《くんき》」という。

晋陽は交通の要衝の位置にあり、南に向かって汾《ふん》水（汾河）の流れに沿うと黄河に出、そこから西に進めば長安を攻撃できる。東に向かえば鄴に出ることができ、強力な晋陽の軍団の力を背景に東魏朝廷をコントロールできる。高歓が鄴と長安を両睨みできるこの地に根幹となる軍事集団を置いたのは、このような狙いがあったのであり、北斉に代わっても、この構図は変わらなかった。文宣帝が孝静帝から鄴で禅譲を受けたときを除けば、北斉皇帝はいずれも晋陽で即位しており、即位後も皇帝は鄴と晋陽を何度も往復する。鄴と晋陽は両都制に等しい関係にあった。谷川道雄氏は、高氏政権の君主の即位は、晋陽にいる勲貴集団の承認を得る形で行われたのではないか、という。高氏とすれば、晋陽の軍事力を背景にしているから、晋陽居住の旧鎮民、そしてその統領であった勲貴の力を無視しえないのである。

一方高歓は孝文帝の孫そして曽孫を擁立しただけでなく、孝武帝が西方に脱出したあと洛陽に残された「代人」をも手中にした。北魏の中央軍も大部分が東魏の有となっている（「六坊の衆」という）から、北魏政権を構成した諸族の多くは東魏に入ったのであり、ともに鄴に置かれる。そして漢族官僚の多くも東魏に入る。その故もあり、東魏・北斉は均田制をはじめとする孝文帝以後の北魏の政策を基本的に継承した。しかし、この軍事力からいっても、人口・農業生産力の点でも西魏・北周に対して優勢であった東魏・北斉は、同時に弱点をも抱えることになる。

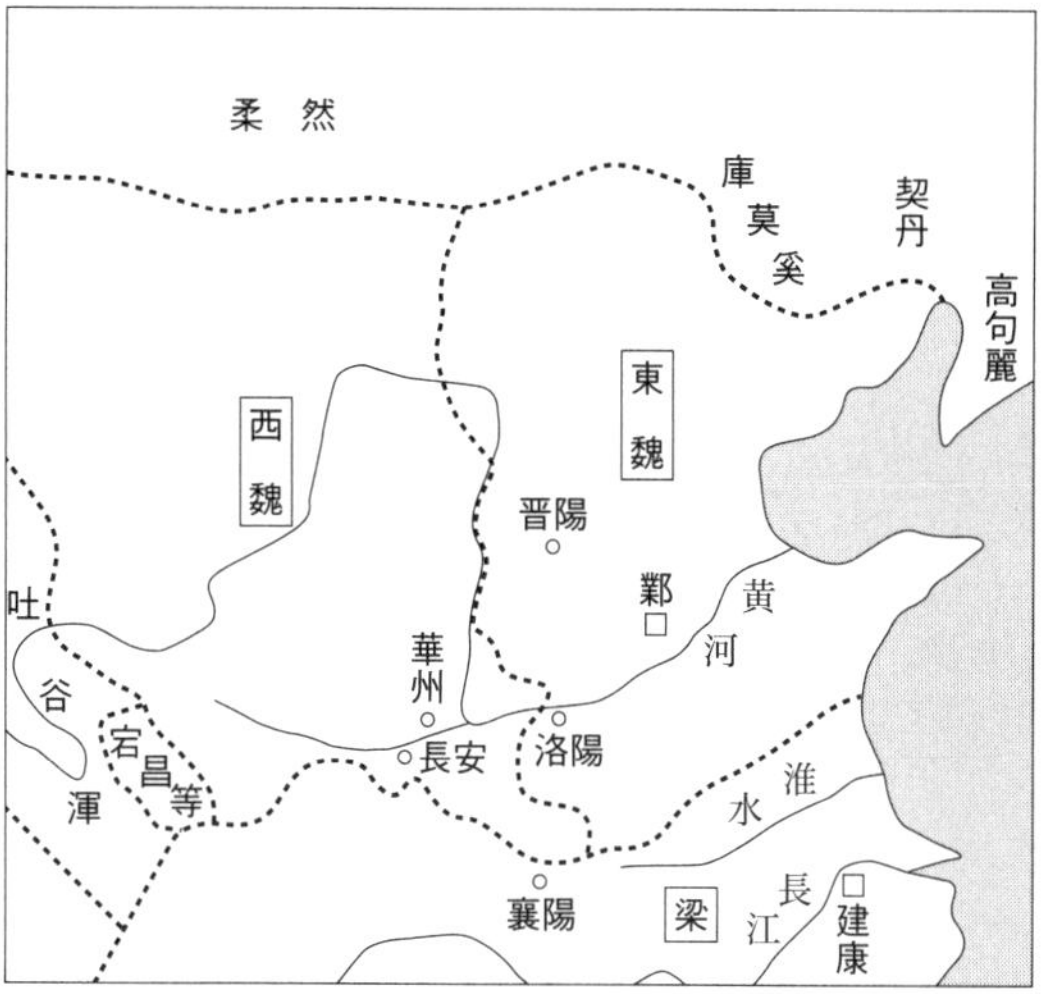

〔図四四〕東魏と西魏（五四六年）
（郭沫若主編『中国史稿地図集』上、東魏・西魏和梁対立、地図出版社、一九九六年に基づき作図）
------が境界を示す。

繰り返しになるが、勲貴は東魏・北斉社会で大きな勢力を占めた。たとえば代表的な勲貴である侯景であるが、彼も鎮民であったが、爾朱栄に従って武将になり、のち高歓に附して厚遇され、十余年もの間河南大行台として一〇万と称される大軍を率いている。

勲貴は、鎮民として孝文帝の改革に伴う変化に反発したのであるから、孝文帝期に整えられた方向に対しては必ずしも同調しない。そもそも高歓が擁立した孝武帝の即位は、一四九頁でみたように北族的儀礼で彩られている。もちろん孝文帝の孫である孝武帝の意思ではないであろう。高歓自身がどう考えたかはわからないにせよ、支えてくれた旧六鎮系の人々の意向を受け入れざるをえなかったのである。この即位儀礼は孝文帝の改革が彼ら（そして彼らを率いる立場にあった勲貴）にどのように受け取られたかを示している。それを反映するひとつの事例を挙げておこう。北斉に入っての五五九年に皇后の号を改めて「可《か》賀《が》敦《とん》皇后」とした。可賀敦＝可敦は前述したように可汗の妻を指す。皇帝号を改めた形跡はなく、またこの号は永続はしなかったようであるが、孝文帝の政策継承をよしとしない人々に配慮したものと考えてよい。

『北斉書』には、高歓が軍に命令を発する場合には常に鮮卑語を用いていたと記し、また当時、鮮卑の人々は中華の朝士つまり漢族の官僚を軽んじていたという（高昂伝）。旧鎮民のもっていた「河南の人」とは異なる気質や風俗が強くみられたにせよ、しかし、高歓やその継承者は孝文帝時代に定められた政策を基本的に継承する。そのため、勲貴に依存しつつ、しかも彼らに優越する支配力を構築する必要に迫られる。その手段として高氏が採ったのは、漢人貴族と結ぶ方策であった。

そもそも東魏・北斉の領域には、かの范陽《はんよう》の盧《ろ》氏以下の「四姓」のすべてが本籍を置いているが、そのほかにも名族が多い。彼らは郷里との関係が深く、郷里において強い影響力をもっている。それら名族は、孝文帝の改革後には確固とした政治的社会的地位を作りあげてきていて、都に居住する傾向をみせ始めてはいたのであるが、この段階ではなお、死後には故郷の一族の墓に葬られるのが普通であった。

それら地方に影響力のある名族・貴族は、爾朱栄に対して挙兵した高歓に早くから協力しており、高歓が短時日のうちに華北の東半分を勢力下に収めえたのは、彼らの協力があったからでもある。そして、漢人貴族は、勲貴抑圧の動きに対して高氏の側に立った。しかし、あるいは粛正され、あるいは侯景のように南朝梁《りょう》に奔る行動に出たにせよ、勲貴がただちに力を喪失したわけではなく、文宣帝の後継皇帝(廃帝)を廃して代わって即位した孝昭帝が勲貴尊重の姿勢を示すな

[図四五] 北斉王朝系図

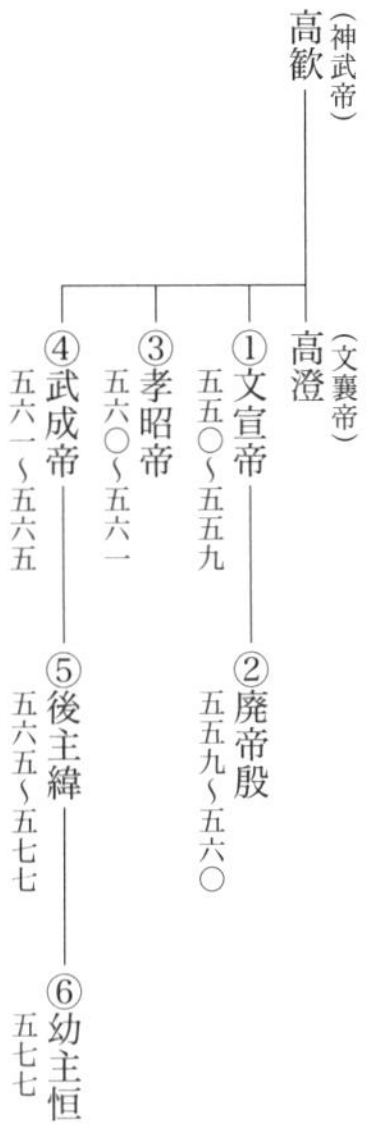

ど、その対立は北斉末まで続く。しかも、皇帝・漢人貴族対勲貴という対立図式に、武成帝《ぶせい》以後は、政治的地位こそ高くはないが皇帝の側近くに仕える官職を帯びて朝政に関与した恩倖と称される人々も加わって、北斉末は三つどもえの争いとなる。北斉政治史は謀略、誅殺、クーデターで血腥く彩られ、その中で、北斉は五七七年に北周に滅ぼされるのである。

なお、五四七年高歓の死の翌月に東魏に叛き梁に降った侯景は、その翌年梁に対して反旗を翻し、都の建康を包囲し、梁の武帝を死に追いやる。大混乱に陥った梁であるが、侯景が滅びたあと、元帝が五五二年に長江中流城の江陵《こうりょう》で即位した。その江陵を五五四年に西魏軍が急襲し、元帝を殺して、梁の百官や庶民を根こそぎ関中に連行する。そして西魏は江陵に梁の武帝の孫を皇帝として擁立した。この政権は後梁と呼ばれる。一方建康方面では、王僧弁《おうそうべん》との争いに勝った陳《ちん》覇先《はせん》が敬帝を立てるが、間もなく自らが取って代わって即位し、陳王朝を建てる。五五七年のことである。この梁末・陳初の時期、北斉は淮南《わいなん》地方を占領したほか、三度にわたり傀儡政権樹立を図ったが、いずれも成功しなかった。また後梁は陳と西魏・北周の間に位置する傀儡政権として、隋によって五八七年に滅ぼされるまで暫しの命脈を保つ。

併せて述べておこう。西魏によって関中に連行された人々の中に、顔之推《がんしすい》という官僚がいた。彼は悲惨な状況を必死の脱出行で逃れ、北斉に仕えて重用されたが、その北斉も滅ぼされた段階で再度関中に移され、北周そして隋に心ならずも仕える。その希有の経歴が名著『顔氏家訓』を生むことになる。この著書の中に我々は、侯景の乱で滅びていったとされる南朝貴族がなぜそうなったかを読み取ることができよう。

余分なことかと思われるが、さらに付記しておこう。日本では東魏・北斉の名はあまりなじみがないかもしれないが、舞楽「蘭陵王《らんりょう》」はご存知の方もおられよう。文襄帝《ぶんじょう》と諡《おくりな》される高澄の子(つまり高歓の孫)で蘭陵に封じられた名は高長恭(一名高孝瓘《こうかん》)が、西魏との邙山の戦いで奮闘したことをモデルにしている。伝には「貌《かお》は柔なれど心は壮、音容兼ねて美なり」と評されているが、彼はしかし皇帝にうとまれ、毒薬を賜って没した。本節で述べた北斉の政争には、宗室諸王も積極・消極の別はあろうが、巻き込まれざるをえなかったのである。

七――西魏・北周

西魏の実力者宇文泰は、姓から判明するように胡族である。彼は同じ武川鎮の鎮民出身である人々を中核とし、関隴《かんろう》(関中や現在の甘粛省東部)地方の漢人豪族の協力を得て、その実権を維持した。また西魏の都となった長安の東方の華州(のち同州、陝西省大茘県)に覇府を置いた。これらは東魏の高歓と類似するといえる。しかし、西魏と東魏には大きな違いがあった。孝武帝が逃げ込んできたとき、それに従った近衛兵は一万人と伝えられ、宇文泰がもともと率いていた兵士を加えたとしても、北魏統治下にあった鮮卑系の人々で西魏に属した人数は多くはなかったのである。宇文泰はそのような軍事的劣勢を郷兵《きょうへい》を取り込むことで補った。郷兵とは、北魏末の内乱の過程で大小の漢族の名族・豪族がその影響力に基づいてそれぞれの郷里において編成した軍事集団を指す語である(東魏の領域となった地域にももちろん郷兵集団は存在し、渤海の高乾兄弟〈二一四頁〉の率いたのはそのひとつであった)。宇文泰はこの段階では豪族の郷兵に対する指揮権をそのまま認めて自分の指揮下に置いた。前述のように東西魏は連年のように戦闘を交わし、西魏が大勝した戦いもあったが、五四三年の邙山の戦いでは大敗する。大打撃を受けた宇文泰は、広く関隴の豪族に働きかけ、兵員を増して当面をしのぐ。そして大統一六年(五五〇)に二十四軍の制度を作り上げる。

［図四六］六官制

皇帝

（六官）	天官	地官	春官	夏官	秋官	冬官
（所轄）	行政	土地戸籍	儀礼	軍事	司法	技術
（長官）	大冢宰	大司徒	大宗伯	大司馬	大司寇	大司空
（次官）	小冢宰	小司徒	小宗伯	小司馬	小司寇	小司空

これは六人の柱国《ちゅうこく》大将軍それぞれの下にふたりの大将軍、大将軍の下にふたりの開府《かいふ》を置き、開府にそれぞれ一軍を率いさせる仕組みであり、合わせて二四の軍ができる。この二十四軍は丞相《じょうしょう》として西魏を導く宇文泰の隷下（彼は六名の柱国大将軍のほかに置かれた二名の柱国大将軍のひとり、筆頭の柱国大将軍でもあった）に置かれた（後には皇帝の禁衛軍となる）。柱国大将軍や大将軍になった人々は、その後官僚としても高いレベルの官職を獲得する。西魏は非常に軍事的色彩が濃い国家体制を作り上げたのである。

二十四軍の制度で重要なことは、二四の軍の下に団があり、団の下に儀同府があって、兵士はそれぞれの儀同府、つまり軍府に所属し、軍府が兵士の供給源となっていることである。兵士は一般の民戸の籍から切り離されて軍府の籍に付けられる。隋唐時代の府兵《ふへい》制の起源をなすとされるこの制度の、もうひとつ注意しなければならない点は、漢族もこの兵制の根幹部分に位置づけられる、つまり軍府所属の兵士となったことである。もっとも、彼らは元来の郷兵が改変されたものであったようである。

西魏はその制度にさらなる意味合いを付与した。五四九年に西魏では、孝文帝の改革により漢族の姓に改められていた諸族の姓をもとに戻

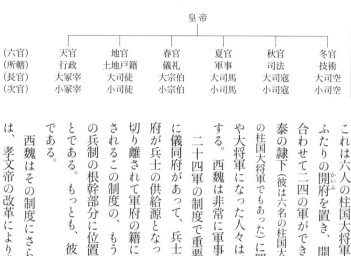

した。のみならず、漢族にも功績によって鮮卑姓を与えている。そして二十四軍の制度では、軍の兵士たちは自分の属する軍の指揮官の姓を名乗らされたようである。従って漢族の開府であっても、鮮卑姓を与えられているから、その配下の兵士も開府と同じ鮮卑姓を名乗ることになる。たとえ内実は漢族で構成された軍であっても、外見は遊牧国家の部族長と部族成員の関係を彷彿させる構成となっているのである。

孝文帝が漢族や諸族の家格を定めたとき、人材を家柄に求めるのか、才能に求めるのかという点に関して臣下との間で議論を交わしたことは先述した。その後北魏では、高い家柄の者でも、よりよい官職を求めて権勢を握る人物にすり寄る状況が、広くみられるようになっていた。しかし、高い家格を認められなかった人々にとっては、家格による官制の運用は決して望ましいものではない。西魏の支配領域には、かの「四姓」の所属する郡は存在せず、隴西《ろうせい》李氏、京兆韋《けいちょうい》氏、弘農楊氏などはいるが、東魏と較べると一流の名族の数は少ない。また、旧鎮民など胡族の人々は、孝文帝の改革以来濃厚になってきた門閥主義的な政治や社会のあり方から取り残されており、それに反感を抱いていた。

このため西魏では門閥主義的な運用を避けて、官制そのものを全面的に改めるに至る。その際に拠り所としたのが、はるか古代の西周の時代の制度を記したと考えられていた『周礼《しゅらい》』であった。『周礼』は官職を大きく六つに分ける。それに基づき、宇文泰はその死の直前の五五六年に、大冢宰《だいちょうさい》・大司徒《だいしと》・大宗伯《だいそうはく》・大司馬《だいしば》・大司寇《だいしこう》・大司空《だいしくう》をトップとする六官《りくかん》制を施行し、これらの官が開く府の下僚の名称もそれに倣って新たに定めた。またそれに伴い九品官制を九命《きゅうめい》制に改めている。この制度では、一から九という序列の品制とは逆に、九命が最上位、一命が最下位になる（各々の命はさらに二等に分けられる）。これら一連の改革は、北魏末の門閥主義を打破しようとする動きとしてとらえられよう。なお、『周礼』は、一世紀に王莽の建てた新朝がこれに依拠して新しい政策を行い、後に唐に代わって周を建てる武《ぶ》則天《そくてん》（則天武后）もこれによって新制度を定めたように、新たな政治を行い、新しい制度を模索するときに、しばしば拠り所とされる。西魏・北周もその流れの一環を占めたのである。一部の五胡の君主が採用し、北周でも孝閔《こうびん》帝が名乗った天王の称号は『周礼』に基づくものである。また二四軍を率いる六名の柱国大将軍に、（天子の六軍を説く）その影響をみる考え方もある。

家格に代わって何を基準として官僚を採用するかとなると、才能となる。実はこういってしま

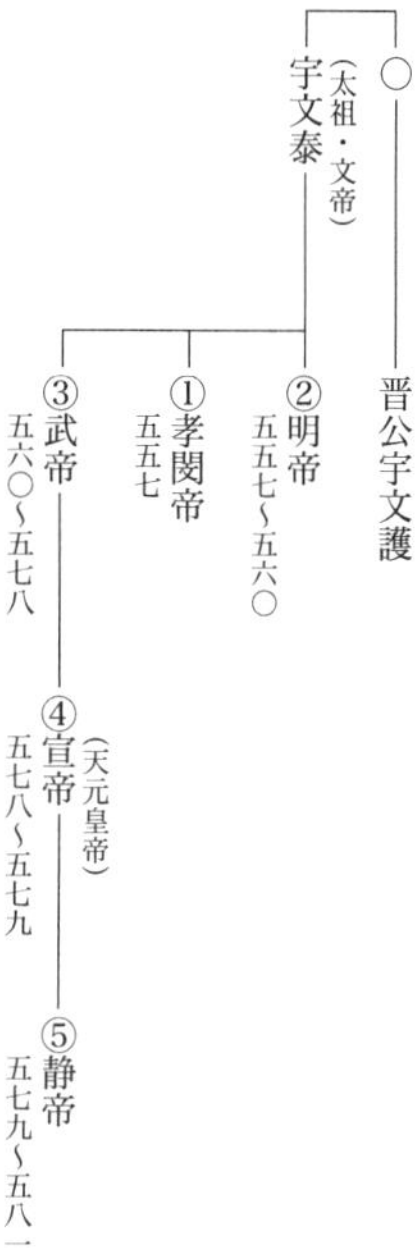

［図四七］北周王朝系図

うとやや問題がある。孝文帝は、家柄の中に才能が含まれる、つまりよい家柄から才能ある人物が生まれるという立場を採っていたし、考課を重視していたからである。ではあるが、西魏では、より強く賢才主義の理念が採られた。漢人の蘇綽《そしゃく》は、六官制施行に先立ち「六条詔書《りくじょうしょうしょ》」を起草し、地方官の心構え六ヵ条を述べたが、その第四条には「賢良の人物を抜擢すること」が掲げられている。直接には地方長官が部下の職に人を採用する際の基準であるが、その説明の中には「これからの人材登用は、家柄にかかわらずよい人材を採るべきである。もしよい人を採用すれば、奴隷の身から大臣になることもできる。もしよい人材でなければ、たとえ聖天子の子であっても県レベルの地も治められない」と、中央・地方を問わず賢才を用いるべきとしている。この詔書を宇文泰は常に座右に置き、百官に暗記させたという（『周書』蘇綽伝）。このように、西魏では孝文帝の改革以後の北魏の路線とは相対立する政策を採用したのである。ただし、忘れてはならないが、均田制や租調制といった国家統治の根幹に関わる制度は、東魏・北斉の場合と同様に西魏・北周でも、細部に変更はあるものの、基本的に北魏のそれを継承していることである。

その後の動きをみておこう。五五六年に王爵は辞退したままで宇文泰は死去し、その子の宇《う》文覚《ぶんかく》が五五七年に西魏の恭帝《きょうてい》元廓《かく》から禅譲を受けて周（北周）王朝を建てる（孝閔帝）。北周は西魏の政策を継承するが、その中で、五六〇年に即位した武帝は、特筆すべき事績を残している。まず、自らを擁立してくれたものの、同州の覇府にいて、軍事権力を掌握するのみならず行政府をも抑えていた宇文護を五七二年に誅殺して親政、六官制を改革するなどして皇帝による専制権力

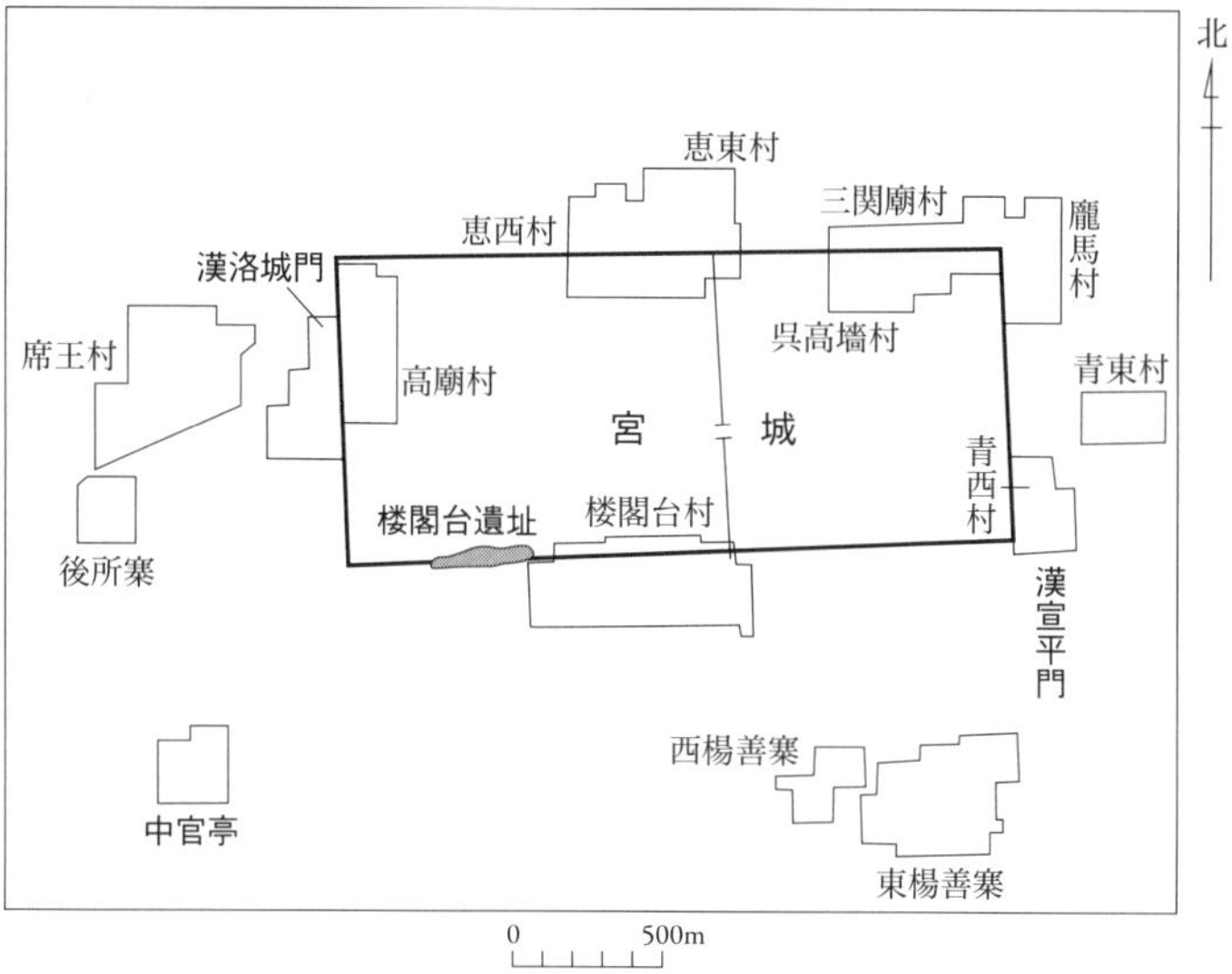

［図四八］北周の長安の宮城（楼閣台遺址）
『考古』二〇〇八―九に基づく作図。
漢の宣平門は東城壁の三門のうち最北。洛城門は北城壁三門のうち最東。それを対角線とした長方形の宮城は、北と東、そして西の北端部分が漢の長安城壁と重なるという。

体制を構築、富国強兵政策を進め、その一環として、五七四年には教団のもつ豊かな財物と人的資源を財源に充てようとする狙いがあったとされる廃仏を断行している。廃仏は後に占領した北斉領域でも実行されたが、武帝が死去すると、ほとんど間を置かない五七九年に仏教は再び行われる。なお、このときの廃仏には、北周において儒仏道三教のいずれを首位におくかという問題で激しく仏教と争った道教も含まれていた。

北周そして武帝にとって最大の敵は北斉であった。武帝が北斉攻撃をもちかけて陳による北斉侵攻を実現させたこと、西の強国吐谷渾《とよくこん》に攻撃を加えて王を逃亡させたことは、北斉攻撃に備えた措置である。五七五年に行った洛陽方面からの攻撃がうまくいかないと知ると、五七六年一〇月に要衝晋陽方面への進撃に切り替え、武帝は自ら最前線に立ち、同年末に晋陽を攻略、翌五七七年には鄴を陥し、北斉を滅ぼすことに成功する。これによって華北は再統一されるのである。直後に武帝は、没落して奴婢となっていた人々を解放する命令を下しているが、その中には江陵が滅んだときに強制連行された人々が含まれていた。

武帝はしかし五七八年に急死する。その後を継いだ宣帝は即位の翌年に幼い息子に譲位して天元皇帝《てんげんこうてい》を称して自らの権威を高めようとし、また諸々の改革に取り組んだが、これまた急死。幼帝静帝は宣帝の皇后の父親であった楊堅《ようけん》に禅譲させられる。隋の建国であり、五八一年のことである。

隋にとって残る攻撃対象は南朝陳であった。北斉滅亡後に北周と軍事的に衝突するようになった陳であるが、次第に北周が優勢となり、五七九年には淮南を占領されている。そして、隋によって五八九年に滅ぼされる。短期の西晋の統一期を除けば、実に四〇〇年近い時間を経て中華の地は再統一されたのである。

即位した楊堅すなわち隋の文帝は六官制を廃して三省六部制に切り替える。そして漢以来の長安城の東南に新たに大興城を築いて都とし、唐はそれを継承して長安と名付ける。後漢末以降の戦乱の中、時に統一政権の都、時に西方を版図とする政権の都、時に東方に拠点を置く政権の重要拠点として重要性を保ち続けた長安は、政権交代ごとにといってよいほど多くの破壊と修復を経験した。漢代の城郭は利用されたようであるが、五胡時代の宮城は漢の長安城の東北部分にあたるとみられ、南北が約一キロメートル、東西が約二・二キロメートルの広さであった。隋と唐はそれを捨てて、明確なプランのもと、巨大な都城を建設し、新たな時代の到来を目にみえる形で示したのである。

ここで、北朝後期の重要な課題となったモンゴル高原の国についても述べておく必要があろう。北魏に対して脅威を与え続けた柔然は、西方のアルタイ山脈方面にあって支配下に置いていた高車が自立したことにより弱体化し、五二〇年には可汗阿那瓌が北魏に亡命する。しかし阿那瓌は北魏の北辺を略奪して北帰、これが六鎮の人々に北魏朝廷の無力さを実感させたことについては前述した。その後北魏の分裂によって再び強大化した柔然に対して、東西魏はともに婚姻関係を結んで歓心を得ようとする。西魏の文帝は阿那瓌の長女を皇后に迎え、東魏の場合は高歓がやはり阿那瓌の女（蠕蠕《ぜんぜん》公主）を妃に迎え、さらに高歓の子の高湛《こうたん》（のち即位して北斉の武成帝）が阿那瓌の孫女を妻に迎えている。後者は茹茹《じょじょ》公主と呼ばれ、豪華な副葬品と壁画を伴った墓が発見された。墓誌によれば高湛に嫁したときは僅かに五歳、一三歳で夭折している。

高車は丁零《ていれい》の後身ともいわれ（高車丁零）、その国はテュルク（トルコ）系としては最初の国家建設と目される。しかし国としての存続期間は短く、急成長してきた同じくテュルク系の突厥《とっけつ》（テュルクの音訳）に滅ぼされる。突厥は続いて柔然を破って阿那瓌を五五二年に自殺させると（柔然の残党は五五五年に滅亡）、代わって可汗と称し、さらには西方の強国エフタルをもイランのササン朝と結んで撃滅するなど、モンゴル高原からカスピ海北岸に至る広大な領域を支配する。

突厥に対しては、北周・北斉は、ともにその後援を期待する故に、可汗が「南方にいる孝順なふたりの息子」（『北史』突厥伝）とたとえるような外交政策を採らざるをえなかった。北周の武帝も、木杆《もつかん》（ムカン）可汗の女を皇后に迎えているし、北周末期には千金公主《せんきんこうしゅ》を他鉢《たはつ》（タトバル）可汗に嫁がせている。公主とは皇帝のむすめにあたえられる称号である。しかし千金公主は宇文泰の孫ではあるが、皇帝のむすめではない。このように中国王朝の宗室の女性が公主の称号を得て周辺諸国の君主に嫁する事例は少なくない。

中華の地の東西両国を天秤《てんびん》にかけるようなあしらいをしていた突厥にとって、北斉滅亡は痛手であった。突厥は北斉滅亡後に亡命してきた高紹義《こうしょうぎ》を擁立して北周と対立するのであり、突厥親征に出た武帝が五七八年に途上で病死した後も、突厥による策謀は続く。五八三年に東西に分裂するものの、北朝末から唐初にかけて、中国史における突厥の影響は非常に大きいものがある。

ところで、代国・北魏時代を主導してきた拓跋氏(元氏)のその後はどうなったのであろうか。『北斉書』の列伝に名を連ねる元氏は九名を数えるが、天保一〇年(五五九)に北斉は元氏に大誅殺を加え、その数は七二一人に及んだという(巻二八元韶伝)。他方、『周書』では列伝に立てられた者こそ二名にすぎないが、西魏・北周では特に元氏を忌避することはなかったとされ、最初の八名の柱国大将軍のひと

［図四九］茹茹公主墓
茹茹公主は五四二年に高湛に嫁し、五五〇年、東魏が滅びる直前に死去して、高歓の墓陵域内に葬られた。公主の墓は邯鄲市博物館に「復元」されていて、上図はその墓道と主室入口の門を示す。墓道の左右の壁と墓門上部に壁画が描かれている。

り広陵王元欣を含む一三名の顕官を列記している（巻三八元偉伝）。『新唐書』は宰相を出した家の系譜を記す宰相世系表という五巻（実質は一一巻）をもつが、その巻五下に元氏があり、ふたつの系統が記されている。ひとつは孝文帝の子孫であり、もうひとつは拓跋什翼犍《たくばつじゅうよくけん》の第六子の子孫であって、後者の系統からはかの白居易（白楽天）の友人元稹《しん》を生んでいる。

終章

五章にわたって叙述してきた内容の骨子を述べると、以下のようになろう。

代国は、中核となる拓跋部の君長のもとに、部族長に率いられた大小の部族が服属する形の、部族連合国家であった。君長は拓跋部族内部における自らへの権力集中を図るとともに、服属諸部族に対する規制力の強化をも目指す。しかし后《きさき》の出身部族を代表とする彼ら服属部族の制約を受けざるをえなかった。一方、代王の下に新たに加わる胡族の集団や漢族がいて、代王の直轄支配を受けつつ王権を支える存在となる。

復活した代国＝北魏も同様の構造を抱えていたのであるが、服属部族に対しては、時期と内容を異にしつつ部族解散を行って対処し、彼らには可汗として臨んだ。解散された人々のうち畿内に置かれた者は「代人」とされる。自他の旧部族成員（特にその上層部）から受ける制約は強く残るが、後継者決定の方式が示すように君長としての権力は徐々に伸張する。

後燕に取って代わって以後に新たに生じた問題は、旧代国時代よりはるかに多く含み込んだ漢族を中心とする農耕民をいかに支配するかということである。彼らに対しては、「代人」を中心とした軍事力を背景とした皇帝として臨む。服属諸族に対して臨んだ可汗としての存在を併せた、いわば二重統治体制を構築したのである。

さらに支配領域が拡大すると、農耕民をも軍事力に組み込む必要が生じる。それに対しては、豪族による宗主制を解体して農民を編戸とし、編戸の民に均田法を施行して税を徴取するとともに兵役にも従事させた。他方、旧部族成員上層部による制約を打破する目的もあり、二重統治体制を解消し、皇帝が官僚を用いて人民を統治する一元的な中華帝国の統治体制に移行する。それに伴い旧「代人」らにも中華帝国の臣民としての装いが強いられる。逆に漢族は政策を立案し実行する上層部の官僚としても活躍できるようになる。これらの変化は華北統一後徐々に進行していたのであるが、孝文帝時期にはそれが一気に加速した。そして加速した変化を象徴するのが洛陽遷都であった。

しかし、孝文帝期にできあがった体制から疎外された胡族の反発は強く、内乱によって北魏は分裂する。東魏と北斉では孝文帝期の体制が踏襲され、西魏と北周では、必要なところは北魏後期の政策を継承しながらも、多くの点で北魏後期とは異なる支配体制を構築した。北周から出た隋は北周の制度を受け継いだのかといえば、府兵制などはそうしたが、北斉のそれを取り入れた部分も多い。そして唐は基本的に隋制を受け継いだ。

以上のように概観すれば、秦漢時代と隋唐時代の間にあり、しかも中華の地の北半分を支配したにすぎなかった北魏は、いかなる位置を占めたとするべきであろうか。これまでに述べたこととかなりの点で重なることになるが、この問題についてあらためて考えておきたい。

一――制度

支配階層・制度・文化面で共通するところが多く、同質の王朝とされる隋唐帝国は、第一次の統一帝国であった秦漢で生まれた制度や文化を継承し、完成のレベルに高めたとみられがちである。

秦漢の制度とは何か。何よりもまず秦によって創始された、皇帝が官僚を用いて法に基づいて人民を統治する体制がある。国内は郡と県に分けられて、中央から官僚が派遣され、現地の人から採用された下僚を指揮して治める(郡県制)。漢初は王が統治する国の存在を認めていた(郡国制)が、間もなく、王は存在するが封地を統治することなく、実質的には郡県制という形ができあがる。人民は戸籍によって国家に把握され、税役(兵役を含む)を徴取される。また皇帝支配を支えるイデオロギーとなった儒教に基づき、前漢末から後漢初にかけての時期に、首都の南北郊外で天地を祭る儀礼、都城内で宗廟《そうびょう》や社稷《しゃしょく》を祭る儀礼など重要な儀礼のかたちが定められ、儀礼に必須の楽制も整えられる。渡辺信一郎氏は秦漢期に定着したこのような内実をもつ国制を、後世の諸王朝が絶えず参照すべき国制であったという意味で、「伝統中国における古典国制」と意義づけている。農業経営のあり方など秦漢時代を継承しつつ発展させたとみてよい事象も多い。

しかし、隋唐時代には、秦漢時代からの継承・発展という理解には収まりきれない要素が少なからずみられることも確かである。とすれば、隋唐の制度は、いかにして、またどこから生まれたのか。この問題に取り組んだのが、陳寅恪《ちんいんかく》氏の『隋唐制度淵源略論稿』であり、次のように述べる。

隋唐の制度には、（a）北魏・北斉、（b）梁・陳、（c）西魏・北周の三源がある。（a）は秦・漢→西晋→南朝宋・南斉と変遷・発展してきた制度を北魏が模倣して採用し、北斉がまとあげたものであり、（b）は秦漢→南朝前半と変遷・発展してきた制度を南朝後半期の梁・陳が発展させたもの、（c）は関隴《かんろう》地域に保存されていた漢族の文化が鮮卑六鎮勢力の環境に適応して生み出したものである。ただし、（c）は他の二源より重要度で劣る。このほかに、永嘉《えいか》の乱以後河西地方に保存されていた制度・文化が（a）に影響を与えており、これに（a）の支派の位置を与える。以上の理解のもとで、礼儀（都城建築を含む）・職官・刑律・音楽・兵制・財政の各項目について、構想の内実を詳論している。

陳説は、（c）の扱いが小さいなどの批判を浴びたが、その影響は大きかった。その後、秦漢→南朝→隋唐を中国史の主な流れととらえる見方や、逆に北朝に主な流れを認める見解などが発表され、議論が重ねられてきた。しかし、その議論には立ち入らないでおこう。

陳氏の挙げる項目をみれば、既に本書でその多くにふれていることに気づいていただけるであろう。本書で述べてきたことは隋唐時代（前半期）につながる重要な制度だったのである。

まず隋唐の統治の根本の位置にある均田制・租庸調制は、北魏で創始された制度に基づく。北魏均田法を、前漢末期に立案されたものの実施には至らなかった限田法《げんでんほう》から始まる大土地所有制限政策の系譜、特に三世紀の西晋の占田《せんでん》・課田《かでん》法につなげる考え方が存在する。占田法と課田法が同一戸を対象としたか否かについては議論があるが、それは暫く措くとして、占田法とは、官品によって官僚が占有できる土地面積の上限を定めるとともに、官品をもたない庶民の土地占有額を男子七〇畝、女子三〇畝(つまり夫妻であれば一〇〇畝となる)とするものであり、その田土に対して定められた額の租税(一畝ごとに三斗)を徴収する。課田法は戸主である丁男《ていだん》に田土五〇畝を課(割りつけ)して耕作を強制するもので、一戸あたりの調(戸調《こちょう》)として定額の帛《はく》・綿《まわた》・穀物を徴収する。北魏均田法は夫婦に定額の土地を与え、定額の租調を徴収するのであるから、大土地所有制限の側面と、土地割りつけの側面をもつ。その思想的な系譜を占田・課田法に求めうることは確かである。

しかし、土地割りつけという方式は北魏初期にもみられた。計口受田《けいこうじゅでん》策である。この方式ははたして、占田・課田法の理念を想起し、それに基づいて立案されたものであっただろうか。ほとんどが無主の地に徙民《しみん》した人々を送り込んで耕作を強制するためには、一定額の土地を割りつけ、編戸の民とすることが最も適した方法であるから、それに基づく立案だったのであろう。一方、三長制と均田制は、北魏が華北全域を統治するようになり、軍を各地に配備するようになって、広大な対南朝前線に多くの兵力をはりつける必要性から成立した。宗主制のもとから析出させた農民になお無主の地が多かった土地を割りつけて編戸の民として編成する方式——その立案者およびその周辺の人たちの記憶には、国初の計口受田策の成功が刻印されていたはずである。もちろん計口受田策と均田制には異なるところがあるから、均田制に過度に鮮卑的な要素を強調するのは避けるべきであろうが、文明太后臨朝期と北魏初の政策には類似した背景と解決方法があることに注目してよいのではないか。そしていうまでもなく、政策として他の人々の賛同を得るためには、中国古来の均田思想あるいは土地区画・割りつけの系譜に引きつけて説明する方が得策である。

南朝でも、五世紀半ば過ぎには山沢の占有を制限する政策が採られており、大土地所有の制限という方向性がなかったわけではないが、はたして均田法に行き着きえたであろうか。行き着きえなかったとまではいえないかもしれないが、政策立案の緊急度や政策を遂行する国家権力の強さという点を考慮すると、少なくとも北魏のような早い段階で均田制に類する政策を生み出すことは難しかったであろうと考えられる。

北魏均田法は、奴婢や耕牛への給田を認めていて、豪族の大土地所有を容認していたのであるが、隋唐ではこの規定はなくなる。これは北魏均田法施行段階では豪族のもつ郷村把握力に依存せざるをえなかった状況が一定程度解消した結果であって、時代の変化を示すのであるが、北魏が生んだ政策が隋唐をも基本的なところで支えたと評価してよいのである。なお、付言すれば、北魏の政策を多く継承した北斉では、受田資格をもつ奴婢の所有を爵位と官品によって制限した。それでも庶民でも六〇人までは所有を認められている。

府兵制は、非漢族中心の北魏の近衛軍団および旧鎮民の大部分を吸収した東魏よりはるかに劣る軍事力に対処するために西魏が採った方策から出発した制度、非漢族政権の置かれた状況が生んだ制度であった。府兵制は隋の時期に大きな変更が行われていて、それまでは府兵は軍籍に付けられていて、兵民分離の制度であったのが、通常の民の籍に付けられるようになった、つまり兵民一致の制度に変わったという。兵民一致を否定する見解もあるが、民籍に付けられても、以前の軍府の民の担った任務を背負うという考えに従っておこう。これは大きな変化であるが、隋制を継承した唐の場合でも、府兵としての義務を担ったのは民の一部であった。彼らは均田制に基づいた田土を与えられ、農耕に従うことは通常の農民と同じであるが、租庸調・雑徭を納入する代わりに、軍事訓練を受けるとともに都へ番上《ばんじょう》(交替勤務)し、また辺境防衛にあたる防人となる義務を負う点が異なる。そして何よりも、折衝府《せっしょう》(軍府)に所属する点が通常の農民とは大きく異なる。以上によって隋唐の府兵制は基本的に西魏以来の府兵制を継承しているとみなしうるのである。

皇帝による統治を支える官僚制度については、北魏は西晋の制度を基本に置き、東晋南朝における修正点を参照している。隋唐は、大きくは北魏の制度を継承した東魏・北斉の制度に依っており、西魏・北周の独特の官制は、散官《さんかん》や勲官《くんかん》に関わる制度の一部を除き継承しなかった。故に、隋唐は基本的には伝統の中華帝国の官制を継承したといってもよい。ただし、その中国伝統の官僚制度には北魏が付け加えたところも含まれている。三国魏で官職が九品に分けられ、九品はその後正従に分けられて一八階となった。北魏は四品以下の官職をさらに上下に分けたから、都合三〇階となる。隋唐の官職も三〇階に配置されている。また将軍号が軍を率いるという本来の職務から切り離され、官僚の地位表示に用いられるようになったが、これが唐代の散官につながっていく。

少し細かくなるが、散官とそれに関わって勲官について述べておこう。唐代の官僚は実際の職務を示す官職(職事官)、官僚としての地位を示す文散官・武散官、もたない者も多いが爵位、そしてそのほかに勲官をも帯びた。その成立の経緯をたどると、第二章で述べたように、北魏のときに、将軍号が官僚の政治的地位を表示するようになる。そのほかに実際の職務がない、もしくは定員のない、本来の散官ともいうべき官職もあった(南朝にもこの種の官職がある)。光禄大夫《こうろくたいふ》など「大夫」の語を含む官職群はその一部である。ところが、六鎮の乱以後に勲功に報いるために将軍号が乱授され、将軍号と実務の官職の品階との差が大きくなりすぎる。そのため、光禄大夫など「大夫」系列の官職を組み合わせて与える双授制《そうじゆせい》と呼ぶべき措置が行われる。この後の経緯は省くが、この将軍号の系列が隋唐の武散官に継承され、「大夫」系列の官職群が「〜郎」系列の官職を加えて文散官となっていく。他方、軍には下級から上級まで各レベルの指揮官(たとえば近代でいえば小隊長や師団長)が必要である。元来官品とは無関係であったこの系列の軍官も次第に位階の色彩を帯びるようになり、新たに軍功に対する報償として授与されるようになる。そしてその序列と名称が西魏の九命制の中に位置づけられるようになり、その後隋代の手直しを経て唐代の勲官となるのである。このように散官・勳官成立の背景には軍事があった。遊牧民の成人男性はみな兵士となり、軍功によって地位を上昇させる。旧部族成員を主力の兵源とした北魏において、将軍号が政治的地位の表示として重要視されたのは故なしとしないのである。また北魏で行われた階による地位の上昇や考課などが唐の制度に受け入れられている。

以上に述べたような各種の制度は、秦漢以来、法の体系の中に示される。漢代では基本法として律があり、令は必要に応じた規定という位置づけであったが、西晋で律令としてまとめられた(泰始《たいし》律令)。南朝は基本的に泰始律令を継承していたようで、梁における律、令の編纂もそのように理解される。ところが隋唐帝国においては、行政法規たる令、刑罰に関わる規定を定めた律、補充規定である格、施行細則としての式による、整然とした律令格式の体系が構築されていた。北魏の律令を継承した後継政権がその変化に関わる。これも少し詳しく述べてみよう。

北魏は官制や刑罰に独特のものがあったとはいえ、国初に律令を定め、以後も神䴥《しんか》四年(四三一)、太和一六年(四九二)、正始元年(五〇四)と律令を編纂した。それ以外にも律の改訂、官品令の発出がそれぞれ数次行われている。律令の必要性は強く認識されていたのである。正始律令の制定に中心的に関わったのは南朝からの亡命者劉芳《りゅうほう》であったことからわかるように、南朝を通じて泰始律令とその後の変化に関わる影響を承けた可能性は高いとせねばならないだろう(もっとも、正始律の内容は刑罰志などにみられるが、令は施行されなかったという説もある)。

そして北斉の河清《かせい》三年(五六四)には、河清律令の編纂が行われた。河清律令は北魏の律令を改めることが多かったとされる。たとえば、律の篇目の数を減らし、各篇目の名称も名例《めいれい》など新たなものに改めている。しかし、北魏の制を一部修正しつつも均田法を令に載せているように、北魏の改革の結果が盛り込まれている。また河清律令に先立ち、東魏において麟趾《りんし》格が施行された。これは西晋以来、律令の補助として扱われてきた「故事」「科」を「格」として施行したものである。また西魏では大統《だいとう》式が編纂された。

隋の文帝が定めた開皇《かいこう》律令では律・令・格・式という整然とした法体系が整備され、それが唐に継承されるが、それには北朝の影響が大きかったのである。では律令の内容はいかがか。開皇律令は魏晋・南朝・北周・北斉の律令を参照したのであるが、令が載せる均田制・租庸調制・府兵制という基幹となる制度は北朝から由来している。律では河清律が一二の篇目に整理しているが、開皇律はその数を踏襲し、篇目名とその配列もほとんど河清律によっている。内容面でも北魏以来の北朝は小さからぬ位置を占めているのであり、そしてその開皇律令は唐初の武徳《ぶとく》律令に継承された。

このほか、細かなことになるが、北魏の文成帝期に、死刑の一部を流刑にすることが行われるようになり、河清律の中にそれが明文化されている。隋唐律の刑罰(笞《ち》・杖《じょう》・徒《と》・流・死)の一つとしての「流」刑は北魏に源流があったのである。

皇帝による統治に欠かせないのが儀礼である。皇帝と官僚、皇帝と周辺諸国・諸地域、それらの関係は儀礼によって確認される。儒教が統治のためのイデオロギーとして定着すると、天地、特に天に対する祭祀（祭天《さいてん》）が重要視される。皇帝は天命を受けることによってはじめて皇帝すなわち統治者となるという理解に基づく。しかし、北魏前期では皇帝は鄭玄《じょうげん》説に基づく南郊の祭祀には自らは臨席せず官僚に代行させ、他方、西郊で行われる祭天儀礼では親祭している。中華帝国の皇帝としてよりも、遊牧国家の可汗としての祭祀が優先されたのである。孝文帝は西郊祭天を廃止して、南郊の祭祀においては親祭に心がけた。その後の皇帝たちは、西郊祭天を復活することはなかったが、親祭にこだわった形跡もなく、官僚に代行させることも多かったようである。これを承けたのであろう、唐では祭祀の種類によって皇帝親祭と官僚代行が制度的にも区分されたが、郊での祭祀は官僚代行が常態だったという。東晋南朝では南郊での祭天儀礼は皇帝親祭であったから、北朝の方式が唐に影響を与えた可能性が指摘されるのである。

「郊」とは首都の城壁の外の意味であるから、郊祀は都城と深く関わる。前漢の都長安は形は方形ではなく、不規則な形の城壁をもっていた。天地の祭祀は長安の郊外ではなく、遠く離れた地で行われている。後漢が縦長の長方形の城壁をもつ洛陽に都を置くと、郊祀は都城の南郊に定着するようになる。楊寛氏は、漢長安城は「坐西東向」つまり主要な宮殿が西側に置かれ東に向いた、西側優位のプランであったのに、唐長安城は「坐北南向」つまり北側優位となっていると、漢唐間の長安城の変化を論じた。変化は大きいのであるからその過程を少し詳しく述べてみよう。後漢洛陽城の内部には南と北のふたつの宮《きゅう》（複数の殿で構成され、壁で囲まれた区画）があったが、宮殿と門の配置をみると、北から南に対する形となっていることがわかる。魏・西晋時代の洛陽は二宮ではなく、一宮制になったとされるが、中心的な建物として出現した太極殿は、もとの北宮の地に築かれたようである。北魏は洛陽に遷都すると、魏・西晋の洛陽の城壁を踏襲、太極殿も魏晋の位置に再建――都城の北部に位置する――するとともに、旧来の城壁のさらに外側に郭（皇城をさらに大きく囲む壁）を築いた。この外郭は横長の長方形の形状である。佐川英治氏によると、太極殿から真南に孝文帝が重んじた円丘の位置が定められ、太極殿と円丘を結ぶ線が、外郭を含めた洛陽城の中軸線となったという。横長の長方形の城壁、北に中心となる建造物、中軸線による左右対称型、これらは中国の都城の発展の系譜上にあることは間違いないのであるが、北魏でみられたこのような都城建設プランが、隋の大興《だいこう》城を経て唐の長安城に継承されるのである。なお、孝文帝が円丘を重視したことについて、西郊祭天は廃止したものの、遊牧民のもっていた天の祭祀を重んじる考えが、中国伝統の天の祭祀に加えられたとする理解があることにも留意しておきたいところである。

儀礼と密接に結びつく宮廷音楽については、北魏前期には鮮卑系・北族系音楽が優位に立っていた。孝文・宣武帝のときに淮南《わいなん》を奪取して東晋南朝に伝わっていた西晋音楽の一部を入手できても、その大勢には変化はなかったようである。孝文帝は古楽つまり西晋の楽制復興を命じたが、担当者の死去もあって成功せず、宣武帝も音律改訂を命じたが、完成には至らない。ようやく孝荘帝のときに北族の音楽と中華の音楽を接合させたが、なお、鮮卑・北族系の音楽の影響を大きく受けていて、その状況は北斉・北周でも変わらなかったとされる。隋初、もと北斉の官僚であった顔之推《がんしすい》が隋の雅楽を「並びに胡声を用う」と断じて改革を求めている。よって隋は楽制を改めるのであるが、それは南朝を通じて得られた漢魏以来の楽制のみならず、五胡時期以来中華の地に入った鮮卑・西域など周辺諸民族の音楽を取り入れたものであった。かの「真人代歌」も続けて演奏されている。

なお、前漢末か後漢初期に伝わった仏教は、魏晋南北朝時代に民衆レベルにまで広く信仰され、隋唐時代に大きく教学上での発展を遂げる。その点において、北魏という非漢族王朝が果たした役割を強調しすぎることは避けるべきだろうが、一般に胡族が仏教に親近感を抱いていたこととともに、国家仏教としての姿は、北涼仏教からその原初のありかたを受け継いだとはいえ、北魏に始まることには注目せざるをえないだろう。仏教の影響を受けて後漢代にはまだ萌芽的でしかなかった道教も宗教としての姿を整えて隋唐に至るが、その過程では寇謙之のように為政者と強く結びつく状況があった。

二——支配階層

支配階層についてはふたつの点を指摘しておきたい。一部を除く五胡諸国や北魏（東西魏を含む）の君主は明白に非漢族であった。隋の帝室は弘農郡の楊氏、唐の帝室は隴西《ろうせい》郡の李氏という、西魏の領域内ではトップクラスの名族の出身であると正史は記す。しかし、隋の場合は文帝楊堅《ようけん》の五代前から、唐は高祖李淵《りえん》の四代前の時点から、いずれも武川鎮《ぶせんちん》に配属されていた。西魏では宇文氏の率いる武川鎮グループの一員として、楊氏は普六茹《ふりくじょ》、李氏は大野《だいや》という胡姓を与えられ、柱国大将軍（八名）・大将軍（一二名）の一員となり、このクラスに属する人々と、密接な婚姻関係を結んだ。このほかにも根拠があって、隋の帝室、唐の帝室ともに、鮮卑族であった可能性は高いとされ、たとえ漢族であったにしても、相当に鮮卑族の習俗に染まった一族であることに間違いはない。東魏の実力者であり、北斉の帝室となった高氏の場合も、渤海《ぼっかい》郡の高氏という漢人の名族と同族で、懐朔《かいさく》鎮に移されたと主張しているが、鮮卑族の可能性は隋唐帝室より高いようである。いずれも中華の地を統治するのに都合のよいように、漢人名族に系譜をつなげたのである。宇文《うぶん》氏の場合は、西魏・北周という、鮮卑色が鮮明となった時期の支配者であるから、漢族であることを標榜する必要性はない。なお、西魏では柱国大将軍や大将軍に任ぜられた人々をトップとする北族系の人々と、領域内を本拠とする漢人名族が、政権を支えていた。これを「関隴《かんろう》集団」というが、彼らおよび彼らの子孫は、西魏・北周においてのみならず隋および唐の初期においても、最も強力な政治勢力を構成したという考え方がある。陳寅恪氏が唱えたこの説については近年批判が寄せられているが、唐初に編纂された『周書』などの正史が唐の帝室の出自を飾るために曲筆した部分がある可能性は高いにせよ、彼らが一定の地位を政治社会においてもっていたことまでもは否定できないであろう。隋・唐初の時期に政治的上層部を占めたのは関隴集団のみではなく、東魏・北斉系の漢人名族（かの「四姓」の家はこの系統に属する）、南朝系の名族出身者も重要な位置を与えられていて、社会的にはむしろ彼ら（特に前者）が関隴集団を凌駕する声望を有していたとみられるが、全体としてみれば、漢代と隋・唐初の時期には支配層の構成に大きな相違があるのは明白であり、それは、その間の時期に中華の地に入った人々によってもたらされたのである。これが第一点。

第二点は貴族制の問題である。貴族制は漢代にはみられず、三国魏の時代にできた九品官人法（九品中正法）の運用を媒介として誕生し、東晋・南朝で典型的な姿を現し、それが北朝にも及び、ひいては隋唐でもみられる。

ではその貴族制とはどのような内実をもつのか。実は西洋中世や日本でみられた貴族制とはかなり異なるし、中国で貴族の語にふさわしい存在は西周時期にこそみられたという指摘もある。故に中国では「世族」「士族」という語を用いる。ではあるが、日本の学界で広く用いられている貴族制の語を本書でも用いている。この時期の貴族制は官僚制と分かちがたく結びついていることが特色である。三国魏で定められた九品官人法は、官僚となろうとする人々を、中正という官が九つの品に分けて評価する。これを郷品《きょうひん》という。官職も九品に分けられていて、官途に就く人々は、郷品より四〜五品下がる官品の官職から官歴をスタートし、順調にいけば郷品に等しい官品の官職に到達するという仕組みであった。しかし、郷品が個人の才能に応じて与えられるならよいけれども、高位の官職にある人物、あるいは有力者の子弟に高い郷品が与えられるようになって、代々高い郷品を与えられて高い官職に就任する家系が出現する。その家系を研究者は貴族と称するのである。当時に「貴族」という用語があったわけではない。高い郷品、高い官職といっても、それにはレベルの差があり、南朝貴族は最も高い郷品を与えられる「甲族《こうぞく》」「門地《もんち》二《に》品《ひん》」と称される上級貴族、それに次ぐ「次門《じもん》」つまり下級貴族に分かれる。そしてその下には「寒《かん》人《じん》」と「庶人」の層があった（階層の分け方には異説もある）。それぞれの階層ごとにたどりうる昇進ルートもできあがってくる。さらに上位のふたつの階層の人々は「士」とされ、それ以外の人々は「庶」とされるという、より大きな身分差もあった。

近年では、南朝における起家には父の官職が大きなウェートを占める（つまり高い家格の家系でも、たとえば父が官職が低い段階で早く死んだ場合には、子の起家官に悪く影響する）ことが指摘され、階層間の流動性を指摘する見解もあって、階層の差が固定的であったとする従来の定説については疑問が出されているが、流動性は含むにせよ、固定性に近い状況であったと理解しておきたい。

このような身分制の下にあって、貴族(士)層に担われた文化は高いレベルに達し、都建康は繁栄する。書聖と尊崇される王羲之《おうぎし》は東晋で最高の家格を誇る琅邪《ろうや》王氏の一員であり、名画『女史箴図《じょししんず》』で知られる東晋の顧愷之《こがいし》も江南(長江下流域南岸)を代表する貴族の出身である。田園を詠う東晋の陶淵明《とうえんめい》は家格は低かったが、士の階層に属する。南朝の文学は整然とした四字句・六字句を連ね、対句を重んじる四六駢儷《べんれい》体といわれる華やかな文体で知られ、古典文学のアンソロジーである『文選《もんぜん》』が編纂されたが、それらの文学活動を担ったのは、貴族(士)層であった。山水を題材とした文学で知られる謝霊運《しゃれいうん》もまた琅邪王氏と肩を並べる大貴族陳《ちん》郡謝氏の一員である。

なお、南朝の貴族制は梁の武帝の末年に起こった侯景《こうけい》の乱によって大打撃を受け、南朝貴族の最高の位置を占めていた王氏や謝氏など、永嘉の乱後に江南に渡った北来貴族は多くが滅んだとされる。しかし、江南土着の貴族は残るのであって、隋唐政治社会においても活躍する。

孝文帝が南朝から導入しようとしたのは、家格に基づいて起家が行われ、その人々が皇帝の統治を補助するというありかたであったと思われる。そして孝文帝がそのような貴族制を取り込もうとして反対する人々を説得する際に、「貴族の家に生まれた者は、たとえ当世の役には立たないにしても徳行に優れる」という論理を用いているのは(韓顕宗伝)、南朝社会に対する彼の理解に基づくのであろう。ほんとうに南朝においてそれが該当するかどうかはともかく、北魏で重用された南朝からの亡命貴族に接した帝は、そのように感じ取ったのであろう。

では隋唐の貴族制につながったのは南朝、北朝のどちらなのか。南朝の貴族制は階層が固定的であって内部発展の動きに乏しく、隋唐貴族制とは違うという考えが有力であったが、梁の武帝による改革——特に官僚の子弟のための学校において試験して起家に反映させる制度など——とその才能重視の思想は隋唐の科挙《かきょ》制につながるという指摘が行われるようになっている。南朝の貴族制が自己変革できないままであったわけではないことは確かである。一方、北魏が導入した貴族制は、第二章で述べたように考課を併用した門閥主義を志向したのであって、南朝のそれとは異なる側面を有していた。また北魏が分裂したあとの西魏は家格よりも賢才を重んじる官吏登用を行っている。それらの精神が隋唐に継承され、科挙制となって現れたことは否定できない。東魏・北斉においても勲貴や恩倖《おんこう》の存在が門閥社会の動揺を招いていて、それも隋唐の貴族制に影響を与えたと考えられている。さらにいえば、北魏において公的に認定された漢族の家格は、「四姓」に数えられた家系が唐代の終わりまで官僚としての一定の地位を保ったように、影響力をもち続けていると理解される。

三——女性の活躍・世界帝国

顔之推の著した『顔氏家訓』に次のような記述がある。北斉の都鄴《ぎょう》では、家は専ら女性によって維持される。彼女らは訴訟を起こして曲直を争い、勢力家に陳情し、そのため彼女らの乗る馬車が街路を埋め、着飾った彼女らが関係役所に溢れる。息子らのために官職をあさり、夫のために陳情する。このような風習は「恒・代」つまり北魏平城時代の鮮卑族の遺風というべきか、と。これは家に閉じこもる南朝の女性との差として述べられたものであるが、鮮卑族など北族の女性が活動的であることを示す。権力を握る皇后や母后の事例は西晋や東晋でみられ、南朝でも実質はともかく母后臨朝の形はある。しかし、官僚の妻たちが活動的なのは、南朝で育った顔之推には刺激的だったのであろう。

高歓の后であった婁《ろう》氏は、内入諸姓の匹婁《ひつろう》氏の出身で、高歓が「城」、おそらく懐朔鎮城で仕事しているのを見そめて自分から彼に働きかけ、反対する父母を諦めさせ、英豪と結ぼうとする夫を経済面で援助するとともに、夫の密謀秘策にも加わったという（『北斉書』神武婁后伝）。また爾《じ》朱栄《しゅえい》のむすめは孝荘帝の皇后であったが、のち高歓の側室となった。高歓が柔然可汗《じゅうぜんかがん》の女（蠕蠕《ぜんぜん》公主）を妃に迎えたとき、爾朱氏もそれを迎えに出、公主が角弓を用いて一矢で飛鳥を射落とすと、彼女は長弓でもってこれも一矢で飛鳥を射落としたという(『北史』后妃伝下)。これも顔子推の記す恒・代の風と同質の女性のあり方と考えてよい。

代国時代には代王の母が国を切り盛りする事例が複数あった。「臨朝」した代王賀傉《がじょく》の太后が後趙に派遣した使者が「女国使」と称されたという事例も記録されている。北魏建国後も皇太后が政治的権力をもつ事例がかなりあったことは本文で詳述した通りである。一般に遊牧民の女性の家族や社会における発言権は大きいとされるが、北朝の女性は、すべてではないであろうにせよ、積極的に表に出て活動し、また武器を操ることもできたのである。

最近、上官婉児《じょうかんえんじ》という唐代女性の墓が発見された。彼女は七世紀末〜八世紀初、つまり武則天(則天武后)や中宗の韋《い》皇后が権勢を振るった時期に、高級女官として活躍した人物であるが、墓中からは馬に跨がった女性や男装した女性の陶製の俑《よう》(人形)が出土している。女性が皇帝となりえた時期故にこのような俑が作られたという見方もあるようだが、政治的にも生活面でも女性が示す開放的、活動的な姿は、唐代になって生まれたものではあるまい。五胡時期以来、北朝期を通じて形成された姿であったはずである。ちなみに、老いた父に代わって出征し、軍功をあげて家に戻るという内容を詠った「木蘭《ムーラン》詩」は北魏時代の対柔然戦争が舞台であると考えられている。また、隋の文帝の独孤《どっこ》皇后(胡族である)は、即位はしていない段階ではあるが、夫に、他の女性に子を産ませないことを約束させたという。彼女の個性の強さによるものとだけ考えてよいであろうか。

隋唐の時代は、統治する領域が拡大し、服属する周辺国家・諸民族の数も南北朝期に比べると多く、往々「世界帝国」と評される。都の長安では、西域系の美女が接待し西方からもたらされた葡萄《ぶどう》酒が供される酒場が栄え、アジア各地域の音楽が奏でられ、西域からもたらされた金銀ガラス器がもてはやされた。宗教ではネストリウス派キリスト教、ゾロアスター教、マニ教の寺院が建てられ、南方にはイスラム教徒の居住がみられるようになる。世界性は官僚として仕える人々にも表れている。阿倍仲麻呂が玄宗の時期に高官となったことを日本人はよく知っている。だが、国外の人で唐の高官になった者は阿倍仲麻呂にとどまらない。武将に至っては、むしろ「蕃《ばん》（非漢族）将」の方に活躍が目立つ。反乱を起こした安禄山もソグド系胡人であった。

このような世界性はどこから来たのであろうか。中央アジアの胡人――ソグド人はキャラバンを組んだ商業活動で知られるが、広範囲にわたる商業活動から生じる幅広いネットワークをもち、柔然などの遊牧国家において外交面で活躍するとともに、南の中華の地でも活動が認められる。北朝末には中国内にも居留地をもつようになっていて、自分たちの集落のリーダー薩保《さつぼう》（薩宝）の存在を政権に認められていた。ソグド人は軍事力を有してもいて、北周では彼らは軍府に組織され、ソグド人の軍府官がみられた。東魏・北斉で活躍し、開府儀同三司に至った「安息《あんそく》（パルティア）の胡人」安吐根という人物は、『北史』恩倖伝に載せられている。同じく北斉の恩倖として最も力を振るった和士開《かしかい》も、伝によればその先祖は西域の商人という。彼らは出身地にちなむ漢字一字姓を名乗るようにもなる。「安」はブハラ、「康」はサマルカンドといった類いである。また、前述した洛陽の四夷館・四夷里のひとつ崦嵫《えんじ》館・慕義里は「西夷」のためのもので、そこには西域から派遣された「使者」はもちろんであるが、「商胡」も居て、『洛陽伽藍記』の城南条には西域胡人が慕義里に建てたという菩提寺が記されている。

このように隋唐帝国の世界性の一面は北朝期にもみられた。しかしより根本的には、中華世界が周辺へ拡大するに伴って中国内部に入っていた匈奴族、遅れて中国に入った鮮卑族など、非漢族の人々が中華の地内部で活動し、胡族と漢族が融合する社会を作りあげていたという状況があり、それこそが隋唐という世界性をもつ帝国をもたらしたと考えるべきであろう。

もっとも、隋唐の世界性に関しては、南朝と東南アジアや南アジアの諸国との間の海路を用いた外交・交易を無視しては片手落ちであろう。また融合という点では、本書ではあまりふれる機会がなかったが、魏晋南北朝時代においては、地図上では中華世界に含まれるようになっているものの、漢族の統治から距離があった諸族、特に華中、華南、雲南の地域の「少数民族」(蛮と総称される諸族や山越など)の同化政策が進行していることも忘れてはならない。

以上三節で論じた内容には、北朝胡族政権でなくても生みだしえたかもしれないことを含んではいるが、総じて、隋唐帝国は秦漢帝国の単線的発展の結果として誕生したのではない、ということは理解していただけるのではないだろうか。

四――北魏史の位置づけ

「まえがき」で記したように、本書は、秦漢から隋唐に至る中華帝国の流れの中に、北魏史を位置づけようと試みている。最後に中国の大地を東から西に向かう川にたとえてその流れをみてみよう。

総じていえば、隋唐時代を流れる川は、秦漢時代の流れがそのまま続いているわけではない。途中でせき分けられて南北に分かれる。北を行く流れは、胡族のもたらす要素によって(北魏が土徳を標榜したことにちなんでいえば)黄色い色に染められる。もちろん黄色に染まる上部だけで川は成り立つわけではなく、下の方は秦漢以来の薄い青色の水が色を濃くしつつ流れている。また青みを帯びたまま西北に向かっていた小さな支流が途中から加わることもあった。南を行く流れは、北と較べて湿潤な地を行く故に薄い青は濃くなって藍色に近くなる。南北の流れは途中で相互に交わることもあって色が少し変わることはあったにせよ、基本的には大きなふたつの流れとしてあり続け、隋唐の時代に合流する。ふたつの流れは入り混じって新たな色(濃い青と黄色だから緑としておこう)となるが、合流した河川が暫くはもとの川の勢いを水面に示すように、黄色と青の要素を残しつつ流れる。

合流後の川では濃い青色と黄色とどちらが優勢か、という問題についての議論はあるが、本書に述べてきたことからすれば、暫くは黄色が占める部分が多いのでは、と考える。しかし、それは大きな問題ではない。隋唐の時代において黄色の果たした役割の大きさが理解されればそれでよいのである。

孝文帝の改革後、短い期間を経て北魏は分裂した。分裂をもたらしたのは、孝文帝の改革への反発であった。とすると、孝文帝の改革は失敗だったといえそうではある。しかし単純にそう考えてよいだろうか。胡漢を超えた新たな中華帝国が誕生する。漢代以来の社会の変化の中で、いささか強すぎたかもしれないが、その新しい中華帝国への流れを加速する「スイッチ」を入れたのが孝文帝であったと、筆者は考える。

北魏史の捉え方については、漢化を重視する見方から北族的要素を重視する見方まで幅はあるが、おおむね中華帝国の歴史の中に位置づけるという枠組みの下で行なわれてきた。本書もその枠組みを基本的に踏襲している。

ところが近年、より大きな枠組みの中で北魏を考えようとする傾向が強まっている。西嶋定生氏の提唱した東アジア世界論は、中国・朝鮮半島・ベトナム・日本を一体となった政治・文化の世界として把握していたが、それは北アジア・中央アジアを含まないという点で、中華帝国の歴史を理解するには十分でないところがあったことは認めなければならない。故に日本においてはユーラシア視点(「東部ユーラシア史」「ユーラシア東方史」など)、中国においては「内亜史」(Inner Asia Study)

からの視点の必要性が強調されるようになっている。これらの視点が意図する地域は、ほぼパミール高原の東方を指し、北は東シベリアから南はインドシナ半島を含むとみられ（騎馬遊牧民の活動する中央ユーラシアという捉え方では、より広く、西方では東欧の草原まで包含する）、その視点のもとに遂行された研究は、新たな歴史像の発見をもたらしている。

筆者もその視点をもつことの必要性を認識しており、本書でもその視点に基づく成果を取り入れている。しかし、どの程度まで「内亜史」の影響を認めるべきか、その判断はなかなかに難しい。

ひとつの事例を挙げておこう。内朝官である。内朝官の存在を初めて採り上げた川本芳昭氏は、既に北魏前期の内朝官は元朝の「ケシク」に類似することを指摘していたが、現在は、時代と地域を異にする遼などの諸国においても類似の機構がみられたという理解が広く受け入れられている。まさしく「内亜史」に共通する制度のひとつが鮮卑族の建てた北魏においても機能していたわけである。その内朝官を孝文帝は廃止したのであるが、東魏・北斉には「庫真（庫直）」という侍衛を任務とする鮮卑語音訳の官職があり、北周にも侍衛の任務を担う官職群があって、北魏の内朝官に類する性格を示す如くである。一見するとこれは、一旦廃止された内朝官の復活と理解することができそうである。

一方、君主の身辺に仕える任務に高官の子弟を充てることは中華帝国でも行われていて、川本氏は漢代の郎官と北魏内朝官の類似性を指摘している。郎官が漢の内朝官であったからこそ、それに類似する存在であった北魏の諸官を呼ぶのに川本氏は「内朝」の語を用いたのである。会田大輔氏は、北周の侍衛は就任者やその就任前後の官職をみると遊牧官制の要素を含んでいて、職掌も北魏の内朝官と同じ機能を果たしたとしつつも、北魏の内朝官の果たした機能のいくつかをもっていない、つまり、北周の侍衛は北魏前期の内朝官と同等の制度とはいえない、とする。全面的に同じとはいえないが、「内亜」の遊牧官制の要素は認めうる、はなはだ難しいが、このような丁寧な検討が行われる必要があろう。

関連して述べておこう。近年高等学校の教科書にも「拓跋国家」という用語が用いられるようになっている。八世紀に作られた突厥碑文に唐を指して拓跋が訛《なま》った「タブガチ」の語が用いられていたことに着目し、権力の実体の継続性、共通性からすれば、北魏から唐までは連続した国家と把握できるとするのである。また、唐の軍事力の中核を担ったのは北魏六鎮に由来する鮮卑系・匈奴系集団とテュルク系遊牧民という理解も示されている。北魏皇帝が可汗を称したこと、服属した遊牧民集団から唐の太宗が「天可汗」とたてまつられたことからすれば、遊牧民が北魏→唐を一連の政権と認識することはありうる。しかし、隋唐が継承したのは北朝の制度や文化だけではない。南朝の制度や文化も小さからぬ位置を占めていた。経済的には南朝領域のもつ比重は華北に匹敵し、さらには凌駕するようになっていく。隋唐国家を中国史の自己発展としてとらえがちな理解に対して、北・北西的要素の大きさを強く認識させるという点では意義を認めるが、公平にみて、隋唐を「拓跋国家」として扱うことには、筆者としては違和感を感じざるをえないのである。

最後に北魏と日本との関わりについて一言しておきたい。五世紀の日本は南朝から倭王に冊封され、対北魏包囲網の一端に加えられた。その後は南朝とも政治的関係はもたなかったが、朝鮮半島を通じて南朝の影響を受けている。一方の北魏とは政治的関係はない。だが、北魏で始められた均田制を唐を経由して受け入れたし、北魏の洛陽の都城制度が、唐の長安城を通じて、日本の平城京や平安京の設計に影響を与えている（もっとも、北魏が存在していたときには、日本は百済を通じて南朝の知識を受け入れていて、藤原京のモデルは建康だったが）。阿倍仲麻呂などの政治的な立身も、北魏を経た時代であったからこそ実現したといえなくもない。国家仏教的な仏教のあり方は、直接には唐あるいは武則天（則天武后）の周から学んだにせよ、その始まりは北魏にある。交渉がなかったからといって、北魏は日本と無関係な王朝ではなかったし、孝文帝は無関係な帝王ではなかったのである。

あとがき

筆者が初めて北魏史研究に携わったのは卒業論文作成時であったから、半世紀以上前になる。鎮について論じる内容であった。提出先から借り出していたときに火災で失ったから、人さまに内容を云々されることもないのが幸い、というべきレベルであったと思う。修士論文では魏晋南北朝時代の地方長官の本籍地任用を論じ、博士課程に進学を認められた。指導にあたって下さったのは西嶋定生先生である。

西嶋先生は指導する院生たちによる研究会を立ち上げていて、私が院生になったときには良賤制に関する論文や資料を扱っていたが、先生が長期の在外研究から帰国された後には、『魏書』の語彙索引作成を目指す方向に切り替える（自称は魏書研究会）。索引作成は、『魏書』を先ず読み、読んだ部分から採り上げるべき用語を決定し、『魏書』をコピーした用紙から該当語句の箇所を切り取り、カードに貼り付け、必要データを記入し、分類してカードボックスに収める、という手順で行われた。当時研究会に参加した院生で『魏書』を主資料として用いたのは、同級生の佐藤智水君と私だけで、佐藤君は造像銘をも扱っていたから、私がいわば「鬼軍曹」の位置に立って作業は進められた。想定したより遙かに年数を要し、思惑とはかなり異なる形であるが汲古書院から索引が刊行されたときには三〇年近い歳月が流れていた。

その間に高知大学に赴任して九年半を過ごしたから、索引作成過程のすべてに関わったわけではないが、『魏書』には親しまざるをえなかった。かつ修士論文作成に三年を要したこともあるが、その期間に『魏書』列伝に載せられたすべての人物の経歴をカード化する作業も行っていた。このカードは卒論とともに焼失したので、その後にあらためて作成し直している。

こうして北魏史研究をメインとするという方向は、自然と定まった。そして魏晋南北朝期の研究動向として、当時は貴族制が最大の問題とされていたので、北魏における貴族制の問題を扱わねばという思いも、人さまの前で公言はしなかったけれども、胸の中には抱いていた。中国における貴族制は官僚制と抜きがたく結びついているので、官制に関わる問題を扱う、しかも北魏のそれを中心としてきたのは、その故である。

しかしながら、私の研究は遅々として進まなかった。能力の故もあり、ひとつのことをやっている間は他のことはできない性格の故もあったし、中国史研究に専念することができない期間が幾度かあったことにもよる。結局、最初の著書を刊行しえたのは停年退職の時期が迫っていた頃だった。その著書にしても、長い期間の間に書いたものをまとめただけであることに物足りなさを感じざるをえなかった。

私が研究らしい研究に取り組めたと思うのは、停年間近の頃からである。伊藤敏雄氏を代表として科学研究費補助金を得た課題の分担研究者として始めた墓誌研究は、かなりの研究時間を確保できるようになったこともあり、それまでになく順調に進めることができた。墓誌の起源が何であるかについては議論があるにせよ、北魏後期から墓誌が盛んに作られ、内容も豊かになっていくことに間違いはない。北魏史に関わる文献史料は少なく、第一次史料である墓誌の果たす役割は大きい。しかも近年、出土墓誌あるいは拓本が紹介される墓誌の数の増加は著しい。墓誌は文献史料の誤りを正し、欠落を補うことができる。それにとどまらず本書でも述べたようにひとつの墓誌から部族解散の実施を裏付けることもできるし、ひとつの家系に属する人たちの墓誌を集成することによって、貴族制の実態に迫ることも可能である。北朝末から唐初にかけてのソグド人の社会や活動のあとの解明は、墓誌によって飛躍的に進んでいる。筆者の場合、一族の墓誌を用いて弘農楊氏のあり方を論じ、谷川道雄先生の北朝貴族の生活倫理理解に関わる私見を提出しえたほか、大量の墓誌のデータを整理して孝文帝の改革以後の官僚の昇進の仕方を分析し、北朝貴族制の特質を明らかにすることができた。なしえたところは多くはないものの、北魏史研究を始めた頃の目標に、少しは近づきえたと思う次第である。

実は、本書に取り組み始めたのはお茶の水女子大学を停年退職する前後のことであり、少しく時間をかけてひとまず最初の形はできあがった。しかし、それは日に当たることがなかったし、内容的にも、意に満たないところが少なくなかった。そのまま経過していたところ、関尾史郎氏から概説を書くようにという強い要望を受けた。研究能力の著しい衰えを自覚せざるをえなくなった時期を迎えていることに鑑み、これまでの研究生活を通じるところのように北魏史を理解できるのではないか、というところを活字に残しておくことができればと考え、また墓誌研究の成果を第二冊目の著書として刊行できたこともあり、それを取り込んで大幅な書き換えと加筆を行えばよいと判断し、氏の要望に応えることとした。通常の概説とはかなりスタイルが異なるし、自説を大きく取り上げすぎてもいることは自覚している。より大きな問題は、終章第四節で川の流れにたとえて北魏史を説明しているにもかかわらず、そのような捉え方ができる前提としての濃い青色の流れの説明がごく少ないことである。薄い青色がどのような内実をもつのかについてもあまり説明ができていない。また肝腎の北魏史理解に甘さがあるとの指摘は甘んじて受けねばならない。しかし、これが現段階における筆者の理解する北魏史である。

とはいえ、心残りはある。西嶋先生が魏書索引作成に関わって科学研究費補助金を申請されたとき、その意義について、日本と北魏は中華文明から遠い地で政権を確立し、やがて中華世界を標榜する国家となった、日本史を理解する上で北魏史に取り組む必要があるというように述べておられたように記憶する(もちろんこのような粗雑な書き方ではなかったはずである)。先生が中国史研究を日本史研究と結びつけておられたことはよく知られている。筆者は日本史に関心がなかったわけではないが、自分の研究を日本史につなげることはついになかった。

本書執筆に際しては、関尾史郎氏のほか、同級生の後藤晃氏（イスラム史）の的を射た助言を受けた。おふたりのほか、既に鬼籍に入られた西嶋先生・谷川道雄先生・周一良先生・田余慶先生・殷憲先生などの先生方からは直接・間接に非常に多くの教えをいただくことができ、魏書研究会・（日本）魏晋南北朝史研究会の仲間の皆様、ほぼ世代を同じくする鄭欽仁教授・朴漢済教授から年若い方に至る国外の研究者の皆様まで、数多くの内外の方々にも多大のご教示を得てきた。叙述にあたってお名前を挙げることには抑制を加えざるをえず、参考文献にも紙幅の都合でごく一部しかそのお仕事を示すことができなかったが、本書は研究者の方々のご研鑽の成果に立脚してはじめて成ったものであり、深く感謝申し上げねばならない。実をいえば、北魏史研究に取り組み始めてかなりの時間を経るまで、私の北魏史理解は現在とかなり異なるところがあった。本書の形になったのは、皆様方のお蔭なのである。

最後になるが、このような内容であるのに、東方選書の一冊として刊行を快諾していただけた東方書店と担当の家本奈都さんにも感謝の意を表したい。

二〇二〇年一〇月　新型コロナウイルスによる感染症の収束を祈りつつ

窪添慶文記

北魏関係年表

西暦	北朝（代国含む）関係事項	北朝以外の事項
二二〇	拓跋力微による部族連合国家成立という	三国魏が成立
二二四		西アジアでササン朝ペルシアが成立
二三九		倭王卑弥呼が魏へ遣使
二五八	拓跋力微が定襄の盛楽を本拠とするという	
二六五		魏から禅譲を受けて西晋が成立
二七五	拓跋力微が子を派遣して西晋に朝献する	
二七七	拓跋力微が死去	
二八〇		西晋が呉を滅ぼして中国を統一
二九五	この頃拓跋部が三部に分かれる	
三〇一		西晋で八王の乱が始まる
三〇四		劉淵が漢王、李雄が成都王を称し、五胡十六国時代が始まる
三〇五	西晋が拓跋猗㐌を仮大単于とする	
三一〇	西晋が拓跋猗盧を大単于・代公とする	

三一一		漢軍が洛陽を陥れ、懐帝を平陽に移す
三一三		楽浪郡が高句麗によって滅ぼされる
三一五	西晋が拓跋猗盧を代王とし、代国が成立	
三一六	拓跋猗盧が内紛で殺される	漢軍が長安を陥れ、西晋が滅亡
三一八		元帝が即位し、東晋が始まる
三三八	拓跋什翼犍が代王となる	
三四〇	拓跋什翼犍が雲中の盛楽を都とする	
三五六		新羅が建国
三六五	この頃から敦煌石窟の開鑿が始まる	この頃王羲之の死
三七五		ゲルマン民族大移動の開始
三七六	代国が滅ぼされ、前秦が華北を統一	
三八三		前秦が東晋を攻撃するも淝水で大敗
三八六	拓跋珪が代王に即位 代国が国号を魏と改める	
三九一	代国が鉄弗部を破り、オルドスを領有する	高句麗の広開土王が即位
三九五	魏国が参合陂で後燕軍を破る	ローマ帝国が東西に分裂
三九六	魏王拓跋珪が天子位に即き、百官を置く	

三九七	魏国が後燕領をほぼ制圧	
三九八	平城に遷都、拓跋珪が帝位につく（道武帝）	
四〇二		柔然が漠北を制圧する
四〇三		桓玄が東晋の帝位を奪う（翌年敗死）
四〇九	道武帝が殺され、明元帝が即位	鳩摩羅什の死
四一〇		東晋の将劉裕が南燕を滅ぼす
四一七		東晋の将劉裕が長安攻略、後秦を滅ぼす
四一八		夏国が長安を取る
四二〇		劉裕が東晋より禅譲を受け、宋を建国
四二一		倭王讃が宋に遣使
四二二	皇太子拓跋燾が監国となる 宋を攻撃、洛陽とその東方の地域を占領（〜二三）	
四二三	明元帝が死去、太武帝が即位	
四二四	柔然が侵入、盛楽宮を陥れる。	宋で文帝が即位（元嘉の治〜四五三）
四二五	柔然を三道より攻撃	
四二六	夏を攻撃して長安を占領	
四二七	夏の都統万城を陥れる	陶淵明の死

		高句麗が平壌に遷都
四二九	柔然を攻撃、高車を巳尼陂で破り、新民を漠南に置く	
四三〇	宋が洛陽など河南の地奪回を図るが成功せず（～四三一）	
四三一	漢人名族を登用（徴士）	
	吐谷渾が夏主を捕らえ、北魏に送る（夏の滅亡）	
四三六	北燕を滅ぼす	
四三九	北涼を滅ぼして華北統一、南北朝時代が始まる	
四四二	太武帝が符籙を受ける	北涼の残党が高昌に拠る（高昌国の起源）
四四四	皇太子拓跋晃による監国が始まる	
	吐谷渾を攻撃（～四五）	
四四五	蓋呉の乱が起こる（～四六）	
四四六	太武帝による仏教弾圧	
	畿上塞囲を築く	
四四八	焉耆・亀茲を討ち、「西域」を平定	
四四九	柔然を攻撃して大勝	
四五〇	宋の北伐に反撃、親征した太武帝は長江に至る	
	崔浩が処刑される	

四五一	皇太子が太武帝殺害を図り、殺される	フン族のアッティラがカタラウヌムで西ゴートに敗北
四五二	太武帝が宦官に殺され、南安王が即位 南安王が廃され文成帝が即位、仏教が再興される	
四六〇	雲崗石窟の開鑿が始まる（四五三説も）	
四六五	文成帝が死去し、献文帝が即位	
四六六	権臣乙渾が誅殺される。文明太后が臨朝	宋で晋安王劉子勛の乱が起こる
四六七	孝文帝が誕生	
四六九	宋から淮北の地を奪う	
四七一	献文帝が孝文帝に譲位	
四七五		百済が熊津に遷都
四七六	文明太后が献文帝を暗殺、第二次臨朝聴政を始める	西ローマ帝国が滅ぶ
四七八		倭王武が宋へ遣使
四七九		蕭道済が宋から受禅、南斉を建国
四八四	百官俸禄制を定める	
四八五	均田の詔を下す	
四八六	三長制が施行される	

	明堂・辟雍の建設（四九一完成）
四八八	円丘を築く
四九〇	文明太后の死
四九一	一月から孝文帝の親政が始まる
四九二	異姓諸王をやめる
	行次を水徳と改める
四九三	孝文帝が南伐、洛陽遷都を宣言
四九四	洛陽遷都。胡服を禁止
	孝文帝が南斉親征（第一次）
	龍門石窟の開鑿が始まる
四九五	胡語を禁止
	姓族分定を行う
	初めて五銖銭を発行
四九六	胡姓を漢姓に改める
	代遷の士を羽林・虎賁に採用
	皇太子元恂を廃する。平城で穆泰らの乱を摘発
四九七	孝文帝が第二次の南斉親征

四九九	第三次南斉親征中に孝文帝死去、宣武帝が即位	
五〇〇	南斉から裴叔業が内属し、南朝との国境全線で交戦（～五一六）	南斉で蕭衍が挙兵
五〇一	円丘を伊水の北に移す	蕭衍が建康を制圧
五〇二		蕭衍が南斉から受禅、梁を建国（武帝）
五〇八		梁で官制改革（天監の改革）
五一五	宣武帝が死去し孝明帝が即位 宣武帝の外戚高肇が死を命ぜられる。于忠が専権 霊太后が臨朝	
五一八	宋雲が求法の旅に出発（～五二二）	
五一九	羽林の変が起こり、崔亮が停年格を作る	
五二〇	元乂が霊太后を幽閉	柔然で内紛、阿那瓌が北魏に奔る
五二三	六鎮の乱が起こる	阿那瓌が略奪しつつ北帰
五二四	鎮を州に改める	
五二五	元乂を退け、霊太后が再度臨朝 破六韓抜陵が敗れ、その降衆は河北に分置される	
五二六	鮮于脩礼が再蜂起（その死後葛栄が継ぐ）	

五二七		ビザンツ帝国でユスティニアヌス帝が即位
五二八	霊太后が孝明帝を殺す。 爾朱栄による河陰の変が起こる 爾朱栄が葛栄軍を撃破	
五二九	梁が魏主として送り込んだ北海王元顥が洛陽に入るも、敗走	
五三〇	六鎮の乱が終わる 孝荘帝が爾朱栄を誅殺するも、爾朱兆に殺される 爾朱氏が長広王元曄を立てる	
五三一	爾朱氏が長広王に代えて前廃帝を立てる 高歓が爾朱氏から自立、後廃帝を立てる	
五三二	高歓が韓陵で爾朱氏を撃破、孝武帝を擁立	
五三四	賀抜岳の死、宇文泰が代わって衆を統べる 孝武帝が宇文泰に奔る 高歓が孝静帝を立て、鄴に遷都 宇文泰が孝武帝を殺す	
五三五	宇文泰が文帝を立て、北魏が東西魏に分裂	

五三七	東西魏が沙苑で戦う	
五四一	西魏で六條詔書が頒行される 東魏で麟趾格が頒行される	
五四三	東西魏が邙山で戦う	
五四七	東魏で高歓の死、侯景が叛く	梁が東魏に叛いた侯景を受け入れる
五四八		梁で侯景の乱が起こる
五四九	西魏で胡姓が復活	侯景が建康を陥れる。梁の武帝の死
五五〇	高洋が東魏から受禅（文宣帝）、北斉を建国 西魏で二十四軍の制ができる	
五五二		侯景の乱が終わる。江陵で元帝が即位 突厥が柔然を撃滅し、可汗を称する
五五四	西魏が江陵を陥れ、梁の官僚を関中に連行	
五五五	西魏が江陵に傀儡国後梁を立てる	
五五六	西魏で六官の制が施行される。宇文泰の死	
五五七	宇文覚が西魏から受禅（孝閔帝）、北周を建国 宇文護が孝閔帝を廃して明帝を立てる	陳覇先が梁から受禅し（武帝）、陳を建国
五五八		突厥とササン朝がエフタルを滅ぼす

五五九	北斉が元氏の人々を殺す	
五六〇	北周で宇文護が明帝を殺し武帝を立てる	
五六四	北斉が河清律令を頒行	
五七二	北周の武帝が宇文護を殺して親政	
五七四	北周の武帝が仏道二教を禁止	
五七七	北周が北斉を滅ぼして華北を統一	
五七八	北周の武帝の死、宣帝が即位	
五八一	楊堅（文帝）が北周に代わり、隋を建国	
五八三	隋が大興城（洛陽）に遷都	この頃突厥が東西に分裂
五八七	隋が傀儡国後梁を併合	
五八九	隋が陳を滅ぼし、中国再統一	

参考文献

A　概説

船木勝馬『古代遊牧騎馬民の国―草原から中原へ―』誠文堂新光社、一九八九

松丸道雄等編『中国史　二　三国～唐』山川出版社、一九九六

杉山正明『遊牧民から見た世界史――民族も国境もこえて』日本経済新聞社、一九九七、増補版二〇一一

三﨑良章『五胡十六国　中国史上の民族大移動』東方書店、二〇〇二、新訂版二〇一二

川本芳昭『中華の拡大　魏晋南北朝』講談社（『中国の歴史』五）、二〇〇五

渡辺信一郎『中華の成立　唐代まで』岩波新書　シリーズ中国の歴史①、二〇一九

古松崇志『草原の制覇　大モンゴルまで』岩波新書　シリーズ中国の歴史③、二〇一九

森安孝夫『シルクロード世界史』講談社選書メチエ、二〇二〇

B　研究書

宮崎市定『九品官人法の研究　科挙前史』同朋舎、一九五六

浜口重国『秦漢隋唐史の研究』上下、東京大学出版会、一九六六

谷川道雄『隋唐帝国形成史論』筑摩書房、一九七一、増補版、一九九八

堀敏一『均田制の研究』岩波書店、一九七五

内田吟風『北アジア史研究　鮮卑柔然突厥篇』同朋舎、一九七五

福島繁次郎『中国南北朝史研究〔増補版〕』名著出版、一九七九

前田正名『平城の歴史地理学的研究』風間書房、一九七九

西嶋定生『中国古代国家と東アジア世界』東京大学出版会、一九八三
田村実造『中国史上の民族移動期─五胡・北魏時代の政治と社会─』創文社、一九八五
渡辺信一郎『天空の玉座　中国古代帝国の朝政と儀礼』柏書房、一九九六
川本芳昭『魏晋南北朝時代の民族問題』汲古書院、一九九八
佐藤智水『北魏仏教史論考』岡山大学文学部、一九九八
氣賀澤保規『府兵制の研究─府兵兵士とその社会─』同朋舎、一九九九
窪添慶文『魏晋南北朝官僚制研究』汲古書院、二〇〇三
石松日奈子『北魏仏教造像史の研究』ブリュッケ、二〇〇五
内田智雄編・富谷至補『訳注　歴代刑法志（補）』創文社、二〇〇五（初版一九六四）
金子修一『中国古代皇帝祭祀の研究』岩波書店、二〇〇六
松下憲一『北魏胡族体制論』北海道大学大学院文学研究科、二〇〇七
渡辺信一郎『中国古代の財政と国家』、汲古書院、二〇一〇
同『中国古代の楽制と国家　日本雅楽の源流』文理閣、二〇一三
佐川英治『中国古代都城の設計と思想　円丘祭祀の歴史的展開』勉誠出版、二〇一六
石見清裕編著『ソグド人墓誌研究』汲古書院、二〇一六
窪添慶文『墓誌を用いた北魏史研究』汲古書院、二〇一七

陳寅恪『隋唐制度淵源略論稿』商務印書館、一九四四
姚薇元『北朝胡姓考』科学出版社、一九五八、修訂版二〇〇七、中華書局
厳耕望『中国地方行政制度史』上編四、中央研究院歴史語言研究所、一九六三

鄭欽仁『北魏官僚機構研究』牧童出版社、一九七六、一九九五再刊、稲禾出版社
楊寛『中国古代都城制度史研究』上海古籍出版社、一九九三
米文平『鮮卑石室尋訪記』山東画報出版社、一九九七
侯旭東『北朝村民的生活世界——朝廷・州県与村里』商務印書館、二〇〇五
張金龍『北魏政治史』一～九、甘粛教育出版社、二〇〇八
羅新『中古北族名号研究』北京大学出版社、二〇〇九
李憑『北魏平城時代（修訂本）』上海古籍出版社、二〇一一
田余慶『拓跋史探（修訂本）』三聯書店、二〇一一（和訳：田中一輝・王鏗『北魏道武帝の憂鬱—皇后・外戚・部族—』京都大学学術出版会、二〇一八）
牟発松『漢唐歴史変遷中的社会与国家』上海人民出版社、二〇一一
殷憲『平城史稿』科学出版社、二〇一二
羅新『黒氈上的北魏皇帝』海豚出版社、二〇一四

C　論文

佐藤智水「北魏皇帝の行幸について」『岡山大学文学部紀要』四五、一九八四
朴漢済「北魏洛陽社会と胡漢体制—都城区画と住民分布を中心に—」『お茶の水史学』三四、一九九〇
佐川英治「三長・均田両制の成立過程—『魏書』の批判的検討をつうじて—」『東方学』九七、一九九九
岡田和一郎「北斉国家論序説—孝文体制と代体制—」『九州大学東洋史論集』三九、二〇一一
松下憲一「北魏部族解散再考—元萇墓誌を手がかりに—」『史学雑誌』一二三—四、二〇一四
会田大輔「北周侍衛考—遊牧官制との関係をめぐって—」『東洋史研究』七四—二、二〇一五

侯旭東「北魏申洪之墓誌考釈」吉林大学古籍研究所編『〝一―六世紀中国北方辺疆・民族・社会国際学術研討会〟論文集』科学出版社、二〇〇八
佐川英治「北魏六鎮史研究」『中国中古史研究』五、中西書局、二〇一五

東方選書

東方選書 54

北魏史《ほくぎし》 洛陽遷都《らくようせんと》の前《まえ》と後《あと》

二〇二〇年一二月一〇日　初版第一刷発行
二〇二三年三月一日　初版第二刷発行

著　者……………窪添慶文
発行者……………山田真史
発行所……………株式会社東方書店
東京都千代田区神田神保町一―三　〒一〇一―〇〇五一
電話（〇三）三二九四―一〇〇一
営業電話（〇三）三九三七―〇三〇〇
ブックデザイン……鈴木一誌・吉見友希
組版………………三協美術
印刷・製本…………（株）シナノパブリッシングプレス

定価はカバーに表示してあります

ISBN 978-4-497-22024-0 C0322

東方選書

古代から現代まで、中国の歴史・文化・社会をわかりやすく知るためのコンパクトな読み物シリーズ！

各冊四六判・並製　＊価格10％税込

漢とは何か

岡田和一郎・永田拓治編

税込二四二〇円（本体二二〇〇円）〈58〉

中国史上において、漢王朝がどのように規範化されていったのか――前漢から唐までを区切りとして明らかにする。978-4-497-22203-9

漢字の音《おん》

中国から日本、古代から現代へ

落合淳思著／税込二六四〇円（本体二四〇〇円）〈57〉

形声文字の古代中国での発音をひもとくことで、日本の呉音・漢音・慣用音への〝みちすじ〟を解明する世界初の試み。コラムも多数収録。978-4-497-22201-5

中国文学の歴史

古代から唐宋まで

安藤信廣著／税込二六四〇円（本体二四〇〇円）〈56〉

「詩詞」「文学」のみならず『論語』など思想をあらわす「文章」の系統も概観。多彩な文学形式を生み出した表現することへの思いを見る。978-4-497-22112-4

妻と娘の唐宋時代

史料に語らせよう

大澤正昭著／税込二四二〇円（本体二二〇〇円）〈55〉

歴史のなかで、名前やときには存在すら見えなくなっている女性の姿をどうとらえ、実像にせまっていくのか。女性史・社会史研究入門書。978-4-497-22110-0

北魏史

洛陽遷都の前と後

窪添慶文著／税込二四二〇円（本体二二〇〇円）〈54〉

秦漢代と隋唐代という統一帝国に挟まれた分裂の時代、魏晋南北朝時代にあって、一五〇年近く続いた北魏とはどのような国であったのか。978-4-497-22024-0

契丹国 遊牧の民キタイの王朝〔新装版〕

島田正郎著／税込二二〇〇円（本体二〇〇〇円）〈47〉

9世紀半ばの北・中央アジアで勢威をふるったキタイ（契丹＝遼）国について概説。著者の「回想」と、「島田正郎先生の横顔」（岡野誠）を付す。978-4-497-21419-5

地下からの贈り物 新出土資料が語るいにしえの中国

中国出土資料学会編

税込二二〇〇円（本体二〇〇〇円）〈46〉

どこからどのようなものが出てきたのか、それを使って何がわかるのか。歴史・文学・医学など多方面にわたる研究者が最新の成果を紹介する。978-4-497-21411-9

中国語を歩く 辞書と街角の考現学〈パート2〉

荒川清秀著／税込二二〇〇円（本体二〇〇〇円）〈45〉

中国の街角で出会う漢字から、同じ漢字社会である日中両国の文化・習慣・考え方の違いが見えてくる。著者の知的興味は広がっていく。978-4-497-21410-2

中国の神獣・悪鬼たち 山海経の世界〔増補改訂版〕

伊藤清司著／慶應義塾大学古代中国研究会編

税込二二〇〇円（本体二〇〇〇円）〈44〉

古代人は「外なる世界」に住まう超自然的存在をいかに恐れまた活用していたのか。978-4-497-21307-5

五胡十六国 中国史上の民族大移動〔新訂版〕

三﨑良章著／税込二二〇〇円（本体二〇〇〇円）〈43〉

3世紀末から5世紀半ばの五胡十六国時代に光を当て、中国社会が多民族の融合の上に形成されたことを史料・出土品を用いて明らかにする。978-4-497-21222-1

占いと中国古代の社会 発掘された古文献が語る

工藤元男著／税込二二〇〇円（本体二〇〇〇円）〈42〉

楚地に生まれ、秦漢帝国を媒介に伝播した中国古代の占卜（占い）文化。「日書」を読み解きながら、人々の生活と社会の実態を明らかにする。978-4-497-21110-1

厳復

富国強兵に挑んだ清末思想家

永田圭介著／税込二二〇〇円（本体二〇〇〇円）〈41〉

『天演論』で魯迅に衝撃を与え、日本の福澤諭吉にも比肩される清末の啓蒙思想家・厳復。同時代の日本の歩みも視野に入れながら描く評伝。 978-4-497-21113-2

書誌学のすすめ

中国の愛書文化に学ぶ

高橋智著／税込二二〇〇円（本体二〇〇〇円）〈40〉

「善本」の価値観と見方を懇切に講義。書物の誕生から終焉、再生と流転までの生涯とともに、中国歴代の書物文化史を概観する。 978-4-497-21014-2

三国志演義の世界〔増補版〕

金文京著／税込一八九〇円（本体一八〇〇円）〈39〉

『三国志演義』を生んだ中国的世界を解明する名著に、近年の研究成果を反映させた増補版。日本と韓国における受容の様相も明らかにする。 978-4-497-21009-8

大月氏

中央アジアに謎の民族を尋ねて〔新装版〕

小谷仲男著／税込二二〇〇円（本体二〇〇〇円）〈38〉

中央アジアの考古学資料を活用して遊牧民族国家・大月氏の実態解明を試みる。後半は著者自身による大月氏関連の遺跡訪問記となっている。 978-4-497-21005-0

中国語を歩く

辞書と街角の考現学

荒川清秀著／税込一八九〇円（本体一八〇〇円）〈37〉

街角で目にする漢字から、辞書の行間から。飽くなき探求心をもってすれば、ことばはこんなに面白い！知的・軽快な語学エッセイ。 978-4-497-20909-2